T0163921

LA FRAGILITÉ DU SENS
HUSSERL, LEVINAS, MALDINEY, CHRÉTIEN

BIBLIOTHÈQUE D'HISTOIRE DE LA PHILOSOPHIE

Fondateur Henri Gouhier   Directeur Emmanuel Cattin

Emmanuel HOUSSET

LA FRAGILITÉ DU SENS
HUSSERL, LEVINAS, MALDINEY, CHRÉTIEN

Ouvrage publié avec l'aide
de l'équipe « Identité & Subjectivité » (UR 2119)
de l'Université de Caen-Normandie

PARIS
LIBRAIRIE PHILOSOPHIQUE J. VRIN
6 place de la Sorbonne, V ͤ
2024

© Librairie Philosophique J. VRIN, 2024
ISSN 0249-7980
ISBN 978-2-7116-3164-3
www.vrin.fr

« L'Émerveillement – n'est pas précisément de savoir
Et pas précisément non plus de ne pas savoir –
C'est un état à la fois beau et désolé
Qui ne l'a pas ressenti n'a pas vécu ».

Emily Dickinson
Poésies complètes

« Les mots étaient aussi silencieux que des graines
qui s'ouvriraient une à une dans son sang ».

Flannery O'Connor
Et ce sont les violents qui l'emportent

« J'ai l'intuition profonde et saisissante qu'il y a
quelque chose là, que c'est "ça". Il ne s'agit pas
seulement de la beauté. Je veux dire que la chose
en soi se suffit, qu'elle est achevée, qu'elle vous
comble ».

Virginia Woolf
Journal

LES PROMESSES DU SENS

Husserl dit que le philosophe-archonte est celui qui doit se considérer comme le responsable du sens du monde, du sens de la vie, et dans son esprit il ne s'agit pas de la position hégémonique du propriétaire ou de l'archiviste des significations déjà établies, mais d'un engagement de sa vie tout entière pour cette élucidation du sens, d'une promesse qu'il se fait à lui-même et qui lui donne un avenir. Le philosophe, dans l'historicité propre qui est la sienne et qui n'est pas comparable à celle des autres disciplines, se sait porteur, ou plutôt co-porteur, d'un *telos*, d'une fin, d'une direction qui, par principe, ne peut jamais être donnée en toute transparence, parce que cette fin demeure une question s'étoffant toujours davantage au fur et à mesure de ses recherches. Le sens d'une vie philosophique est alors ce chemin lui-même animé par cette promesse qui est bien autre chose qu'une anticipation des significations possibles et il s'agit de porter cette tâche infinie en étant à l'écoute de toute une tradition, sans laquelle il ne serait pas possible de vivre de cette question. La philosophie est en elle-même une promesse, une promesse qui se transmet de génération en génération, toujours exposée au risque de se figer en idole, et qui ne se laisse pas réduire à une dimension subjective d'un *ego* se projetant au plus lointain de ses possibilités, car c'est le sens lui-même qui est en continuelle inchoation.

De ce fait, le sens n'est pas qu'une promesse que l'on ne se fait qu'à soi, et il est toujours en même temps une promesse faite aux autres et tenue grâce aux autres. Comme a pu le montrer saint Augustin, la promesse de faire la vérité, la promesse de confession, est également une promesse qui se fait devant Dieu et devant les autres hommes et sans cela elle n'est pas vraiment une promesse. Il serait possible d'ajouter l'idée que la promesse du sens est sans doute aussi une promesse que l'on peut faire aux choses, qui ne sont peut-être pas de simples objets sans visage. Répondre du sens du monde, c'est promettre de dire toute chose en vérité et depuis la vérité que la chose porte en elle et donc depuis la promesse qu'elle est. L'idée classique selon laquelle la vérité est un bien qu'on ne possède qu'en le partageant indique déjà que la transmission d'une vérité n'est pas simplement l'occasion d'une plus grande maîtrise de cette vérité et qu'elle en est au contraire le lieu de sa manifestation. Ainsi, l'homme n'est pas la vérité, il n'en parle que d'ailleurs, et cette thèse n'est pas épochale :

> De ce qui l'excède, l'homme ne parle qu'ailleurs, dans l'ailleurs de la promesse qui le précède, le dépossède et l'exile, entre les parois retroussées des flots[1].

La promesse du sens est alors bien plus qu'une promesse de réflexion que l'homme se fait à lui-même dans un acte héroïque de maîtrise de soi et elle doit également être comprise en tant que promesse appartenant au sens lui-même

---

1. J.-L. Chrétien, *La voix nue. Phénoménologie de la promesse*, Paris, Minuit, 1990, p. 315.

au-delà de son objectivation en significations. Toute chose, toute personne, tout événement sont reçus comme une promesse de sens, qui n'est pas une simple intention vide, et cette parole précède notre parole et confère de la consistance à la promesse que l'on se fait à soi. On est promis à quelque chose par quelque chose avant de pouvoir se promettre. Nous avons tout à dire, ou tout à laisser dire en nous, et en cela une promesse de sens n'est peut-être pas qu'une tâche infinie que le « je pur » se donne comme horizon et peut aussi être comprise comme une tâche finie d'accueil ; accueil qui ne se laisse pas réduire en une simple attente par rapport à la résistance des choses.

Que le sens en lui-même demeure une promesse, cela ne tient plus cette fois à la finitude de l'entendement humain et il s'agit d'une finitude non-copernicienne, puisque ce sont les choses mêmes qui rendent impossible toute totalisation du sens depuis le principe de l'*ego* qui le rendrait fixe et disponible. Autrement dit, la finitude de notre rapport au sens n'est pas simplement une faiblesse à surmonter dans un surcroît de réflexion et selon un idéal ascétique de purification de la volonté et elle peut se comprendre comme ce qui est constitutif de notre expérience et en cela elle s'imposerait même à un entendement infini. Se laisser enseigner par les choses mêmes, c'est comprendre qu'aucune chose n'est à elle-même sa fin et qu'elle renvoie toujours à d'autres choses, qu'elle anticipe sur d'autres choses et que c'est en cela que toute chose promet. C'est *a fortiori* vrai de l'homme lui-même, qui n'est lui-même qu'en tant qu'il promet et existe au-delà des promesses qu'il se fait à lui-même et aux autres. Entendre la promesse depuis une signification non-kantienne de la finitude, c'est revenir à l'idée que c'est la chose même qui fixe son mode de donnée et par là limite les capacités de constitution. Le sens des choses n'est plus alors seulement ce qui donnerait lieu à un remplissement indéfini et il se trouve même en excès par rapport à toute idée de remplissement, dans la mesure où ce qui se donne déjoue ma visée, ma constitution du donné en phénomène, et me destitue en tant que sujet qui vise. La vie intentionnelle s'enracine dans ce continuel étonnement.

Il est alors possible de se demander si la phénoménologie n'est pas toujours à double foyer, dans la mesure où le sens est à la fois lié aux promesses du sujet, qui constitue la chose selon l'horizon d'un travail indéfini d'élucidation, et lié aux promesses de la chose-même, qui est là, qui donne plus que sa forme phénoménale ne peut le dire et qui oblige. Bien évidemment, ce serait un contresens histo-rique et philosophique que de revenir à la chose en soi et c'est la fidélité au phénomène qui impose d'envisager une double phénoménalité dans laquelle la chose serait à la fois constituée et, dans son éclat, irréductible à sa consti-tution. Au-delà de la constitution, il n'y a rien, et toute pensée phénoménologique d'un au-delà du phénomène, même sur le mode de la trace, reconduit d'une manière ou d'une autre au phénomène, notamment dans l'excès de la phénoménalité, qui est la manière dont une chose se donne en se réservant. Il est alors question d'une réserve du sens et non simplement d'une réserve de sens ; non pas d'un grenier pour passer l'hiver, mais de la promesse d'un nouveau printemps. À partir de Heidegger, la phéno-ménologie dans son histoire a tenté de mettre en évidence une telle loi phénoménale : ce qui se donne, se cache ou se réserve, dans l'acte même de se donner. Rien n'épuise le monde, rien n'épuise non plus un texte biblique ou une page de Mallarmé et l'élucidation du sens se trouve prise entre ces deux infinis : l'infini quantitatif de l'activité constituante de la subjectivité et l'infini qualitatif de la chose. L'énigme du sens est sans doute l'énigme de cette tension entre ces deux infinis qui se répondent sans jamais se confondre.

Certes, le sens tient à l'unification du divers de l'intuition, à cette synthèse qui est l'apparaître même de l'objet, selon les analyses de Husserl, et il est tout à fait possible qu'aucune unité ne se dégage ou bien que l'on se trouve réduit à un pur subjectivisme. La question est toujours de savoir depuis quel site l'unité de la chose peut se donner à voir : est-ce depuis celui du « je » transcendantal, ou encore celui d'une intersubjectivité transcendantale, ou bien est-il possible de dépasser tout principe constituant afin de revenir aux choses dans leur jaillissement originaire, dans leur parole première, peut-être pas directement, mais au moins obliquement. Ce n'est pas la même chose de multiplier les perspectives sur autrui, ou encore de le constituer à partir de moi dans l'empathie, et de le laisser dire lui-même qui il est, de laisser sa parole guider le travail de constitution. De même, ce n'est pas la même chose de marcher dans un paysage depuis ses ambitions, ou depuis son désir même de vagabonder, ou encore de se détendre, ou depuis les *a priori* du géographe, ou depuis des *a priori* esthétiques, c'est-à-dire toujours en fonction d'attentes aussi diverses que les situations de vie, et de marcher en laissant le paysage s'unifier, nous prendre, ce qui n'est pas autre chose que contempler sans se poser comme le principe de l'apparaître des choses et de leur usage. Contempler, c'est accueillir la chose même comme étant le principe de son dévoilement au-delà de toute cause hégémonique.

Ces diverses interrogations sur le sens, son « depuis où » et son « vers où », cherche à montrer que le sens ne saurait se réduire au statut de simple produit de l'activité intentionnelle du sujet, ni au résultat de la transcendance du *Dasein* et qu'au-delà de toute intention et de tout souci le sens provient d'une parole des choses portant en elles leur unité, une unité non totalisable et qui est aussi cette réserve comprise comme promesse. Toute personne, tout paysage, et même tout passé, sont un avenir, et c'est pourquoi la promesse, cette manière dont le sens est toujours en avant de lui-même, est le sens du sens. Défendre cette thèse est possible depuis une réduction phénoménologique qui finalement réinterprète l'idée classique selon laquelle les choses ne sont pas une modification de notre âme et que nos sentiments bien que vifs sont obscurs et confus ; à la condition cependant de ne pas s'enfermer dans la thèse d'une constitution purement intellectuelle de l'objet. Si nous manquons le sens, ce n'est pas parce qu'il ferait défaut, ni même seulement à cause de la finitude de notre entendement, mais c'est également, et peut-être surtout, parce que nous manquons d'attention, c'est-à-dire d'amour de la vérité. Pour reprendre la célèbre expression de Malebranche, l'attention est une prière naturelle[1], une demande naturelle de vérité. Ce n'est donc pas en se contemplant que l'on découvre la vérité et en soi-même on ne découvre que des ténèbres si on cherche à y voir l'archétype de son être. Reprise phénoménologiquement, c'est-à-dire sous réduction, une telle thèse signifie que la vie dans son sens spirituel originaire ne peut pas consister à se nourrir de sa propre substance, ni bien sûr à simplement assimiler ce qui est extérieur, c'est-à-dire à lui imposer sa forme. La vie est ce qui se reçoit et ce qui se donne et l'eau vive du sens nous désaltère, mais elle nous transforme

---

1. N. Malebranche, *Traité de morale*, I, V, § IV, *Œuvres complètes*, t. 11, Paris, Vrin, 1975, p. 60.

également au-delà de ce que nous pensions pouvoir être et même au-delà de nos possibles.

Il est alors envisageable d'avancer que cette vérité que je ne produis pas, mais qui s'annonce, est la seule qui puisse vraiment consoler, précisément car elle ne cherche pas à rassurer sur sa place dans le monde et nous envoie plutôt à une tâche toujours renouvelée d'écoute et de parole. Dès lors, c'est également cette vérité qui peut me désoler plus profondément que tous les reproches que je puis me faire, car dans l'inquiétude et le désespoir elle ne cesse de m'avertir de mon exil et de mon errance dans un espace qui ne tiendrait qu'à moi et qui ne pourrait jamais être un lieu. En effet, si je ne me vois que comme le point-zéro de mon espace et de ma liberté, mon chez soi demeure vide, car je n'y retrouve que la vacuité de mon être. Il ne s'agit pas ici de simplement croiser des analyses phénoméno-logiques avec des questions plus existentielles, mais de montrer que la question du sens ne se laisse pas diviser entre le noétique et l'éthique, dans la mesure où, selon Levinas, le sens même est éthique, non finalité, et qu'il s'agit de ne pas oublier le « pour l'autre » du sens, le visage comme sens du sens, ou signifiance de la signification.

En effet, la chose même dans sa donnée demeure la source première du sens et toute visée va vers elle, et c'est pourquoi il peut y avoir une promesse bruissante du sens y compris dans l'effondrement du monde ou dans la maladie. Pour celui qui parvient à ne pas réduire sa pensée à des représentations, tout est plein de promesses, mais cela suppose d'établir que le sens ne peut pas se réduire à ce qui a été visé et produit par le « je pur » et qui se serait ensuite sédimenté dans la mémoire en même temps que la conscience mémorise son propre acte. Le sens de l'autre homme, de mon ami, ne saurait jamais se figer, et pas même dans le deuil, puisque l'autre continue d'être là comme une promesse, comme un avenir. Il serait bien sûr possible de dire la même chose de la pensée de Platon, qui n'est pas un chapitre bien connu de l'histoire de la philosophie et est une œuvre qui peut s'actualiser toujours à nouveau, si j'accepte de me laisser renouveler par elle. Cela n'a rien à voir avec un perspectivisme subjectif selon lequel on ne considérerait le passé que depuis un présent toujours changeant, car c'est en lisant Platon, dans la difficulté même de le lire, qu'il m'est possible de comprendre qu'il est à la fois un passé révolu, auquel je ne peux pas avoir directement accès, et un futur absolu, celui de la pensée. Ainsi, la question du sens ne se laisse pas enfermer dans le seul rapport de l'homme à l'être et il est également nécessaire de considérer le rapport de l'être à l'homme : les choses sont en attente de nous et nous sommes en attente de nous-mêmes à travers les choses qui ne sont pas sans visage. L'être n'est pas en lui-même dépourvu de sens et de valeur. Avec cette thèse il en va cette fois d'un contre-mouvement du nihilisme de la valeur pour lequel l'être est sans valeur et ne trouve sa valeur qu'en étant le moyen d'une volonté. Un tel contre-mouvement cherche à retrouver l'être comme don en développant ce que Paci nomme la « *pietas* envers l'intentionnalité »[1].

Selon cette voie ouverte en phénoménologie depuis les analyses heideggériennes de la *Gelassenheit*, de l'abandon, et qui s'est poursuivie en une fructueuse arborescence, le sens ne se donne que pour celui qui ne s'agrippe pas à ses images, tel un Harpagon sur sa cassette de significations, pour habiter l'espace dans un acte de présence qui se

---

1. E. Paci, *Journal phénoménologique*, trad. fr. A. Clément, Trocy-en-Multien, Conférence, 2021, p. 48.

préserve de toute domination. Dès lors, l'errance n'est pas là où on la voit le plus souvent, dans une absence de principe directeur, dans une absence de maîtrise, et il y a des chemins bien tracés qui ne conduisent nulle part, des autoroutes de la pensée qui se terminent en cul-de-sac. La véritable errance se trouve dans l'incapacité à revenir à la source et la remise en cause de l'intentionnalité vise uniquement à montrer qu'elle ne peut que s'appuyer sur une vie plus originaire, dans un pur jaillissement qui est origine sans faire office de « principe », de proposition première. Cette vie originaire est celle de l'habitation dans laquelle je suis là où j'ai quelque chose à faire, là où je suis enjoint de répondre, là où je ne peux pas me dérober sans me perdre. La lâcheté métaphysique, au-delà de tout moralisme, est un abîme plus grand qu'on ne l'imagine, un abîme le plus souvent inaperçu depuis la prétention hégémonique d'être son propre principe, et elle consiste à faire faux bond, à s'éclipser, précisément là où c'était à nous et à nous seuls de répondre et d'agir. Un « homme à principes » est une personne qui se fige sur des représentations, manquant le réel en le prédéterminant, au lieu de vivre depuis la source. Ce que la lumière de la vérité nous dévoile, c'est peut-être notre lâcheté la plus habituelle et la rareté de notre courage. Mais c'est encore cette vérité qui, dans la honte, nous fait entendre que le coq a chanté. Une telle lâcheté est bien évidemment multiforme, strictement individuelle et radicalement mienne, même si elle possède également une dimension interpersonnelle. Si elle consiste toujours dans un « non » à un appel, il s'agit toujours d'un non qui n'est pas un vrai non, d'un non de fuite. Finalement, dans une telle situation, c'est toujours soi que l'on fuit en refusant d'être pris par l'origine et d'être ainsi délogé de son confort ; en préférant en quelque sorte son bien-être à son salut. De ce point de vue, un volontarisme qui reposerait sur le commandement abstrait et arbitraire de sortir de sa « zone de confort » n'est en aucune manière une réponse à la lâcheté métaphysique et ne fait que la renforcer. En conséquence, il n'y a pas d'autre réponse possible que de se laisser rassembler par ce qui me déloge et m'appelle, afin de me permettre d'habiter un monde qui ne soit pas lui-même une représentation. Il ne s'agit donc pas de s'évader pour s'évader, mais de s'évader de soi afin d'être présent à ce qui nous précède, à cette vérité qui nous éclaire. La personne, en tant qu'elle n'est pas le sujet, est l'être qui offre une hospitalité à la vérité. Ainsi, de Husserl à Chrétien, en passant par Heidegger, Levinas et Maldiney[1], l'intention demeure radicalement phénoménologique, même si l'unicité du principe subjectif se trouve mise en cause depuis une réflexion sur l'origine du sens, sur son jaillissement originaire pour un homme qui est alors pris par le monde. En effet, si le « je » est le fondement du travail de constitution, ou même si c'est l'intersubjectivité avec son historicité qui est le sol de toute constitution, un tel fondement ne doit pas occulter la source de toute élucidation du sens, cette rencontre avec l'être-même, qui nous met en mouvement et qui est une promesse de sens. L'être est d'abord connu par lui-même, même si cette connaissance est plus le don d'un pouvoir que celui d'un

1. Le propos du présent ouvrage n'est pas du tout de présenter un panorama de la phénoménologie dans ses multiples figures, ce qui serait prétentieux, inévitablement réducteur et finalement assez vain, mais de montrer à travers certains textes comment le principe subjectif de constitution se trouve mis en cause par l'effraction d'un sens sauvage, sans pour autant être aboli. Cette subjectivité blessée par l'originaire qui la met en mouvement est ce qui a voulu être décrit par bien des auteurs pour lesquels le sens ne se réduit pas à une production du sujet et n'est pas non plus simplement trouvé dans les choses.

voir. Il s'agit donc bien d'envisager une réflexion proprement phénoménologique sur le sens qui met entre parenthèses tout ce qui prétendrait expliquer le sens par autre chose que lui-même et le réduire ainsi à une simple construction secondaire. Pour user d'un vocabulaire plus kantien, il s'agit de ne pas procéder dogmatiquement dans cette interrogation sur le sens. Le sens ne peut pas être réduit à une simple construction indépendante des contraintes de l'expérience et il n'est pas possible de partir d'une définition du sens qui serait inévitablement arbitraire ou au moins réductrice. Toute la phénoménologie, dans ses multiples voies, refuse de s'en tenir à propos du sens à un formalisme vide qui ne peut conduire qu'à un champ de bataille. Si la phénoménologie, en dépit ou plutôt à travers ses incessants renouvellements n'est justement pas un tel champ de bataille, c'est qu'elle ne renonce jamais à l'idée que le sens n'est pas simplement construit, il est d'abord et avant tout donné, et c'est cela qui change tout. Poursuivant un chemin ouvert par Kant, la phénoménologie, en mettant toujours en œuvre une réduction, même si c'est sous des formes très différentes, ne produit pas ses objets depuis un présupposé qu'il soit linguistique, historique ou autre, mais les reçoit et tente de remonter aux actes de leur constitution, et c'est pourquoi le « sens » est toujours d'abord indistinct et obscur. L'objet est à la fois un sens constitué, un noème, ce qui est déterminable par la cons-cience, et il est aussi ce qui résiste à une telle détermination. Le respect du phénomène consiste à ne pas trancher une telle tension entre docilité et sauvagerie, entre ordre et anarchie, qui est la vie même du sens.

De ce point de vue, la possibilité de donner sens à sa vie demeure toujours ouverte même dans l'épreuve de l'absurde et cela ne veut pas du tout dire donner sens à l'absurde, ou chercher à gommer sa puissance de rupture et de remise en cause de ses fins depuis un principe téléologique totalisant. La direction que peut prendre sa vie ne repose pas alors sur un pur volontarisme, mais provient du devenir lui-même, de ce qui surgit en lui, de la surprise d'une rencontre, du simple éclat du mimosa en fleur, du vent dans les feuilles, de toutes les promesses de parole, comme ce qui s'annonce en attente de se dire en moi. Il est ainsi possible de donner sens à sa vie en dépit de l'absurde et même à travers lui. Il ne s'agit pas avec ces considérations « existentielles » d'un tournant éthique de la phénoménologie, ou, comme le pensent certains, d'un oubli de la phénoménologie elle-même, mais du souci de montrer que les questions théoriques et les questions éthiques sont indissociables. Il est en effet possible de montrer que la promesse du sens porte en elle l'idée que la vie est plus puissante que la mort, qu'elle résiste aux pulsions de mort, aux forces de mort. Depuis notre habitation, et non pas seulement depuis une réflexion dont le « je » est le principe, il est possible non de supprimer de telles forces qui sont en nous malgré nous, mais de passer outre, de chercher à être ailleurs, dans l'écoute du monde et des autres, même si là encore la finitude est radicale. Ainsi, le salut n'est pas la santé de ceux qui veulent se soigner eux-mêmes et il se trouve au contraire dans la persévérance d'une question. Le salut est le chemin lui-même en tant qu'il ne prend pas son origine qu'en moi. Dire « moi » serait alors une réponse au bruissement du sens, à cette humble parole de toute chose.

Il s'agit alors d'accéder à l'évidence qu'il n'y a pas de promesse sans fragilité et qu'un sens qui ne serait pas fragile, c'est-à-dire toujours exposé à l'abîme du non-sens, ne promettrait rien et ne serait qu'un dépôt d'une signification. La fragilité peut donc se présenter comme une modalité essentielle de la donation de sens, notamment en insistant sur la double dimension, noétique et noématique, de cette fragilité. Les différentes études de cet ouvrage cherchent à montrer que, d'un côté, il s'agit de la fragilité du sujet dans sa temporalisation, dans son histoire, dans son corps, ou encore dans l'exercice de sa responsabilité, tout en mettant en lumière, d'un autre côté, qu'elle tient à l'indéfini de la donation de l'objet, à l'excès de ce qui se donne ou encore de la réserve de l'être. Or, c'est depuis notre fragilité personnelle et interpersonnelle qu'il nous est possible de recevoir la fragilité des choses. Telle serait la loi eidétique de la subjectivité blessée : seule la fragilité peut être réceptive à la fragilité. C'est depuis notre fragilité, comme l'a montré Chrétien[1], que nous pouvons être à l'écoute des choses, à l'écoute du bruissement de leur sens, au lieu de parler à leur place et en leur nom dans une imposture métaphysique.

Avec la phénoménologie et le tournant anticopernicien qu'elle représente, la fragilité du sens prend une signification nouvelle, car elle n'est plus simplement la manifestation de la finitude du sujet connaissant, de la difficulté qu'il a à s'en tenir à ses propres tâches infinies. La fragilité tient également à l'incarnation sensible du sens et surtout au fait que c'est l'objet lui-même qui fixe son propre mode de donnée. Si le sujet connaissant peut chercher à s'assurer plus ou moins de lui-même, le remplissement de sa visée dépend de l'objet lui-même selon un horizon, l'horizon *a priori* de ses possibles, mais également un horizon de nouveauté depuis une intuition irréductible à la réflexion. Cela vaut aussi bien pour la chose sensible, que pour la

---

1. *Cf.* J.-L. Chrétien, *Fragilité*, Paris, Minuit, 2017.

chair, pour autrui, ou encore pour Dieu, sans oublier les objets d'entendement comme les objets mathématiques. Tout ce qui se donne peut me surprendre, peut défaire ma visée, et l'impossibilité de la nouveauté atteste au contraire qu'il n'y a plus d'intuition, que la pensée ne touche plus l'être, qu'elle n'est plus qu'un jeu au symbolisme vide. Selon une telle perspective phénoménologique, la fragilité tient à la loi eidétique qu'être, c'est être donné, et que ce qui n'est pas donné n'est rien. La chose sensible est, parce qu'elle se donne selon une infinité d'esquisses ; la chair est, parce qu'elle se donne à la fois comme chose dans le monde et comme pure réflexivité sensible ; Dieu est, parce qu'il n'est pas une simple idée, mais se donne à la fois comme présent et invisible ; autrui est, parce qu'il se donne comme visage. L'*ego* est en tant qu'il répond à ses risques et périls à l'appel de l'être. L'être ne serait pas en lui-même dépourvu de sens, son sens ne dépendrait pas uniquement des actes de la conscience et des décisions de notre volonté, il ne serait pas qu'un donné indistinct support de notre réflexivité. La phénoménologie est une réponse à une perspective que l'on peut qualifier de nihiliste sur le sens de l'être.

La fragilité du sens n'est donc pas la faiblesse du sujet constituant, mais l'impossibilité de s'assurer du sens, dans la mesure où il résiste et ne se laisse jamais totalement anticiper, même de manière indirecte. Autrui n'est pas seulement celui que je ne pourrais jamais saisir directement, mais uniquement selon ce mode de donnée qu'est l'empathie. Il n'est pas non plus réductible à celui qui vient contrarier ma visée en me surprenant, en m'apparaissant comme autre que ce que j'anticipais. Il est avant tout celui qui est là devant moi comme un autre, et pas simplement comme autre, et qui seul peut répondre à ma question « Qui es-tu ? ». Il y a en lui une nouveauté absolue qui n'entre pas dans le champ *a priori* des possibles et qui est son être-même. L'autre n'est là, en chair et en os, que dans cette nouveauté absolue, même si je le connais de très longue date, et tout le reste n'est que représentation. C'est selon cette dimension qu'il est une chair et une promesse. Le sens autrui ne peut se réduire à être un sens institué par le sens « moi » et seul autrui peut vraiment l'instituer ; il ne peut avoir de principe extérieur. La promesse du sens est alors cet avenir absolu, non-anticipable, qui fait que pour moi l'autre est toujours la source de sa manifestation. Le jour où pour moi il cesse de l'être, il n'est plus qu'une signification posée par moi et il n'est plus pour moi une personne au sens fort de visage éclairant. Pour le dire autrement, au risque de forcer un peu les limites de la phénoménologie, le jour où l'un de mes proches n'est plus pour moi qu'une visée intentionnelle, avec des remplissements liés à sa place dans le monde pour moi, c'est que je ne le vois plus, que je ne l'aime plus, qu'il se trouve réduit à ce lointain d'un objet de mon monde environnant sans commune mesure avec la proximité du lointain de celui que j'aime. Aimer, c'est voir, et voir c'est laisser l'autre me saisir au-delà de la confirmation ou de l'infirmation de mes attentes.

Or une telle promesse de sens ne se laisse sans doute pas seulement comprendre depuis le visage d'autrui et il est possible, au-delà de Levinas pour lequel Dieu est la trace dans laquelle se tiennent les Autres, d'en approcher depuis le visage de toute chose. Pouvoir être étonné, émerveillé, par la plus humble des choses, dans un rapport au monde dans lequel le poète comme le géomètre peuvent être le paradigme, c'est toujours vouloir revenir à cette nouveauté première dans laquelle chaque chose est un événement unique et incomparable. C'est voir la plus simple des choses comme on ne l'avait jamais vue, c'est toucher comme si l'on n'avait jamais touché, c'est s'émerveiller de l'être et d'être tout simplement, tel le prisonnier sorti de la caverne. Une telle jubilation, selon la signification augustinienne du terme, est le commencement du sens ou encore le sens en commencement, par rapport au sens qui s'institue dans des procédures de vérification et de validation. La thèse du présent travail est donc que ce n'est pas d'abord par la puissance de notre analyse, par notre capacité de construction même limitée du sens, par notre attention précautionneuse ou notre sagacité, que le sens se donne, mais d'abord selon cette fragilité en tant que structure de l'expérience. Bien évidemment, le sens, même s'il n'est pas une production du sujet, est bien une construction soumise à des règles de méthode qui interrogent l'objet selon une approche infinie à partir d'un *telos* d'adéquation. Néanmoins, si les mathématiques, toutes les sciences de la nature et toutes les sciences de l'esprit, s'expliquent par le mode propre de remplissement de leur objet, qui fait par exemple qu'un objet mathématique ne se constitue pas comme une langue, cette constitution n'est possible que sur l'horizon du monde ; elle n'est possible que depuis une chair, ce qui fait qu'il y a bien une ontologie première, qui ne peut pas être obtenue par généralisation depuis les ontologies régionales. Certes, il ne suffit pas de partir d'en haut, des formes générales de la socialité, pour véritablement écrire une sociologie phénoménologique prenant en compte les multiples formes concrètes de la vie commune. Il est au plus haut point important de décrire les diverses formes selon lesquelles se constituent un peuple, un Etat, une religion, etc., afin de véritablement respecter la pluralité de l'être, mais en même temps, cela ne dispense pas d'une démarche apriorique cherchant à élucider le sens téléologique du peuple, de l'Etat, ou encore de la famille. Comme en atteste la célèbre lettre de Husserl à Lévy-Bruhl de 1935[1], Husserl a sans doute privilégié la phénoménologie qui vient d'en haut, à tout le moins pour tous les domaines dont il ne se reconnaissait pas comme spécialiste, mais il semble bien avoir reconnu, même pour le phénoménologue, la nécessité d'une ontologie régionale qui élucide d'en bas, par abstraction, les principes de la socialité. Comme a pu le souligner Dominique Pradelle dans ses travaux[2], ce n'est pas là simplement le partage de l'empirique et du transcendantal et il s'agit plutôt d'envisager un double foyer propre à la réflexion transcendantale elle-même. Si dans l'analyse transcendantale de l'expérience ce qui est noétique ne doit pas écraser le noématique, et réciproquement, cela n'exclut pas que cette tension féconde de la pensée renvoie à une expérience antérieure à la corrélation noético-noématique. Toute élucidation du sens se réalise à partir d'une présence qui est encore muette, ce qui ne l'empêche pas d'être impérative, même comme brise légère. Le sens est cette double donation, celle de ce qui au sens propre du terme n'est pas encore une expérience, un phénomène, et que l'on peut nommer vie originaire, vie sauvage ou encore visage, et celle de la constitution en phénomène selon un horizon indéfini d'adéquation. Une chose, à la différence de l'objet, est toujours donnée deux fois, et c'est pour cela qu'elle résiste à sa constitution en phénomène et que cette constitution

1. E. Husserl, *Briefwechsel*, éd. K. Schuhmann et E. Schuhmann, Husserliana Dokumente III, 10, vol. 7., Dordrecht, Kluwer, 1994, p. 161-164.
2. Notamment, D. Pradelle, *Intuition et idéalités. Phénoménologie des objets mathématiques*, « Épiméthée », Paris, Puf, 2020.

ne trouve pas son origine que dans le sujet. Si le sujet est principe de toute constitution, le retour aux choses mêmes ne va pas sans une attention à l'origine comme jaillissement originaire qui ne saurait être saisie réflexivement comme un principe. Il s'agit en quelque sorte de l'archi-facticité de la chose qui fait que la connaissance n'est pas que reconnaissance, comme l'a défendu Nietzsche[1] contre ce qu'il entendait par platonisme. Le platonisme peut ainsi être remis en cause par en bas, mais il peut également être récusé en revenant à l'expérience source de toutes les autres. Il est alors possible de dire que le platonisme advient dès qu'une des formes de la vie se trouve perdue. La vie est ce qui se donne selon cette double modalité de la cons-titution et du jaillissement de l'originaire et cette double donnée fait qu'il n'y a pas d'accès direct à l'originaire, mais depuis la patience de la constitution et que la constitution n'est pas animée que par son propre *telos*.

Si, selon Husserl, la fragilité tient surtout à l'oubli de la subjectivité, de son activité constituante et de sa respon-sabilité devant les Idées infinies, la phénoménologie après lui a pu remettre en cause l'absolutisme de l'*ego*-principe afin de mettre en lumière une fragilité plus ontologique, qui n'est pas liée simplement à son être en tant que conscience, mais également à la situation de l'homme dans le monde, voire à sa singularité. Cela permet de réactiver une thèse bien ancienne selon laquelle il y a en nous une possibilité d'effondrement qui échappe à notre volonté. Or, la conscience d'une telle fragilité constitutive de l'existence humaine est également ce qui conduit à comprendre qu'il n'y a pas de principe donné en toute

---

1. F. Nietzsche, *Die fröhliche Wissenschaft*, *Sämtliche Werke*, vol. 3, Berlin, De Gruyter, 1999, § 355, p. 593-595.

transparence qui puisse fonder absolument le sens de nos actions, et c'est pourquoi le travail qui consiste à décider du sens de ce que l'on fait doit être sans cesse recommencé. Cela ne veut pas dire qu'il n'y ait pas de grands principes généraux de l'action, mais que ces principes, aussi légitimés rationnellement qu'ils soient, non seulement doivent être toujours ressaisis, mais en outre ne peuvent pas dire ce que je dois faire, puisque la justice demande de m'ajuster sans cesse à des situations toujours différentes et changeantes. Vivre avec sa fragilité, celle de son existence même, c'est peut-être également renoncer au modèle d'une vie selon des tâches infinies que l'on ne peut pas tenir, et c'est sans doute, plus humblement, répondre à une situation en s'accrochant à la fois à la hauteur des principes et à la force de ce qui appelle dans un instant irréductible à la synthèse. Le but de ces différentes études est de suivre certaines figures de la fragilité en allant d'une compréhension transcendantale à une compréhension existentiale et existentielle du sens, dans une variation limitée permettant de découdre le tissu de la vie afin d'en donner à voir la trame, afin de montrer que le sens ne se réduit pas à une signification établie, mais est une direction qui ne s'éclaire que pour une pensée qui accepte d'être toujours inchoative, qui se dit dans une parole blessée par l'originaire et qui ainsi ne se fige pas. L'origine ne peut se dire qu'indirectement dans un sens qui n'abolit pas son secret, dans une fragilité du sens qui fait que l'origine ne se pervertit pas en principe.

CHAPITRE PREMIER

L'HISTORICITÉ DU SENS (HUSSERL) [1]

En 1935, Husserl établit un célèbre et terrible constat :

> *Philosophie als Wissenschaft, als ernstliche, strenge, ja apodiktisch strenge Wissenschaft – der Traum ist ausgeträumt.*

> La philosophie comme science, en tant que science sérieuse et rigoureuse, et même apodictiquement rigoureuse : ce rêve est fini [2].

Peu importe que Husserl vise ou non Heidegger, car quels que soient ses responsables, la crise du sens est là, et il s'agit de lui faire face, et c'est pourquoi Husserl ne fait état de la mort du sens que pour mieux affirmer, au titre de la foi qui fait le philosophe, l'immortalité de l'idée : le sens est mortel, mais dans son historicité il contient la possibilité de toujours renaître. Dès lors, le philosophe, au lieu de sombrer dans le pessimisme, dans cette grande

---

1. Une première version de ce travail se trouve dans P. Hummel et F. Gabriel (dir.), *Les débris du sens*, Paris, Philologicum, 2008.

2. E. Husserl, *Die Krisis der europäischen Wissenschaften und die transzendentale Phänomenologie* (désormais *Krisis*), Husserliana VI, éd. W. Biemel, La Haye, Nijhoff, 1976, p. 508 ; trad. fr. G. Granel, *La crise des sciences européennes et la phénoménologie transcendantale*, Paris, Gallimard, 1976, p. 563.

fatigue où il se décharge de sa responsabilité première à l'égard du sens, doit affronter cette crise du sens pour la rendre intelligible et pour pouvoir redonner à la philosophie comme science rigoureuse son avenir. Certes, la crise du sens ne date pas d'aujourd'hui, et la tâche est de se réapproprier l'histoire de la philosophie, qui est aussi l'histoire de ses crises, c'est-à-dire l'histoire des crises de la rationalité, pour redonner vie au *telos* de l'humanité, néanmoins ce combat chaque philosophe doit le mener à partir de son présent : c'est ici et maintenant qu'il s'impose de répondre du sens du monde et à défaut de prendre les armes il a au moins le souci de ne pas faire du mot « philosophie » un terme vide à la signification évanescente. En effet, la science rigoureuse n'est une illusion à supprimer que pour ceux qui sont retournés involontairement dans la caverne et s'y trouvent encore plus prisonniers de leurs représentations que s'ils n'en étaient jamais sortis. La philosophie s'oppose par principe au relativisme de la *Weltanschauung*, qui conduit à penser que chaque homme a sa vision du monde, parce que pour elle cette *Weltanschauung* ne voit précisément rien, si ce n'est ce qu'un moi singulier et contingent a projeté sur le monde. La subjectivité qui construit cette image du monde n'est même pas consciente de la crise du sens, car pour elle le sens du monde est quelque chose qui va de soi : elle n'a pas à interroger ce sens, dans la mesure où c'est elle-même qui le produit. Sans exposer toutes les analyses de Husserl relatives aux contradictions de l'attitude naturelle, il convient cependant de souligner que, contre ce relativisme et ce subjectivisme du sens, devenir philosophe, c'est faire l'épreuve de la crise du sens et d'abord l'épreuve de la crise du sens « philosophie ». En effet, cette crise n'est pas une crise particulière parmi d'autres, mais elle porte la crise du sens en général, puisque c'est l'objectivité de la donation de sens (*Sinngebung*) qui est en question. Toute crise est crise du sens et tout sens reconduit ultimement au sens « philosophie », et c'est pourquoi la tâche première du philosophe est une tâche de discernement, qui non seulement élucide ce qu'est le « sens », mais qui également indique les directions du vouloir impliquées dans toute donation de sens. Si tout homme peut faire, jusque dans sa chair, l'épreuve de la crise du monde, avec plus ou moins de violence en fonction de la facticité de son existence historique, l'identité du philosophe est d'avoir à « idéaliser » cette crise, c'est-à-dire de tenter de passer du fait à l'essence, pour la rendre intelligible et du même coup appropriable comme une crise du sens. Or il n'est possible de parler au sens fort d'une crise du sens que dans la mesure où c'est le monde lui-même qui se constitue depuis les actes de la subjectivité. Cette crise n'est donc pas une pure crise du sujet dans son rapport à ses représentations, ni une simple crise du monde observable extérieurement. La crise du sens est bien celle de l'expérience dans laquelle le monde est donné[1].

Depuis *La philosophie comme science rigoureuse*, Husserl a toujours considéré que la tâche du philosophe est aussi de rendre visible cette crise du sens, qui se donne dans l'expérience, mais à laquelle l'attitude naturelle rend aveugle, parce qu'elle manque la vie du sens. L'Europe n'est plus dans l'Europe, car elle n'est plus à la hauteur de son sens : le philosophe et l'homme de science sont devenus aveugles à l'Idée qui constitue leur vocation et la vocation de toute l'humanité. Ainsi, de 1911 à 1936, Husserl

---

1. Sur la dimension opératoire du concept de sens dans la phénoménologie de Husserl, *cf.* J. Farges, « Husserl : la phénoménologie comme philosophie du sens », *Philosophie* 155, sept. 2022, p. 18-36.

ne cesse de décrire et d'approfondir cette disparition du sens, liée à son atomisation et à l'oubli de l'Idée infinie constitutive de la subjectivité. L'histoire est celle du sens, celle de sa formation (*Sinnbildung*), de sa sédimentation (*Sinnsedimentierung*) et de sa réactivation (*Reaktivierung*), et ainsi la vie du sens est inséparable de la vie du sujet, et c'est pourquoi il doit être compris comme étant à la fois historique et fragile. La force de la méditation historique est précisément de permettre au philosophe de prendre conscience de cette fragilité du sens, du fait que la constitution du sens contient en quelque sorte en elle un impératif. Le philosophe peut alors se demander quelle est sa place dans le monde historique, dans l'accomplissement de la téléologie universelle. Autrement dit, il peut chercher à élucider quelle est sa véritable identité personnelle en éclairant ce qu'il a à faire, lui, dans l'histoire de l'humanité, dans la téléologie universelle. Comme l'écrivait Ricœur : « parce que l'histoire est *notre* histoire, le sens de l'histoire est notre sens »[1], et ce caractère nôtre du sens de l'histoire tient ici non à sa production par un sujet, mais au fait qu'il est une orientation, un avoir à être, un style historique. Or, c'est bien cette vie du sens qui a été oubliée, et Husserl ne cesse de méditer sur le sens de cet oubli, sans pour autant lier cet oubli au sens lui-même, car cet oubli reconduit toujours à l'oubli de soi de la subjectivité historique.

Dans la deuxième et la troisième des *Méditations cartésiennes*, Husserl a fixé la réduction de la réalité au sens et la reconduction du sens à l'activité de la subjectivité. Être, c'est être pour une conscience, c'est donc être un sens constitué, un noème constitué par la noèse : en montrant

---

1. P. Ricœur, *À l'école de la phénoménologie*, Paris, Vrin, 1986, p. 34.

que le sens noématique réside de façon immanente dans le vécu, Husserl fonde la phénoménologie constitutive, car le noème est l'« index » d'un système subjectif de vécus, et cela quel que soit le type d'objet. Le sens est bien ici un sens intentionnel, et sans le pouvoir de synthèse de la conscience il n'y a ni objet, ni monde. Il ne s'agit pas pour autant d'une « construction » du sens, car c'est l'objet qui détermine la conscience possible que l'on peut avoir de lui : « l'étant, quel qu'en soit le sens concret ou abstrait, réel ou idéal, a ses façons de se donner lui-même »[1]. Il n'y a en effet un sens, c'est-à-dire une intention remplie par une intuition, que s'il y a quelque chose qui se donne, quelque chose d'apparaissant. Husserl récuse donc toute conception subjective ou formelle du sens, comme toute conception purement naturaliste : le sens n'est ni dans le sujet ni dans la chose, mais il est ce quelque chose d'identique qui se donne par exemple dans la perception[2]. Ainsi, tout vécu intentionnel par ses noèses porte en soi un « sens » qui peut se comprendre de trois façons : le perçu comme tel, l'*eidos* de l'objet, et enfin l'idée d'une pleine perception de l'objet, c'est-à-dire le sens selon le mode de plénitude. De cette façon, Husserl peut décrire la vie du sens : la réalité effective est ce qui est identifié comme le même dans la vérification effective, et une connaissance vraie est celle qui donne à voir cette réalité effective, alors que la connaissance est fausse lorsque le conflit d'intentionnalités rend le voir impossible. Dès lors, en décrivant l'évidence comme la structure intime de la conscience, Husserl a pu

1. *Krisis*, p. 169 ; trad.fr. p. 189.
2. *Cf.* E. Husserl, *Vorlesungen über Bedeutungslehre Sommersemester 1908*, Husserliana XXVI, éd. U. Panzer, Dordrecht-Boston-Lancaster, Nijhoff, 1987, p. 160 ; trad. fr. J. English, *Leçons sur la théorie de la signification*, Paris, Vrin, 1995, p. 197.

élucider cette saisie du sens, qui n'est pas une invention, et la téléologie qui lui appartient. La prise en compte de l'historicité ne modifie en rien l'idéalisme transcendantal de Husserl, car c'est la vie intentionnelle elle-même qui est historique, mais elle donne toute sa dimension à la téléologie du sens : parce que le sens est téléologique le sujet doit aussi en répondre historiquement. Toute la difficulté de la thèse husserlienne tient au fait que, contre toute théorie de l'abstraction, Husserl soutient qu'il n'y a pas de pure réceptivité sans compréhension d'un sens. En conséquence, la constitution, qui a déjà lieu dans la vie passive, n'est pas la « production » (*Produktion*) d'un sens (même si Husserl emploie le vocabulaire de la production), mais son dévoilement à partir de la donation de l'objet lui-même. L'intuition originairement donatrice (*originär gebende Anschauung*) montre bien que le sens transcendantalement compris résulte bien de l'activité du sujet sans être pour autant produit, comme s'il s'agissait de mettre un sens là où il n'y en a pas encore. Le sens intentionnel est ce vers quoi la compréhension se porte, et comprendre le sens d'un objet ne consiste pas à chercher la chose en soi derrière les phénomènes, mais revient à faire de l'objet lui-même la norme de sa connaissance. Ainsi, l'intuition sensible puis catégoriale modifie profondément la compréhension transcendantale des catégories, car pour Husserl la métaphysique comme science de l'être ne peut être qu'une science de l'être donné sous toutes ses formes. Le sens est donc bien la direction, le « vers où » de l'activité du sujet, et répondre du sens du monde conduit à se donner une tâche infinie ; le sens est alors le temps lui-même en tant qu'il est l'être de la subjectivité. Ce n'est que pour un « je » transcendantal se temporalisant de façon infinie que le monde peut être sensé ou absurde, et la vérité du sujet est de constituer le monde : être vrai, c'est mettre en évidence le sens du monde, et être faux, c'est oublier cette tâche constituante pour retomber dans des préoccupations finies.

Il était nécessaire de rappeler au moins brièvement ces thèses fondamentales pour comprendre en quoi la fragilité du sens est nécessairement relative à la fragilité de celui qui instaure et transmet ce sens, mais sans donner pour autant à cette fragilité du sens une signification trop psychologique, car c'est bien le sens intentionnel en lui-même, dans son « vers-où », qui est fragile. En effet, en méditant en 1935, après les lois de Nuremberg, sur le développement de la barbarie en Europe, Husserl refuse de se contenter de causes extérieures comme la crise économique ou la faiblesse des dirigeants, et cherche dans la culture européenne elle-même l'origine de cette crise du sens. En outre, pour lui comme pour Valéry dans *La crise de l'esprit*[1], c'est la Première Guerre mondiale[2] qui a rendu visible le caractère mortel de l'Europe et qui l'a conduit à penser peu à peu le téléologique comme l'ultimement vrai. Cette crise ne se donne donc pas à voir pour le philosophe comme une crise accidentelle liée à un concours de circonstances malheureuses, mais elle est structurelle, elle est une crise de ce sens téléologique qu'est l'Europe dans laquelle il en va de son être même : ou l'Europe peut

---

1. P. Valery, *Variétés 1 et 2*, Paris, Idées-Gallimard, 1978, p. 13 : « Nous autres, civilisations, nous savons maintenant que nous sommes mortelles ». Pour Valery il s'agit d'une prise de conscience depuis son présent historique, ce qui ne veut pas dire que l'idée du caractère mortel des civilisations ne soit pas bien plus ancienne. Saint Augustin réfléchissant sur la chute de Rome et sur l'avènement possible d'un nouveau monde développait déjà une telle idée.

2. *Cf.* J. Farges, « Husserl et la grande guerre : l'irruption critique de l'histoire dans la phénoménologie », *Transversalités* 132, 2015/1, p. 43-59.

retrouver ce qu'elle a à être ou elle disparaît nécessairement.
Or, s'il y a une crise de l'Europe, dans son sens spirituel
et non géographique, c'est dans la mesure où la vie
constituante avec la vie qui lui appartient doit aussi s'être
perdue dans la science moderne, qui n'a pas su demeurer
à la hauteur de son sens et n'est plus maintenant qu'une
simple technique théorique. Un tel échec de la raison
théorique, qui est également une chute de la raison pratique,
engage l'avenir de la totalité du monde dans la mesure où
l'Europe porte en elle un sens n'appartenant pas à elle
seule, et qui doit pouvoir devenir celui de toute l'humanité.
En effet, l'historicité de la science et de la philosophie ne
tient pas au fait d'appartenir à une époque, mais relève
d'une historicité transcendantale par laquelle elles sont
d'abord l'histoire de ce qu'elles ont à devenir. Il y a un
sens de l'histoire qui est notre sens, parce qu'il y a des *a
priori* matériels de l'histoire déterminant son contenu. Tant
que l'*a priori* n'était compris que comme formel – et ici
bien évidemment Husserl pense à Kant – l'historicité et
la fragilité du sens ne pouvaient pas apparaître, car le
monde demeurait compris comme la totalité de l'étant au
lieu d'être vu dans son caractère d'horizon, c'est-à-dire
en tant que corrélat d'une idée infinie. Il faut s'affranchir
du kantisme pour saisir que le sens téléologique n'est pas
seulement la façon dont une subjectivité cherche à donner
un sens à l'histoire. En effet, la nouvelle compréhension
de l'*ego* transcendantal dans son historicité conduit Husserl
au-delà de Kant, en montrant que l'histoire transcendantale
possède une objectivité théorique, autrement dit qu'il n'y
a pas seulement une signification dans l'histoire, mais
également un sens compris comme une intention, une
direction du vouloir qui s'impose à la subjectivité dans
son auto-élucidation (*Selbstauslegung*). Si Husserl se
considère comme un tournant dans l'histoire de la

philosophie, ce n'est pas parce qu'il considère qu'avec lui la fin de l'histoire serait devenue totalement transparente, mais c'est en estimant avoir rendu avec la « réduction phénoménologique » son véritable sens au commencement cartésien. Ce commencement absolu conduit précisément l'*ego* à se comprendre comme l'héritier d'une Idée, qui ne lui est pas donnée pleinement, mais qui lui est donnée à être. Autrement dit, pour Husserl, ce qu'il nomme lui-même très souvent dans la *Krisis* « L'Idée au sens kantien » est loin d'être un simple principe régulateur pour une interprétation unitaire de l'histoire, mais il s'agit d'une Idée active, qui est bien dans l'histoire, et ne pouvant se développer que si la subjectivité la saisissant dans l'évidence en fait ce qui détermine nécessairement son vouloir.

Dans *La crise de l'humanité européenne et la philosophie* de mai 1935, Husserl pose qu'il en va bien de la vie du sens, dans la mesure où « le mot vivre n'a pas ici le sens physiologique, il signifie une formation téléologique, spirituelle de la vie active (*es bedeutet zwecktätiges, geistige Gebilde leistendes Leben*) : au sens le plus vaste de la vie qui crée la culture dans l'unité d'une historicité »[1]. Cela signifie qu'il n'est possible de surmonter cette crise du sens que par l'étude de l'intentionnalité, qui est l'histoire de la formation de sens (autrement dit l'histoire elle-même) comme mouvement de génération du sens par le sens. La tâche de la science de l'esprit est alors de dégager la téléologie innée propre à l'Europe, dans la mesure où l'Europe porte en elle une Idée qui ne se retrouve dans aucun autre *Umwelt*. Comme on l'a vu, l'unité propre de l'Europe est celle d'un style, c'est-à-dire un mode propre de temporalisation, une façon unique d'avoir à être qui se confond avec l'Idée de philosophie. Ainsi, la nouveauté

---

1. *Krisis*, p. 315 ; trad. fr. p 348.

de l'Europe est celle d'une « humanité qui veut vivre
librement selon des idées de la raison, par des tâches
infinies »[1]. Or cette idée d'un type unique, en ce qu'elle
n'appartient à aucun homme, à aucun peuple et à aucune
nation, est ce dont chaque homme doit répondre pour
véritablement exister historiquement. L'unité possible du
monde tient à cette idée commune possédant le statut d'un
impératif, et qui comme idée infinie peut être portée par
tout homme : ce n'est donc pas l'Europe empirique avec
toutes ses déterminations contingentes qu'il s'agit de
retrouver, mais l'Europe transcendantale orientée vers un
pôle idéal et éternel. La crise du sens tient également ici
à l'emprise de l'attitude naturelle, qui conduit la personne
humaine à se considérer dans un état plus ou moins achevé,
à quelques progrès techniques près, au lieu de se comprendre
à partir du devoir de devenir ce qu'elle est en fonction de
l'idée transnationale d'une paix fondée sur le partage de
la raison. La grande illusion, qui est à l'origine des différentes formes de la barbarie moderne, consiste à croire
que l'homme a déjà atteint la plénitude de sa forme et qu'il
est déjà pleinement humain, sans avoir à se soucier de le
devenir. Or, remettre en cause l'attitude naturelle comme
mode d'être historique fondamental de l'existence humaine
suppose un renversement complet de l'être humain pour
qu'il s'élève à l'attitude théorétique, pour devenir le
spectateur impartial de lui-même et du monde, de façon à
vraiment donner un sens à sa vie, c'est-à-dire pour lui
donner l'unité d'une histoire. Il n'y a ainsi de devenir soi
véritable que dans cette saisie du sens qui doit être pris
comme principe d'orientation de la temporalité et de l'historicité, car il est l'avenir de la vie humaine. Le sens

---

1. *Krisis*, p. 319 ; trad. fr. p. 352.

« philosophie », comme tout autre sens (le cube, le vainqueur d'Iéna, la ville de Cologne), n'est pas seulement ce qui demeure le même, ce qui reste identique, que le jugement soit accompli de manière intuitive ou non, mais il possède maintenant, en outre, une signification temporelle et historique, sans qu'il y ait de contradiction entre ces différentes dimensions. De même qu'il y a une téléologie de la perception, car en plus du sens identique et du vécu actuel il y a aussi l'idée de la visée complètement remplie de l'état de choses (*Sachverhalt*), il est nécessaire de reconnaître une téléologie de l'existence philosophique permettant d'expliquer en quoi l'historicité du sens n'est pas la marque d'un relativisme, mais se comprend plutôt comme une fidélité intra-temporelle au sens idéal omnitemporel. La réponse à la crise actuelle du sens suppose alors de se ressaisir de sa vocation, c'est-à-dire de vouloir absolument la fin omnitemporelle qui oriente l'histoire au lieu de se figer dans l'une des incarnations temporelles du sens « philosophie ». En conséquence, la philosophie se comprend comme une mutation violente qui conduit à renverser les anciennes valeurs pour viser des buts qui ont une validité absolue, c'est-à-dire des valeurs qui sont indépendantes de toute subjectivité actuelle. L'humanité européenne ne manque pas de capacité de jugement, mais elle manque de volonté pour se rapporter à des valeurs objectives, absolues, vraies, par exemple en portant l'idée d'une vie volontaire selon des fins qui dans chaque intérêt affirme les intérêts des autres[1]. Il s'agit donc de retrouver aujourd'hui ce *Lebensberuf*, cette vocation vitale, mise une première

---

1. *Cf.* E. Husserl, *Die Krisis der europäischen Wissenschaften und die transzendentale Phänomenologie. Ergänzungsband. Texte aus dem Nachlass 1934-1937*, Husserliana XXIX, éd. R. N. Smid, Dordrecht-Boston-London, Kluwer, 1993, p. 270-271.

fois en évidence par les Grecs et sans laquelle il n'y a plus de vraie communauté. La fragilité[1] du sens tient ainsi à la faiblesse de la volonté, toujours exposée à la facilité du renoncement et à la rechute dans les intérêts finis et égoïstes. Pour le dire d'une façon moins psychologique, la crise du sens est l'oubli de l'*ego* transcendantal conduisant à faire du moi empirique contingent la mesure de toute chose. En conséquence, la crise du sens se comprend maintenant comme une fermeture du sujet et une fermeture des communautés, qui en étant fermés au *telos* commun sont fermés aux autres hommes[2].

D'où voit-on la crise du sens ? On ne peut la voir que devant l'Idée, et ainsi le philosophe est celui pour qui il y a une fragilité du sens, dans la mesure où le sens est toujours menacé par sa disparition : en ne voyant plus la fin, et même en ne cherchant plus à la voir, l'humanité est conduite à son échec, c'est-à-dire à la manifestation tragique de sa finitude. Néanmoins, cette conférence de Vienne de 1935 a le ton, parfois lyrique, d'une profession de foi d'un philosophe qui veut cette fois s'adresser au monde[3] : celui qui a vu les Idées ne peut que croire qu'elles sont immortelles, et c'est pourquoi, d'une façon très kantienne,

---

1. Husserl n'utilise pas ce terme de fragilité, ni le syntagme « fragilité du sens », néanmoins l'idée d'une faiblesse de la volonté et l'idée d'une fragilité de ce sens qui peut disparaître sont bien présentes. Ce sont des dimensions de la phénoménalité, des possibilités *a priori* et non de simples accidents.

2. Cela vaut aussi bien sûr de la communauté des philosophes qui, en devenant une communauté fermée réservée à une élite érudite, devient aussi quelque chose de mort.

3. *Cf.* la conférence de G. Semprun du 11 mars 2002 « Edmund Husserl. Vienne 1935. Une morale de la résistance », BnF, https://www.bnf.fr/fr/mediatheque/edmund-husserl-vienne-1935-une-morale-de-la-resistance.

le combat pratique doit se poursuivre sans fin pour surmonter la crise du sens[1]. Certes, dans ce combat pratique, le philosophe est toujours inactuel, et dès lors la crise du sens est structurelle entre philosophie et puissances empiriques : il appartient à l'essence de la philosophie d'être constamment menacée de disparition. Il y a donc deux morts possibles de la philosophie qui font sa fragilité propre : la philosophie peut succomber aux attaques des puissances empiriques et disparaître dans l'indifférence de ceux qui ne voient pas la crise du sens dans une existence somnambulique. Mais il y a une autre mort qui provient de la philosophie elle-même et qui est la seule vraie mort : elle peut renoncer à elle-même, renoncer à sa tâche propre, et dégénérer soit en historicisme, soit en érudition de spécialistes, soit en simples sciences humaines, soit en idéologies, soit en un nihilisme généralisé pour lequel en l'absence de toute téléologie rien n'a de sens, et chacune de ces dégénérescences entraîne le plus souvent les autres. Or la mort de la philo-sophie, c'est aussi la mort du monde en tant qu'unique communauté spirituelle et son éclatement, son atomisation en une pluralité indéfinie de mondes. En effet, le monde contient en lui-même le sens de l'unicité, qui n'a rien à voir avec le rassemblement électronique ou avec l'idée du monde comme village, car cette unité n'est pas de fait mais d'essence : par principe, Husserl l'a souvent montré, il n'y a qu'un seul monde possible, et l'idée d'une pluralité de mondes n'est qu'une possibilité vide. Or, cette idée d'un seul et même monde est l'idée agissante dont le philosophe

1. Cette crise du sens demeure pour Husserl celle de l'intentionnalité, celle de la visée d'un objet et il n'envisage pas vraiment, en dépit de l'ouverture de *L'origine de la géométrie*, une crise qui ne soit ni un conflit d'intentionnalités, ni un oubli de l'intentionnalité, mais qui soit liée à une facticité irréductible du sens.

dans sa fonction archontique (*archontische Funktion*) répond, ce qui ne veut pas dire que l'accomplissement du monde ne dépende que de lui, mais ce qui signifie qu'il ne peut pas avoir lieu sans lui. Selon ces textes souvent mal compris de Husserl, le philosophe qui donne à voir les principes ne possède aucune supériorité sur les autres hommes : il n'est pas un guide pour les aveugles, il n'est pas l'éducateur qui conduit les incultes par la main. Étranger à toute idée de soumission, Husserl décrit le philosophe comme celui qui, dans l'humilité, se comprend en tant que responsable du sens de notre histoire et donc des maux de notre temps, sans se considérer le propriétaire ou l'unique dépositaire de ce sens. *Selbstlos*, le philosophe a pour Husserl une fonction critique universelle, et il donne ainsi à voir l'Idée, qui une fois vue contraint apodictiquement le vouloir ; mais il n'est pas thaumaturge, il ne rend pas la vue aux aveugles, il ne fait pas voir ceux qui ne veulent pas voir. Or, en mettant les autres hommes devant l'Idée, et donc devant la tâche de la voir, le philosophe sait que ce qui est d'abord à lui, c'est la crise du sens ; cette nuit de l'Europe, c'est d'abord sa nuit, celle dont il est responsable : répondre de l'Idée et répondre de l'échec de l'Europe sont les deux faces d'une même et seule responsabilité. En effet, il y a une errance de l'Europe relativement à son projet initial uniquement parce que les philosophes ne se sont pas suffisamment préoccupés de donner à voir l'Idée afin que les autres hommes puissent aussi la convertir en responsabilité, et cela parce qu'ils sont tombés dans un formalisme qui est l'une des figures de l'attitude naturelle. Ceux qui renoncent à fonder la sagesse dans le savoir, à la philosophie comme science rigoureuse, qui réduisent la philosophie à une vision du monde, font que la direction de sens qui est apparue en Grèce risque de disparaître. Dès lors, ce qu'il y a de plus révolutionnaire selon Husserl, ce n'est certes pas de philosopher au marteau à partir d'un point de vue supérieur, mais de réactiver « le sens grec originel (*urtümlich griechischen Sinn*) » de la rationalité contre la *ratio* des Lumières, qui n'est qu'un jeu de l'esprit et qui est la cause du formalisme mortifère actuel dans lequel on s'épuise à énoncer les conditions du penser sans donner rien à penser[1]. La fragile intention de la philosophie doit donc tenter de se maintenir contre l'objectivisme responsable de la crise moderne des sciences et qui conduit à ne plus savoir quel est le « sens » dans l'oubli de la subjectivité constituante. On voit ainsi que si Husserl dénonce lui aussi très fortement le nihilisme, cette grande fatigue (*grosse Müdigkeit*) qui menace le monde, il est très loin, lui, de considérer comme nihiliste toute la philosophie passée depuis Platon, et c'est pourquoi il n'appelle pas à un renversement de toutes les valeurs, mais, plus humblement semble-t-il, à une réactivation du *telos* de l'humanité à partir de l'*ego* en tant que sol de toute validité, comme origine de tout sens. La *Selbstbesinnung*, à laquelle Husserl attribue sans doute imprudemment une origine augustinienne, est la tâche infinie que Husserl lègue aux générations futures, car elle est la condition de la vie et de la survie du sens. Telle est la seule alternative de l'humanité : soit l'héroïsme de la méditation sur soi, soit la fatigue (*Müdigkeit*), la chute (*Verfall*) de l'Europe.

Le thème de la « grande fatigue » est propre à la conclusion de *La crise de l'humanité européenne et la*

---

1. Ce qui n'est pas sans faire penser à ce que Kant nommait déjà le bavardage, la *Großsprecherei* dans la seconde partie de la *Critique de la raison pure* (A756/B784).

philosophie[1], et c'est dans cette conférence de 1935 que Husserl envisage le plus radicalement la possibilité d'une mort conceptuelle de l'Europe, de la disparition du sens, et le devoir de surmonter la fatigue par la transmission du sens. La fatigue est la tendance naturelle à tout objectiver, elle est la paresse d'un *ego* qui ne se tient plus lui-même et qui se laisse porter par le monde. L'homme ne se sauvera que par lui-même, mais il doit d'abord se sauver de lui-même. La crise du sens est avant tout une crise de l'*ego* pris dans l'alternative du combat ou de l'abandon : ou la volonté se laisse saisir par l'Idée, ou elle s'abîme dans les choses finies. Certes, ce combat pour l'accomplissement du sens « philosophie » est une opération infinie toujours en commencement, mais c'est lui qui fait notre humanité.

L'inouïe de la réduction phénoménologique est de permettre de libérer le sens « Europe » de son contexte historique natif afin de le donner à entendre tel qu'il peut se donner comme *telos* à la subjectivité transcendantale. Certains ont vu dans cette réduction la perte du sens du sens précisément à cause de cette distinction de l'historique et du sémantique, alors que tout l'effort de Husserl est de mettre en évidence la dimension intentionnelle du sens selon laquelle le sens « Europe » n'est ni un sens empirique, ni une représentation, mais bien un sens idéal qui accompagne toute conscience. Il s'agit de montrer que l'Europe n'est pas un type anthropologique lié à un espace particulier et à un temps particulier, mais une idée transnationale avec

---

1. La conférence de Prague (écrite mais non lue) de 1934, *La tâche actuelle de la philosophie*, parle, elle, des « humeurs décadentistes » et des « dépressions anti-intellectuelles propres à l'esprit de l'époque » mais sans donner à la fatigue ce sens universel qu'elle a dans la conférence de Vienne. Voir la traduction de la conférence de Prague dans la *Revue de métaphysique et de morale* 3, 1993, notamment p. 328.

la terre entière comme chez soi. Husserl ne fait donc pas un travail d'historien et il ne cherche pas à raconter l'histoire de l'Europe, mais il cherche à dégager l'*a priori* de cette histoire, à savoir l'Europe comme possibilité idéale. Toute la difficulté étant bien sûr de ne pas absolutiser une figure historique particulière pour en faire la mesure de cette histoire. Dans ces temps de crise l'idéalisation n'est pas qu'une tâche gnoséologique et elle est également une tâche pratique, car elle seule peut sauver l'Europe de l'oubli d'elle-même[1]. Le sens idéal est la source de toute vie téléologique et c'est bien la fin qui fait le sens. Ainsi l'Europe n'est pas un simple fait historique, mais est cette possibilité inconditionnée de répondre du sens du monde. Elle est le sens de l'histoire qui s'impose à toute subjectivité comme horizon et comme impératif quand elle prend conscience d'elle-même au cœur de la crise comme expérience du non-sens. Telle est la « mission » du philosophe : faire en sorte que le sens ne disparaisse pas. Un tel sens idéal n'est en aucune façon une remise en cause du sens irréductible de chaque *Umwelt*, mais il donne à chaque monde propre un horizon d'accomplissement : participer à l'unification de tous les hommes. Bien évidemment, il y a une historicité du sens, mais l'instauration du sens « Europe » est une vraie révolution de cette historicité en l'ouvrant à un avenir infini par lequel elle est la subjectivité elle-même dans son autoconstitution. Dès lors, le sens de l'histoire n'est pas ce que je produis ou ce que je construis, mais il est ce dont je dois répondre absolument devant moi et devant les autres hommes, et cela d'autant plus que le

---

1. Je me permets de renvoyer à mon article, « Husserl et l'impératif de l'Europe idéale », *Cahiers de philosophie de l'Université de Caen* 47, « Le phénomène Europe », 2010, PUC, p. 41-60.

monde s'effondre. L'Européen est tout homme qui vit dans le tragique de porter avec force l'idéal au moment où le monde s'effondre et qui passe alors du chez soi au monde total. Bien naturellement, on peut se demander s'il n'y a pas une irréductibilité de la facticité historique et si le sens idéal peut ainsi être libéré de toute situation particulière. Comment être certain que la subjectivité historique n'invente pas ce sens au lieu de le recevoir du monde lui-même ? La fragilité du sens est aussi dans cette inquiétude qui élucide la tâche de réduction comme tâche infinie. La réduction doit donc également se comprendre comme un combat à mort entre les puissances des ténèbres et la force de l'idée téléologique, entre les faux prophètes de l'apocalypse qui ne font que projeter leur vision du monde et les vrais chercheurs qui élucident le sens intentionnel de l'Europe tel qu'il se donne à toute subjectivité s'interrogeant sur elle-même. On ne peut pas dire pour autant que c'est la crise qui « motive » la réduction, même si une telle thèse peut être tentante dans la mesure même où l'effondrement du sens est ce qui conduit à la recherche du sens. Mais pour Husserl la liberté du regard du philosophe n'a pas d'autre origine que sa propre réflexion et c'est pour lui qu'il y a une crise du sens qui est une crise des origines et non un simple conflit de représentations.

Dans la *Krisis*, cette crise du sens prend une autre accentuation en étant élucidée comme une crise des sciences qui n'est pas seulement factuelle, mais également structurelle, dans la mesure où elle engage le discernement du sens du monde. Ici encore, contre l'objectivisme dominant, il s'agit d'opposer à un concept résiduel de science un concept large, issu de l'Antiquité et des Lumières : l'homme de la modernité ne peut pas accéder à son essence véritable en dehors d'une méditation historique, car l'histoire est le lieu où le sens de sa tâche peut vraiment lui être donné à voir. En effet, l'histoire est le lieu où l'homme de science peut se tenir à la hauteur de l'Idée qui est censée gouverner sa vie, et la question est alors de savoir si la naissance de la philosophie et de la science grecque n'est qu'une curiosité de l'histoire ou bien si elle est le commencement de « notre » histoire en tant qu'histoire gouvernée par l'idée d'une vie selon le développement infini de la raison. La phénoménologie se comprend alors comme la prise de conscience de cette entéléchie, et donc comme un tournant essentiel de « ce mouvement historique de la révélation de la raison universelle, innée dans l'humanité comme telle »[1]. La crise du sens consiste finalement à ne plus savoir quelle est sa place dans le monde, et la réflexion historique est précisément ce qui permet de se ressaisir de sa place. Le philosophe, qui n'est que la figure idéalisée de tout homme, se comprend comme « fonctionnaire de l'humanité », car sa place propre est de donner à voir le *telos*. Dans sa fonction publique, voire politique, l'existence du philosophe n'est personnelle qu'en étant interpersonnelle, et c'est pourquoi dans le retour à soi, il ne s'agit pas de s'encapsuler dans son intériorité, mais d'être appelé par l'Idée dans le monde. L'appel de l'Idée est dans l'existence historique le principe d'individuation du philosophe, il est ce qui appelle le philosophe au plus loin de lui-même, il est ce qui met en tension le temps vers l'éternité, et ce qui transforme en une authentique vocation une activité qui ne serait sans lui qu'un affairement intellectuel. La méditation historique libère l'intériorité de toute fermeture sur une figure finie

---

1. *Krisis*, p. 13-14; trad. fr. p. 21.

de soi, car en elle l'homme reçoit une tâche infinie, qui lui est confiée en tant qu'héritier.

La crise actuelle du sens est inséparable pour Husserl de la mathématisation galiléenne de la nature, et Galilée n'est pour Husserl qu'un nom auquel s'attache la conception moderne de la nature, c'est-à-dire un certain enchaînement réglé d'opérations subjectives. Il est impossible de reprendre ici toutes les analyses de Husserl, mais il suffit d'indiquer que la crise du sens n'est pas liée à l'idéalisation elle-même, car l'idéalisation est l'expression de la rationalité, mais à un certain type d'idéalisation qui dérive en formalisation. Galilée s'identifie à ce type d'opération qui imagine écarter toute subjectivité, afin d'obtenir une vérité absolument non relative. Dans cette perspective, être objet, apparaître, c'est être mesurable. Encore une fois, la maladie mortelle de la science ne peut pas être l'idéalisation elle-même, mais consiste, selon Husserl, dans ce formalisme somnam-bulique, qui oublie l'opération subjective d'idéalisation et identifie aveuglément la pure nature avec le monde. Toute chose n'est plus dès lors considérée que comme une unité ponctuelle de causalités dans un même univers, c'est-à-dire un objet théoriquement modifié pour un sujet théorique-ment modifié. En cela, l'objectivité de la physique ne vient pas d'une expérience commune de la même chose, mais d'un accord préalable des sujets théoriques sur la forme de l'objet et ses remplissements possibles[1]. Ainsi, la maladie structurelle du formalisme consiste dans cet oubli du monde

---

1. *Cf.* aussi *Ideen zu einer reinen Phänomenologie und phäno-menologischen Philosophie. Erstes Buch : Allgemeine Einführung in die reine Phänomenologie.*, § 52, Husserliana III, La Haye, Nijhoff, 1976, p. 101 ; trad. fr. J.-F. Lavigne, *Idées directrices pour une phénoménologie pure et une philosophie phénoménologique*, Paris, Gallimard, 2018, p. 164 (trad. fr. P. Ricœur, Paris, Gallimard, 1950, p. 176) : « On remarque

de la vie et dans l'oubli de la subjectivité. De ce fait, s'il y avait, certes, une origine technique de la géométrie, le formalisme conduit cependant à une autre technicisation de la science de la nature, dans la mesure où la formalisation de la connaissance a pour conséquence de réduire celle-ci à de simples règles techniques, qui tiennent leur validité non d'une évidence rationnelle, mais du résultat produit. La fécondité technique devient le critère de vérité et dans cette domination d'un calcul délié de tout rapport au monde, la science déchoit en technique. La crise du sens en 1936 pour Husserl trouve ici sa source : la raison est devenue un jeu, et la science en oubliant sa fin a perdu son être. Il est clair que la phénoménologie n'est plus ici purement descriptive, mais devient également normative, car les sciences sont montrées comme s'éloignant de leur vérité en devenant un jeu formel à finalité technique. Certes, pour Husserl, ce n'est pas la métaphysique en elle-même qui produit ce nivellement de la science par la technique, mais l'errance d'un certain rationalisme, se manifestant même dans les mathématiques, qui se perdent elles-mêmes quand elles deviennent un pur jeu d'enchaînements symboliques et oublient leur dimension ontologique. Face à cette maladie de la formalisation, Husserl se donne pour but dans la *Krisis* de rappeler la science à son sens originaire d'élucidation du sens du monde, qui ne doit pas présupposer ce sens. La tâche propre de la phénoménologie est de reconduire le sens à sa source subjective, de le libérer de son isolement et de sa fixité liés à l'abstraction. C'est parce que le sens est isolé, abstrait, de sa source subjective qu'il peut se perdre, et il s'agit bien pour le philosophe

donc pas l'absurdité qu'il y a dans le fait d'absolutiser la nature physique, ce corrélat intentionnel de la pensée logique déterminante ».

commençant de s'affranchir de la vie naïve et de la réification du sens, car le plus grand danger est finalement un sens qui ne fait plus sens. En effet, le « faire sens » en français reconduit bien à une action libre de l'homme se comprenant comme responsable du sens. Le sens est précisément ce qui « entre » dans l'histoire par une instauration (*Stiftung*) (et non une création), et il y a même une nécessité à reconnaître qu'il ne cesse d'entrer, car cette entrée est sa vie même. Ainsi, l'histoire est l'histoire du sens, c'est-à-dire celle de l'intentionnalité elle-même, et la responsabilité de l'homme est de ne pas laisser ce sens se figer en perdant le *telos* qui l'anime. En effet, l'historien ne voit pas cette vie du sens, même s'il en suppose la compréhension, et c'est bien le philosophe qui rend attentif à cette histoire du sens et à cette fragilité du sens par laquelle il ne cesse de requérir notre vigilance. Il y a ainsi un lien eidétique entre l'historicité et la fragilité du sens, dans la mesure où le sens ne s'accomplit dans l'histoire et ne fait sens que par la vigilance des subjectivités à travers les générations : comme Husserl le montre avec le sens « géométrie », le travail historico-intentionnel de la phénoménologie consiste toujours à revenir du sens sédimenté au sens institué, pour en répondre dans la vie intentionnelle. *L'origine de la géométrie* décrit d'une façon justement célèbre en quoi la science est une tradition transcendantale et en quoi la subjectivité de l'homme de science est de part en part historique, au lieu d'être seulement dans l'histoire. Le sens total de la géométrie n'est pas déjà là dès le début comme projet, car dans ce cas l'histoire ne serait qu'une explicitation, mais il s'éclaire au fur et à mesure des recherches et c'est l'activité géométrique qui dévoile ce sens non pleinement donné dès le départ. À la fois chaque évidence géométrique est donnée une fois pour toutes, ce qui est vu l'est définitivement, et le sens total de la géométrie demeure, lui, à déterminer toujours à nouveau.

Cette historicité du sens est ici liée à une réflexion sur le langage, car l'idéalité géométrique en vient à son objectivité idéale par le langage qui lui donne sa « chair linguistique », dans la mesure où le langage rend l'idéalité transmissible sans modification et devient de ce fait un véritable objet historique. Certes, les langues sont des idéalités liées, qui renvoient à un territoire particulier, cependant, quand l'énoncé géométrique se dit, l'attention ne se porte pas sur l'énonciation, mais uniquement sur le sens, et cette mise entre parenthèses spontanée fait que le langage dans son caractère sensible ne fait pas obstacle à la pensée, c'est-à-dire laisse le sens disponible pour tout homme. Ainsi, il y a historicité du sens, parce que l'idéalité libre se trouve en quelque sorte confiée par le langage aux autres hommes, qui auront pour tâche d'en répondre[1]. L'écriture fonde ainsi la possibilité d'une tradition hors de tout empirisme en rendant le sens disponible pour tout homme : l'écriture devient l'une des conditions de la vie du sens. L'histoire de la géométrie est donc une genèse active dans laquelle le sens passé est activement repris dans un présent vivant, mais ce lien eidétique entre le sens et l'écrit ouvre aussi la possibilité d'une disparition du sens, car par l'écrit l'objectivité idéale demeure liée au monde, et s'expose au risque de sa propre disparition contingente : certes, le sens géométrique ne brûle pas, néanmoins ceux qui brûlent les livres ou détruisent les

---

1. J. Derrida dans l'introduction à sa traduction de *L'origine de la géométrie* (Paris, Puf, 1974) a souligné cette importance de l'écriture comme condition de la réactivation de l'évidence rationnelle : le champ d'écriture est un « champ transcendantal sans sujet actuel », mais dans lequel les sujets peuvent se réaliser.

édifices religieux portent bien atteinte au sens lui-même. Même si les idées sont en elles-mêmes immortelles, leur enracinement dans le monde les expose à la mortalité, et le sens ne serait pas historique s'il n'était pas exposé au non-sens, à sa destruction possible. Certes, Husserl n'envisage pas de mort définitive du sens, qui selon lui pourra toujours renaître des cendres, mais il n'en demeure pas moins que toute culture peut mourir. Or, si Husserl n'est pas pleinement attentif à la facticité de l'inscription charnelle du sens, à la fragilité du sens qu'elle institue et qui n'est pas celle de l'oubli de soi du sujet, c'est qu'il veut avant tout mettre en évidence la tâche de réactivation du sens, qui est la véritable source de son historicité. Le sens n'est pas seulement ce qui apparaît à une place donnée dans une histoire des idées, mais il est ce qui lui-même se fonde sur le sens et produit du sens. Dès lors, le sens dans sa dimension active relève toujours d'une généalogie selon laquelle il se déploie, sans négliger ses chutes et ses oublis. Cela signifie que l'historicité du sens suppose que soit transmis non seulement le sens, mais également le pouvoir d'accéder au sens, le chemin qui y conduit, ainsi que la tâche d'accomplir sans cesse ce sens. Ainsi, au pur sens logique, qui n'est qu'une construction statique, s'oppose le sens archi-originaire qui est le sens d'être, par exemple celui de la géométrie, qui lui est fondamentalement historique. Transmettre un sens, que ce soit celui de la géométrie, celui de la philosophie ou celui de la personne, ce n'est donc jamais transmettre un simple contenu, mais cela revient avant tout à transmettre un acte, et ce caractère d'acte toujours à tenir fait aussi la fragilité du sens : le sens de la philosophie ne se transmet que s'il y a des subjectivités pour porter activement ce sens, pour en faire le sens de leur existence, au cœur même de toutes leurs incertitudes sur ce qu'est la philosophie. Alors que le pur sens logique possède la databilité d'une construction et tient ainsi sa place dans l'histoire objective des idées (le sens antique, médiéval, moderne, contemporain de monde…), le sens archi-originaire (*urquellenmässigen Sinn*) (le sens d'être du monde) est à la fois le plus intemporel et le plus historique. Or, la distinction entre une simple histoire de l'étant et l'histoire du sens n'est pas simplement le développement d'une nouvelle région de la philosophie, mais elle est d'abord ce qui inaugure une nouvelle historicité, dans laquelle l'homme en étant fidèle au *telos* de l'humanité ne fait pas que s'attacher à un idéal abstrait de l'humanité, dans la mesure où c'est l'auto-élucidation du caractère nécessairement historique de sa vie qui est l'origine de la conscience de responsabilité. Ainsi, l'historicité du sens tient au fait qu'il n'y a de vie sensée que pour celui qui part des formations de sens données dans le présent et qui de renvoi en renvoi remonte jusqu'aux évidences originaires qui fondent son activité. Néanmoins, cette historicité est toujours corrélative d'une fragilité, dans la mesure où le philosophe, comme le géomètre, ne possède qu'une « certitude d'horizon » sur ce qu'est la philosophie ou la géométrie, c'est-à-dire une certitude laissant indéterminées, mais aussi ouvertes, les possibilités nouvelles de développement. Il fallait donc se libérer de l'historicisme, qui, en mettant toutes les visions du monde sur le même plan, manquait la générativité vivante du sens par le sens, et était ainsi incapable de donner à voir cette responsabilité à l'égard du sens dans son historicité[1].

---

1. Husserl n'est pas très éloigné ici de certaines analyses du premier Heidegger. *Cf.* J. Barash, *Heidegger et le sens de l'histoire*, Paris, Galaade Editions, 2006, p. 154-155. Il est impossible pour autant d'identifier le souci de soi heideggérien et la *Selbstbesinnung* husserlienne et, en outre, pour montrer que Husserl ne tombe pas pleinement sous la critique d'un idéal de l'humanité, il serait nécessaire, ce qui n'est pas possible ici, d'élucider davantage le statut de l'Idée selon Husserl.

La tâche historique qui, selon Husserl, fait l'existence philosophique, est donc une tâche herculéenne consistant à s'arracher aux intérêts finis de la vie quotidienne pour porter le sens téléologique du monde, qui ne dépend d'aucune subjectivité et d'aucune époque. Même si cette tâche est une tâche commune et non point solitaire, Husserl ne tient pas compte de la finitude du sujet et suppose toujours que le sujet par ses seules forces peut porter sur ses épaules tout le poids du monde. Quoi qu'il en soit, Husserl donne à voir une téléologie agissante, qui traverse l'histoire et constitue d'abord passivement la subjectivité, pour être ensuite reprise, dans une décision personnelle d'assumer cette direction de sens : « Nous sommes en effet précisément ce que nous sommes en tant que fonctionnaire de l'humanité philosophique moderne (*Funktionäre der neuzeitlichen philosophischen Menscheit*), en tant qu'héritiers et co-porteurs de la direction du vouloir qui la traverse entièrement »[1]. La qualité d'héritier donne seulement au sujet un pouvoir être, mais il dépend uniquement de sa volonté d'accomplir cette vocation : sans rompre avec la conception kantienne de l'autonomie, l'intention pratique de toute personne est de faire du sens archi-originaire de l'humanité la norme de son vouloir. En cela, le vrai philosophe est bien *Selbstlos*, car il est celui pour lequel le « je » est identique à la mission dans le don conscient de soi aux idées éternelles, aux vérités éternelles, aux valeurs éternelles. Cependant, si toute l'identité de la personne tient dans cet effort pour résorber l'écart entre la personne et le rôle, cette identité demeure toujours fragile, semble toujours exposée à la rechute dans l'attitude naturelle. Ici encore le lien eidétique entre historicité et

1. *Krisis*, § 15, p. 72 ; trad. fr. p. 82.

fragilité est rendu visible : exister historiquement, c'est recevoir, dire et transmettre le sens, et dans cet acte l'homme demeure toujours exposé au non-sens. En effet, l'homme en son historicité propre est celui qui est conscient de la fragilité de l'histoire, du fait qu'elle est elle-même exposée au non-sens et qu'il dépend de lui aussi de transmettre aux générations futures cette responsabilité à l'égard de l'histoire, c'est-à-dire la tâche de convertir l'intuition donatrice originaire de l'essence de l'histoire en responsabilité. Toute intuition donatrice originaire porte en elle un impératif, un avoir à être et à faire, et c'est cela l'ultime signification de la fragilité du sens. La crise du sens est certes d'abord un oubli du monde de la vie, l'oubli de la subjectivité, mais dans la *Krisis* elle prend également la signification d'un oubli de son avoir à être, de son être ou de sa vocation. Pourtant au cœur de cette crise de la raison, Husserl ne cède pas au scepticisme et au désespoir et comprend toujours sa responsabilité à l'égard du sens comme le fait d'appeler les hommes à réapprendre à vivre dans le tragique de leur vocation.

Ainsi, la « fragilité du sens »[1], même si, encore une fois, l'expression n'est pas de Husserl, vient caractériser une dimension fondamentale de la connaissance, car elle tient, d'un côté, au fait que le sens peut disparaître, que le projet propre à la philosophie peut échouer, mais, d'un autre côté, elle relève de la tension constitutive à l'avoir à être entre l'Idée et la volonté actuelle. La fragilité du sens n'est donc pas une fatalité tragique, mais est liée au fait que le sens est intentionnel et relève donc d'une

---

1. La fragilité ne dit encore ici que la finitude de la volonté humaine, sa fatigue possible, et elle n'a pas encore la dimension existentiale qu'elle prend dans la philosophie de J.-L. Chrétien. *Cf.* J. de Gramont, « La fragilité comme existential », *Rue Descartes* 94, 2018/2, p. 45-59.

subjectivité qui doit le porter. Dès lors, le sens téléologique n'est pas ce qui serait toujours déjà pleinement vu dans une évidence adéquate, mais il peut être saisi, dans une évidence apodictique, comme la direction du vouloir continuellement à accomplir, sans que soit fermée la possibilité d'une rechute dans le naturalisme ou l'objectivisme, la possibilité d'un oubli de soi qui est aussi une perte de son être. Le sens se trouvant ainsi à accomplir dans l'inquiétude de l'avoir à être, la grande fatigue et l'inquiétude sont les deux dimensions opposées de la fragilité du soi dans son historicisation. La thèse ultime de Husserl relativement à la crise du sens est alors la suivante : le sens demeure toujours relatif à un acte de validation et de valorisation et découvrir en soi non seulement sa subjectivité transcendantale, mais également son historicité essentielle, revient à comprendre que le sens du monde ne dépend pas d'une liberté arbitraire, mais est confié à notre veille constante comme une « Idée qui gît à l'infini »[1]. Il appartient à la nature du sens d'être en crise, dans la mesure où comme Idée infinie qui s'impose à la conscience historique, il met l'*ego* devant lui-même, c'est-à-dire devant la nécessité de se décider à faire de sa vie une tâche infinie d'élucidation du sens.

---

1. *Krisis*, p. 274 ; trad. fr. p. 303.

CHAPITRE II

LE *JE* TRANSCENDANTAL
ET LA POSSIBILITÉ DU SENS (HUSSERL)[1]

La thèse radicale énoncée par Husserl, dans le § 41 des *Méditations cartésiennes*, selon laquelle tout sens est relatif à l'activité de la subjectivité transcendantale, est sans doute celle qui fut le plus critiquée aussi bien par les tenants d'un réalisme en phénoménologie que par les défenseurs d'une antériorité de la vie passive. Cette thèse est apparue parfois comme la forme par excellence d'une totalisation égologique du sens ; un tel « je » hors d'être rendant impensable toute fragilité du sens. Sur ce point Husserl hérite du renversement kantien : le « je » qui met en œuvre la réflexion n'est pas l'objet de la réflexion et la réflexion n'est plus la connaissance que l'intellect prend de lui-même (Thomas d'Aquin), ni la connaissance que le moi prend de lui-même (Locke) ; elle n'est donc plus spécifiée par un objet particulier et elle devient une modalité de la pensée, à savoir la discursivité qui peut s'exercer sur tout objet. Ainsi le « je » du « je pense » n'est pas ce sur quoi l'esprit se retourne et il s'agit du « je » agissant dans toute représentation et qui est ainsi

1. Ce chapitre est une version remaniée de mon étude, « Éternité et historicité du je transcendantal selon Husserl », dans R. Calin et O. Tinland (dir.), *La subjectivation du sujet. Études sur les modalités du rapport à soi-même*, Paris, Hermann, 2017, p. 147-176.

la forme de toute conscience. Husserl cherche à radicaliser la réflexion transcendantale en montrant qu'il faut perdre le monde et le moi psychologique pour accéder au je-pôle qui est l'unique sol constant de toute réflexion. Cette fois le « je » est l'expérience première, l'évidence qui rend possible les évidences, la source de tout sens. La subjectivité transcendantale n'a donc rien d'une intériorité séparée obtenue par abstraction du monde et passer de l'âme au « je », c'est accéder à une autre forme d'expérience de soi. Ainsi le « je pur » est une expérience qui ne présuppose rien pour avoir lieu, ni l'existence du monde ni celle du moi empirique, et il est l'origine de toute élucidation du sens. La question est alors de savoir si cette antériorité du « je » est ce qui enferme le sens ou bien ce qui le libère. Il est sur ce point important de remettre en cause l'idée d'un clivage radical[1] dans la conception husserlienne du « je » en n'opposant pas le « je » de la réflexion trans-cendantale et le « je » engagé dans le monde. La question de l'éternité du « je » transcendantal permet de montrer qu'il n'est jamais abstrait de la vie transcendantale et qu'il demeure la source constante de la possibilité du sens sans faire du sens ce qui demeurerait extérieur à la donnée. La thèse de l'éternité du « je » transcendantal est alors une réponse à un nihilisme psychologisant pour lequel le sens n'est que relatif à mon âme.

Dans certains textes Husserl développe l'idée d'une éternité du *je* transcendantal, et cela fut, parfois, un argument pour défendre l'appartenance de Husserl à la métaphysique classique, qui fonderait la temporalité sur un substrat intemporel et ainsi figerait le temps, qui se trouverait réduit

1. *Cf.* E. Fink, *Sixième Méditation cartésienne*, trad. fr. N. Depraz, Paris, Millon, 1994, p. 64.

à la représentation d'une succession rendant impossible de penser ensemble la continuité du devenir et son hétérogénéité. Le *je* transcendantal serait ainsi, selon les critiques du tournant transcendantal de Husserl, un reste de construction spéculative, une ombre de la métaphysique dans la phénoménologie. Or, il est possible de montrer qu'une telle lecture ne convient pas à la méthode intuitionniste de Husserl et que cette éternité du *je* transcendantal ne possède pas du tout la signification d'une intemporalité, qu'elle est au contraire la condition pour penser l'historicité du sujet, ainsi que sa naissance et sa mort. Au-delà du problème historique de l'interprétation des textes de Husserl, il en va bien sûr d'abord de la possibilité d'une téléologie phénoménologique. Comment surmonter l'objection nietzschéenne, qui ne voit dans la téléologie qu'une des façons dont l'homme, à partir de l'instinct de crainte, projette sur le monde un ordre qui ne lui appartient pas, pour se sentir en sécurité par cette simplification et ce nivellement excluant tout surgissement de la nouveauté ? Plus encore, avec la mort du sujet, sur laquelle il serait insensé de revenir, s'est développé un refus radical de toute téléologie, car cette dernière ne serait qu'une construction, une image du monde, qui ne respecte pas la donnée de la rupture, de la discontinuité, propre à la vie et à l'histoire. La téléologie ne serait alors que la facilité d'une pensée ne respectant pas la contrainte des phénomènes. Il faut bien reconnaître que la remise en cause des téléologies « brutales », c'est-à-dire totalisantes, voire totalitaires, est ce qui gouverne aujourd'hui la grande majorité des interprétations philosophiques, néanmoins il est possible de se demander si derrière ce respect vertueux de la nouveauté et de la discontinuité, qui refuse les totalisations forcées, ne se profile pas l'hydre de l'historicisme. Est-il possible de totalement refuser le lien eidétique entre la fin et le sens sans perdre le sens ? Les différentes archéologies ou généalogies permettent-elles vraiment d'échapper à l'alternative mortelle entre un finalisme qui fige le sens et un historicisme qui le disperse ? Plus encore, les généalogies n'ont-elles pas fait parfois la preuve de leur propre brutalité interprétative, en écrivant par exemple une histoire de la liberté ne tenant absolument pas compte de l'invention du libre-arbitre[1] dans l'Antiquité tardive et la philosophie médiévale ? En effet, il ne suffit pas de refuser toute téléologie pour ne pas perdre le phénomène comme événement en le transformant en représentation. Il reste à savoir si, pour échapper à cette alternative, il est possible d'envisager une téléologie « douce », qui ne s'impose pas de l'extérieur aux phénomènes, mais qui vienne des phénomènes eux-mêmes. Les choses mêmes peuvent-elles prescrire une téléologie, qui ne serait plus une figure du nihilisme et qui donnerait accès au phénomène de monde ? Sans prétendre que Husserl puisse totalement répondre à une telle question, il n'en demeure pas moins que le lien eidétique qu'il met en évidence entre l'éternité et l'historicité du *je* transcendantal permet de s'interroger sur l'origine du sens et donc sur la possibilité d'une téléologie phénoménologique. La question est bien de savoir quelle téléologie permet de ne pas réduire l'histoire à l'accomplissement d'une essence toujours déjà là et de ne pas réduire le phénomène à la seule manifestation de cette essence pour lui laisser son poids d'énigme irréductible. La conception husserlienne du *je* comme pôle est capable d'ouvrir une voie dans cette direction. On peut alors avancer l'idée que c'est parce que Husserl accède à

---

1. Sur la nouveauté de ce concept, *cf.* O. Boulnois, *Généalogie de la liberté*, Paris, Seuil, 2021.

un « je pur », transcendant dans l'immanence, qu'il peut tenir ensemble son éternité et son historicité.

Husserl n'a cessé de s'interroger sur l'aporie des rapports entre l'*ego* et le temps dans l'élucidation de l'origine. D'un côté, il n'y a pas de temps sans *ego*, même peut-être dans la vie passive, qui est en un sens pré-égologique, mais, d'un autre côté, le temps ne résulte pas nécessairement du pouvoir de synthèse de l'*ego*, dans la mesure où il peut y avoir une synthèse passive du flux de conscience qui possède une unité avant tout *ego*. Tel est le cœur de la difficulté : c'est toujours par rapport à un *ego* que le flux de conscience peut être dit « le mien » et tout vécu temporel n'est le mien qu'en référence à un *ego*, néanmoins, en retour, il n'y a pas d'*ego* sans temps et le pouvoir de dire « je » suppose une vie temporelle déjà là. Au moment même où je dis « je », j'ai déjà un passé, je suis toujours déjà pris dans une histoire, puisque toute prise de conscience de moi-même a lieu sur le fonds d'une vie qui s'écoule. Il faut présupposer un sentir qui précède le pouvoir de dire *je*. Du temps et du *je* quel est alors l'absolu phénoménologique ?

Pour bien situer le lieu de cette aporie, et avant d'en venir aux textes mêmes de Husserl, il convient de préciser qu'une telle question n'est possible qu'à partir de la désubstantialisation du temps et du moi, qui ne sont plus compris comme des étants dans le monde, qui ne sont plus représentables, objectivables. Pour faire appel au vocabulaire de Heidegger, ce ne sont pas des objets qui sont de l'ordre de la *Vorhandenheit* et ils possèdent un autre mode de donnée. L'exigence phénoménologique est de conserver leur signification dynamique : le temps est une entrée en présence et le moi est un pouvoir de phéno-ménalisation. Cela dit, si le temps est le mode selon lequel toute chose se rend disponible, se tourne vers moi, et le moi le mode selon lequel le sujet constitue le sens de ce qui se donne, la constitution du temps n'est-elle pas une autoconstitution, n'est-ce pas la subjectivité qui s'appréhende elle-même à la fois comme constituante et comme constituée ? Il est au moins certain que la question sur l'être ou le non-être du temps se trouve mise entre parenthèses, puisqu'il est l'essence de la manifestation, sa forme universelle. En conséquence, la distinction du temps objectif et du temps subjectif, qui fait perdre la donnée du temps, est, elle aussi, écartée : le temps n'est ni dans l'*ego*, ni dans le monde, dans la mesure où il se donne comme le rapport de l'*ego* au monde et comme le rapport de l'*ego* à lui-même. La réduction phénoménologique donne à voir l'impossibilité de séparer ici le rapport à soi et le rapport au monde, car elle donne accès à un *ego* pur, source de tout apparaître, qui est toujours en même temps préoccupé de sa propre constitution, et cela jusque dans les couches les plus profondes du flux hylétique. En effet, ce « je » pur n'est pas autre chose que l'acte de se temporaliser et il n'est donc pas quelque chose qui dure, un invariant dans le temps. La force des analyses husserliennes est de remettre en cause toute conception substantialiste de l'*ego* qui se maintient identique dans le temps, et cela nous redonne des yeux pour voir la vie elle-même dans son surgissement originaire et le sens à l'état naissant. Comme on va le montrer, tout l'effort de Husserl est de sortir d'une alternative funeste : le moi n'est ni un objet intra-temporel, ni un substrat intemporel. L'exigence phénoménologique est bien de décrire une subjectivité qui n'est ni intra-temporelle, ni intemporelle, et cela suppose de mettre en évidence que le *je* est le temps et non une simple condition de possibilité du temps.

Husserl doit alors tenir ensemble deux dimensions de l'expérience temporelle : d'une part, la temporalisation passive, celle du flux des données, qui est d'une certaine façon égologique, mais sans un *ego* vraiment agissant. Le sujet se temporalise donc avant de dire *je* et la diversité de l'expérience ne se trouve pas unifiée par un *je* actif, car seule la conscience interne rend possible l'unité des actes intentionnels. Cependant, d'autre part, il y a également une temporalité active dans laquelle l'*ego* se constitue dans l'unité d'une histoire. Plus précisément, l'*ego* est une histoire, il est le mouvement vivant d'appropriation du passé, la synthèse du présent vivant. En se temporalisant, l'*ego* constitue son passé et son avenir et il est ainsi un être en devenir. Dès lors, « déponctualiser » le maintenant, comme le fait Husserl dans toutes ses analyses du temps, pour le comprendre comme un lien, comme un rapport, conduit également à redonner au moi sa dimension active en ne le comprenant plus lui-même comme un point fixe. Enfin, le monde lui-même cesse d'être compris comme l'ensemble des choses existantes, pour le donner à voir comme une unité en genèse, qui, en tant que monde de la vie, est à la fois un sol et un horizon et donc une structure de la subjectivité. Ces considérations gnoséologiques ne sont pas sans prolongements éthiques, puisque seuls un tel *ego* et un tel monde peuvent donner à penser une responsabilité à l'égard du sens du monde. Ontologiquement et éthiquement, cette identité entre subjectivité et temporalité met en lumière que l'homme n'est pas, mais qu'il a à être, qu'il n'est lui-même qu'à se temporaliser en portant le sens du temps. Or, c'est bien cette identité de la subjectivité et de la temporalité qui échappait au psychologisme, y compris au psychologisme personnaliste, qui continuait à comprendre la personne comme le déploiement temporel d'une essence éternelle. L'oubli de la subjectivité est l'oubli du temps, et cela confirme que pour la phénoménologie l'énigme du temps est l'énigme ultime, l'énigme des énigmes, qui porte en elle l'essence de la manifestation[1]. Cependant, selon une critique développée par Heidegger et reprise par Michel Henry, Husserl aurait posé l'*ego* comme fondement, mais sans interroger son être. Autrement dit, mettre en évidence l'*eidos* de l'*ego* transcendantal, c'est-à-dire les structures universelles de la subjectivité constituante, cela ne permettrait pas d'élucider l'être de l'*ego*. Henry pose la question décisive : « Comment, toutefois, une telle élucidation est-elle possible ? Comment l'origine peut-elle être portée à la condition de "phénomène", de manière à devenir "l'objet" de l'enquête phénoméno-logique »[2] ? Comment ce qui est source de toute lumière peut-il être lui-même vu ? Avant d'expliquer comment l'*ego* se constitue comme une personne par la totalisation continue de son passé, par l'imagination ou par la visée de son avenir, il convient d'élucider son mode propre de donnée, s'il est la lumière de l'être. Or, la thèse de l'éternité du *je* transcendantal est une tentative pour répondre à cette question, en montrant qu'il y a une vie transcendantale, une vie absolue, à partir de laquelle tout objet peut apparaître et prendre sens. Comme le montre le § 30 des *Méditations cartésiennes*, l'évidence de la présence à soi est l'évidence des évidences, celle qui rend possible toutes les autres évidences. En tant que telle, elle est le fondement de la connaissance et l'origine du sens, néanmoins l'*ego* ne

---

1. Voire ce qui fait de l'énigme le nom du phénomène quand il n'est pas représentation, comme pour Levinas.

2. M. Henry, *L'essence de la manifestation*, « Épiméthée », Paris, Puf, 1963, p. 35.

semble pas pouvoir apparaître seul, mais uniquement à partir de ce qu'il éclaire, donc à partir du monde à titre de phénomène. Une telle impossibilité d'accéder à l'*ego* en dehors de ce qu'il fonde éclaire déjà son être.

Dans *L'essence de la manifestation*[1] Henry voit dans cette analyse de l'*ego* une ambiguïté, car l'*ego* transcendantal jouerait à la fois le rôle d'un fondement et d'une origine : en tant que fondement, il serait ce qui est présupposé par toute vie intentionnelle, il serait l'être absolu par rapport à tout être relatif ; il serait antérieur à la distinction de l'activité et de la passivité. Cela dit, comme origine, il serait la source de toute vie intentionnelle ; il serait le *je* pur qui entre en scène et sort de scène. Cette tension entre origine et fondement est réelle dans les textes de Husserl : parfois le *je* est ce par quoi quelque chose se trouve posé de manière déterminée, il est le présupposé de toute connaissance rationnelle, parfois il est décrit comme une vie originaire ; parfois il est ce qui se trouve sous les étants, parfois il est la vie même de chaque *cogito*. Ainsi, le *je* comme source de tout apparaître, et non comme ce qui apparaît en premier, n'est pas simplement un sol invariant rendant possible l'unité de la vie immanente, mais également une source qui demeure toujours en retrait depuis sa transcendance. On comprend alors pourquoi l'interrogation sur le mode d'être du *je* est indissociable de l'analyse du temps, en tant qu'il n'est pas que la forme de ce qui se donne, mais également ce qui se donne. Ainsi, d'un côté certains textes attestent de l'appartenance de Husserl à la « métaphysique classique », avec ce souci de remonter à un fondement qui se fonde lui-même pour assurer la clôture du système dans le projet d'une philosophie qui se justifie

1. *Ibid.*, p. 39.

absolument, mais, d'un autre côté, ce *je* se découvre lui-même comme déjà temporalisé, ce qui lui donne un *telos*. Il reste à savoir comment peuvent s'articuler archéologie et téléologie.

Même si l'expression de « réduction phénoménologique » n'était pas encore utilisée par Husserl en 1905, il a pu assurer plus tard qu'il en avait déjà l'usage, dans la mesure où il suivait déjà le fil conducteur de l'évidence. La mise entre parenthèses du temps objectif est bien ce qui donne à voir la durée apparaissante, et Husserl s'attache à montrer comment à partir de cette durée apparaissante dans la synthèse passive peut avoir lieu la constitution du temps immanent, notamment dans la mémoire, puis la constitution du temps objectif dans l'intersubjectivité. Les *Leçons pour une phénoménologie de la conscience intime du temps* élucident alors l'*a priori* du temps en donnant à voir les actes qui rendent possibles un objet temporel comme le son ou la mélodie. Être objet signifie alors pouvoir être appréhendé comme le même dans ses changements et l'unité de l'objet se fonde sur l'unité de la vie intentionnelle, qui se fonde elle-même sur l'unité du flux qui renvoie à un *je* pur par lequel tous les vécus se donnent comme les miens. Toute cette analyse conduit Husserl à déponctualiser l'instant, ce qui met en lumière le moi comme étant lui-même une continuité de phases, celle du flux absolu de la conscience. De rétention en rétention se noue non seulement un lien intuitif avec le passé, mais également avec soi, et cette rétention qui fait du moi une durée est ce qui rend possible le ressouvenir.

Il était nécessaire de rappeler brièvement cette thèse célèbre selon laquelle il n'y a pas de perception d'une durée qui ne soit en même temps une durée de la perception, pour expliquer que Husserl met bien fin à la représentation d'une subjectivité intemporelle qui considérerait de haut les objets temporels. En effet, le « je » transcendantal n'est pas un site extra-temporel, et c'est pourquoi il est indissociable des actes intentionnels que sont la perception et le souvenir. Il faut même ajouter que la vie active se fonde sur une conscience absolue, inconditionnée, qui est ce flux originaire, et que c'est lui qui assure l'unité de la conscience interne dans le cadre d'une pure passivité. En effet, l'unité de la vie temporelle tient au fait que ce qui est impressionnel devient intentionnel par la vie rétentionnelle, et c'est bien ce sol qui est présupposé pour toute entrée en scène de l'*ego*. En conséquence, l'*ego*-origine ne peut constituer activement le temps qu'à partir de sa pré-constitution passive, dans la mesure où la rétention est ce qui maintient le lien intuitif avec tous les vécus du passé, ce qui fonde la possibilité d'une constitution active. Sans un tel lien intuitif le passé n'est qu'une image, il n'a pas de réalité, et donc seul ce qui se donne comme ayant été présent peut être repris par un *ego* qui en fait alors un élément de sa genèse. Cette présence dans l'absence est la condition même de toute reprise du passé par le présent dans lequel l'*ego* peut décider de son sens. Husserl montre que le renouvellement continu des impressions originaires, tout comme le mouvement continu de la rétention, font qu'aucune impression n'est isolée et que tout en étant liée aux autres elle est liée au présent[1]. Ainsi, sans ce flux phansiologique aucune présentification constituant un objet passé, présent ou futur ne peut avoir lieu et même le pouvoir

---

1. Comme l'a montré R. Bernet, « La conscience absolue retient et se retient : elle retient les objets passés dans le présent et elle se retient dans ce que, déjà, elle n'est plus », *La vie du sujet*, « Épiméthée », Paris, Puf, 1994, p. 198.

de dire « je », le pouvoir de se constituer dans une genèse personnelle, présuppose cette vie déjà là, déjà unifiée, cette conscience interne avant toute reproduction. Il en va bien ici de ce que Levinas a pu nommer « la ruine de la représentation », puisque le temps originaire n'est pas une représentation, mais l'intentionnalité elle-même. La conscience n'est plus ce point de vue souverain qui se saisit de tout par la représentation depuis un point fixe et, de cette façon, « la voie est ouverte à toutes les analyses husserliennes, si obstinément par lui préférées, du sensible et du prédicatif, remontant à l'*Urimpression*, à la fois premier sujet et premier objet, donneur et donné »[1]. Le projet est donc de tenir ensemble que le sujet ne peut pas s'élever au-dessus du temps et que dans la vie passive originaire il n'y a encore ni sujet ni objet. Si la présence excède la représentation, si l'*ego*-fondement est lui-même fondé, cette vie temporelle première n'est accessible qu'à partir d'un *ego* qui se temporalise.

La simple conscience de revenir dans une même salle ne tient donc pas, comme pour Kant, au fait qu'un même « je pense » accompagne ma représentation présente et ma représentation passée, car la coïncidence de cet acte pur et intemporel ne peut suffire à assurer la « mêmeté » de l'objet. Même si cette thèse est séduisante, elle reconduit trop vite au « je » et manque le temps. Selon les analyses de Husserl, l'objet « salle » s'unifie d'abord dans le flux temporel, et c'est sur ce sol qu'il est possible de le reconnaître. En outre, « l'objet » dans cette présence-absence ne cesse de se modifier et le sujet lui-même ne cesse de se temporaliser. Ainsi, sans le recouvrement continu des

---

1. E. Levinas, *En découvrant l'existence avec Husserl et Heidegger*, Paris, Vrin, 3ᵉ éd., 1974, p. 132.

rétentions, il n'y a pas de reconnaissance possible et la réflexion elle-même présuppose la « donnée » dans la genèse passive et donc une conscience toujours déjà temporelle. Vers 1920-1921, Husserl peut écrire : « Au fondement de chaque ressouvenir, se trouve une rétention qui est soit d'emblée détachée, soit parvenue à un détachement par un éveil associatif postérieur. Sa distinction de l'arrière-fond de la mémoire, c'est l'éveil »[1], et il ajoute : « Chaque vécu passé est passé en soi. Mais il est aussi passé pour le moi, à savoir qu'il est pour lui un vécu disponible »[2].

Pour élucider cette question du mode de donnée de l'*ego*, il convient de préciser que la thèse d'un « je » pur « intemporel », pôle d'identité absolue, ne s'est pas imposée d'emblée à Husserl comme nécessaire pour penser l'unité de la conscience interne du temps. Il faut attendre le livre I des *Idées directrices pour une phénoménologie pure* en 1913 pour voir se développer cette thèse d'un « je » pur, qui n'est ni le moi empirique constitué comme objet dans le temps, ni une identité nue et intemporelle accompagnant chaque représentation, et qui se comprend alors comme le centre de toute attention, comme le fondement pour mon monde, et comme la source de toute ipséité par rapport à la subjectivité étrangère[3]. Il s'agit de mettre en lumière que le temps ne saurait être une simple forme vide et qu'il est la vie même de la subjectivité. Autrement dit, il ne peut

---

1. E. Husserl, *Analysen zur passiven Synthesis. Aus Vorlesungs- und Forschungsmanuskripten (1918-1926)*, éd. M. Fleischer, p. 205 ; trad. fr. B. Bégout et J. Kessler, *De la Synthèse Passive*, Grenoble, Millon, 1998, p. 264.

2. *Ibid.*, p. 208 ; trad. fr. p. 266.

3. *Cf.* J.-F. Lavigne, *Husserl et la naissance de la phénoménologie*, « Épiméthée », Paris, Puf, 2005, p. 696.

pas avoir pour fonction d'unifier de l'extérieur la diversité
de l'expérience et sa tâche est plutôt d'assurer l'objectivation
infinie du monde face à la possibilité d'un écroulement du
monde, face au non-sens, et face à la mort. De ce point de
vue, il est essentiel de ne pas confondre ce *je* pur constituant
avec le moi phénoménologique qui se constitue dans le
travail du ressouvenir et qui est un objet constitué dans
l'immanence. Si le *je* pur est un fondement, il ne l'est pas
au sens d'un point fixe ou de quelque chose qui apparaîtrait
avec une constance relative et il faut plutôt le comprendre
comme un pouvoir inconditionné de phénoménalisation
comme l'évidence qui rend possible toutes les autres. La
réduction phénoménologique est ce qui permet de ne plus
confondre la constance mondaine du moi constitué avec
l'identité du *je* pur, qui est une capacité *a priori* de pâtir,
d'objectiver, de vouloir, d'imaginer etc. Le § 57 des *Idées
directrices pour une phénoménologie pure livre 1* propose
ce travail de réduction qui fait apparaître le moi tel qu'on
ne l'avait jamais vu, puisque le *je* pur n'est pas un vécu
parmi les vécus et il n'a pas la contingence de ce qui peut
avoir lieu ou ne pas avoir lieu. Comme expérience qui
fonde les autres expériences, le *je* n'apparaît pas sous un
horizon, il n'est pas une couche du vécu, il n'est pas le
signe psychologique du caractère mien du vécu, il n'apparaît
pas et ne disparaît pas avec le vécu. Voulant éviter toute
forme de psychologisme, Husserl précise bien que le *je*
pur n'est pas une « idée fixe », un vécu qui se maintiendrait
coûte que coûte, bref un vécu qui ne passe pas, car c'est
une impossibilité phénoménologique. La réduction serait
un échec si elle n'atteignait qu'un vécu plus tenace que
les autres, et c'est bien la contrainte du phénomène qui
conduit à reconnaître la transcendance dans l'immanence
du « je » pur, en ce qu'il accompagne chaque vécu sans

être la simple forme de ces vécus. Si « le *je* est quelque chose d'identique »[1], cette identité n'est pas celle de l'objet et ne peut que se comprendre comme la continuité d'un acte. Le pouvoir de dire *je*, comme condition transcendantale, ne disparaît pas, même si bien évidemment, de fait, cette capacité à dire *je* peut se trouver perdue, comme dans l'extrême souffrance. Autrement dit, c'est uniquement d'un point de vue constitutif que le *je* se trouve envisagé ici et qu'il est montré qu'il ne peut ni naître avec le vécu, ni disparaître avec lui. C'est donc constitutivement que le *je* est dit nécessaire et absolument identique, car il est la pure possibilité de la prise de conscience de soi, qui est antérieure à la distinction du moi et du monde, du sujet et de l'objet. Un tel *je* est donc l'unité actuelle et potentielle de toute la vie intentionnelle, et en cela il unifie notamment le *cogito* actuel avec tous les vécus de l'arrière-plan, avec tout cet héritage de passé dont la conscience est indissociable ; on peut même dire qu'il est l'avenir de ce passé, la possibilité de le reprendre continuellement dans un travail de totalisation. Selon cette description, le *je* pur est bien unique, il est, constitutivement, le seul « je », absolu, sans relation à un monde ou à un autre *je*. Alors que tout moi empirique peut apparaître ou disparaître et se trouve relatif à un monde et à une communauté de sujets, le *je* pur est irréductible, il est ce qui est toujours présupposé par toute naissance et toute mort, et pas seulement comme fondement épistémologique, mais en tant qu'origine. Il s'agit donc de penser une identité dynamique du *je*, qui n'a rien de commun

1. « *Das Ich aber ist ein Identisches* », E. Husserl, *Ideen zu einer reinen Phänomenologie und phänomenologischen Philosophie* (désormais *Ideen I*), § 57, Tübingen, Niemeyer, [1913] 1980, p. 109 ; trad. fr. J.-F. Lavigne, *Idées directrices pour une phénoménologie pure et une philosophie phénoménologique*, *op. cit.*, p. 176 (trad. fr. P. Ricœur, p. 189).

avec celle d'une constance se confirmant dans le vécu. La phénoménalité de l'origine est un sujet d'étonnement : elle se donne comme une unicité hors de toute comparaison et de toute abstraction. Comme l'écrit Levinas, « Le moi pur, sujet de la conscience transcendantale où se constitue le monde, est lui-même *hors sujet* : soi sans réflexion – unicité s'identifiant comme incessant réveil »[1]. En effet, le « je » pur est une veille qui n'est pas un support ou un substrat pour les vécus, et s'il se tient sous les vécus, c'est comme possibilité constante de la réflexion qui fait l'unité et l'unicité du flux de conscience : « Chaque *cogito*, chaque acte en un sens spécial, se caractérise comme un acte du *je*, il procède du *je*, en lui le *je* vit actuellement »[2]. Husserl ajoute : « Chaque vécu en tant qu'être temporel est le vécu de son *je* pur »[3]. La temporalité d'un vécu tient certes à la genèse passive, mais également à sa possibilité d'être repris dans le ressouvenir par cette veille qu'est le *je* pur. Là encore, s'il y a en nous toute une vie endormie, un tel sommeil n'est constitutivement pensable que sur l'horizon d'un réveil possible. Husserl ne cessera de le redire : tous les vécus sédimentés, et avec lesquels je ne peux pas perdre le lien intuitif, sont les miens, au sens où ils sont un avenir possible, l'espace sur lequel la liberté du regard du *je* peut s'exercer.

Même si Husserl reconnaît sa filiation kantienne, la différence est sensible, car il ne comprend pas le temps comme la simple forme de l'intuition et pour lui c'est l'objet lui-même dans sa donnée qui est une synthèse. Dès

1. E. Levinas, *Hors sujet*, Paris, Fata Morgana, 1987, p. 233.

2. E. Husserl, *Ideen I*, § 80, p. 160-161 ; trad. fr. J.-F. Lavigne, p. 242 (trad. fr. P. Ricœur, p. 269).

3. E. Husserl, *Ideen I*, § 81, p. 163 ; trad. fr. J.-F. Lavigne, p. 246 (trad. fr. P. Ricœur, p. 275).

lors, le *je* pur est autre chose que l'unité d'une fonction synthétique exercée sur une diversité et devenue consciente, il n'est pas ce qu'il faut présupposer pour qu'une connaissance soit possible, puisque c'est un vécu, même s'il semble être un non-phénomène : « Il est en soi et pour soi indescriptible : *je* pur et rien de plus »[1]. Tout ce l'on peut dire du *je*, c'est que son intemporalité est ici, en 1913, une non-intratemporalité ; le *je* origine ne pouvant dépendre de ce qu'il rend possible, à savoir le temps. Cela dit, ce *je* n'est pas un invariant et se donne, en accompagnant chaque représentation, comme ce qui fonde sans cesse l'unité du flux : « Le *je* pur n'est proprement qu'une forme d'identité des actes vivants »[2]. En conséquence, l'intemporalité du *je* est inséparable de la temporalité qu'est la subjectivité elle-même, et c'est parce qu'il montre que le temps n'est pas la forme selon laquelle le donné est accessible, mais bien la conscience selon son mode de donnée, que Husserl met en lumière la transcendance dans l'immanence du *je* pur. En effet, tous les vécus d'un flux de conscience sont les siens, dans la mesure où le *je* peut à travers eux se tourner vers le non-moi[3]. Le *je* est la capacité inconditionnée à porter le regard vers un objet, et s'il est indescriptible, c'est qu'il n'apparaît pas, dans sa simplicité, comme un support pour des facultés[4]. Le *je* simple et nécessaire, pôle

1. E. Husserl, *Ideen I*, p. 160 ; trad. fr. J.-F. Lavigne, p. 243 (trad. fr. P. Ricœur p. 270-271). *Cf.* A. Grandjean, « Je pur et rien de plus », dans A. Grandjean et L. Perreau (dir.), *Husserl. La science des phénomènes*, Paris, CNRS Éditions, 2012.

2. E. Husserl, *Zur Phänomenologie der Intersubjektivität. Texte aus dem Nachlass. Erster Teil : 1905-1920*, Husserliana XIII, éd. I. Kern, La Haye, Nijhoff, 1973, p. 246.

3. Cf. *Ideen I*, § 78.

4. *Cf.* D. Pradelle, *Par-delà la révolution copernicienne*, « Épiméthée », Paris, Puf, 2012, p. 75 *sq.*

de la vie passive et active, ne se donne pas comme un objet (*Gegenstand*), mais comme un site ou une veille originaire (*Urstand*)[1] pour toute objectité. Il ne peut donc avoir la durée de l'objet temporel ou l'extension d'un vécu qui naît et qui passe et doit se penser comme l'identique dans la discontinuité. Une telle identité omnitemporelle n'a rien de commun avec l'identité personnelle constituée dans le souvenir qui elle est bien un objet temporel. L'*ego* n'est pas un état constitué, mais l'acte de se saisir comme unique, simple et nécessaire en tous les points du temps, et c'est cette expérience originaire irréductible qui accompagne chaque représentation. Une telle proto-stance (*Urständigkeit*), pour reprendre la traduction de Dominique Pradelle, est la constance non mondaine du *je* intuitif et idéal et non construit et abstrait. S'agit-il pourtant d'une donnée phénoménologique ou n'est-ce pas un reste de la problématique du fondement qui bloquerait la compréhension du temps comme l'absolu phénoménologique ? La tentation est grande de renverser totalement la perspective pour envisager une phénoménologie matérielle dans laquelle la matière fonde la forme, mais jamais Husserl n'envisagera cela, car pour lui ce ne serait pas respecter la contrainte des phénomènes : la pure donation n'est pas encore phénomène. La question est donc décisive : penser un *je* dont la tâche n'est pas d'unifier la diversité des phénomènes et à partir duquel la vie personnelle comme la vie anonyme sont possibles, c'est proposer une autre élucidation de la phénoménalité du phénomène.

---

1. E. Husserl, *Die Bernauer Manuskripte über das Zeitbewusstsein (1917/1918)*, Husserliana XXXIII, éd. R. Bernet et D. Lohmar, texte n°14, Dordrecht, Kluwer, 2001, p. 277. *Cf.* trad. fr. J.-F. Pestureau et A. Mazzu, *Manuscrits de Bernau sur la conscience du temps (1917-1918)*, Grenoble, Millon, 2010, p. 222, qui traduisent « *Urstand* » par « instance originaire ».

L'analogie entre la chair point-zéro de la spatialité et le *je* pur point-zéro de la temporalité[1] éclaire cette antériorité du *je* en montrant que c'est par rapport à lui que tout objet temporel peut être proche ou lointain, que tout vécu peut être latent ou patent, que tout souvenir peut fonder un ressouvenir. Même le sommeil comme veille anonyme ne peut se donner que comme celui d'un *je* assoupi, qui n'entre pas en scène en conservant la possibilité eidétique de s'éveiller[2]. Ce *je* pur centre de fonction est bien sans qualité, il ne possède aucune des déterminations d'un objet, mais c'est en cela que, par rapport au pur surgissement du temps dans l'impression originaire, il est la condition des phénomènes et la source d'une histoire personnelle. En effet, ce *je* pur dans son identité nue n'est pas ce qui demeure dans le temps, il est au contraire l'acte par rapport auquel tout « demeurer le même » prend sens. La différence entre *Urstand* et *Gegenstand* est une différence temporelle, et elle donne donc à voir la signification temporelle du sens.

Voulant rompre avec toute forme de considération anthropologique, Husserl, en suivant rigoureusement la contrainte des phénomènes, donne à voir un *je* pur, qui n'est pas un point fixe et qui en tant que tel va pouvoir être le fondement, pas seulement épistémologique, mais aussi ontologique, de toute vie temporelle et historique. C'est dans cette perspective qu'il peut dire que le *je* transcendantal

---

1. *Cf.* E. Husserl, *Idées directrices pour une phénoménologie pure*, livre 2, *Recherches phénoménologiques pour la constitution, op. cit.*, § 25.

2. A. Grandjean souligne justement que c'est le changement de sens des concepts d'immanence et de transcendance qui contraint Husserl à la reconnaissance d'un *je* pur. A. Grandjean, « Je pur et rien de plus », dans A. Grandjean et L. Perreau (dir.), *Husserl. La science des phénomènes*, Paris, CNRS Éditions, 2012, p. 173.

est éternel, ce qui signifie, comme le souligne Derrida, ni infini, ni anhistorique[1]. En effet, Husserl montre, notamment dans le cadre d'une analyse du ressouvenir, que si tout passe dans le temps, si tout naît et meurt, le flux du temps est lui « immortel ». Certes, il se peut qu'à partir du surgissement continu du maintenant et de la continuité de phases le flux des esquisses ne s'unifie pas et qu'aucun monde ne soit constitué par la conscience, néanmoins cette épreuve de l'absurde n'est en rien un arrêt du flux temporel. Par exemple, l'impossibilité de donner sens à son passé, de l'unifier librement dans le ressouvenir, ne signifie pas un arrêt de la synthèse passive, mais seulement qu'à partir de cette vie passive le passé ne parvient pas à se constituer en un sens. La vie temporelle et le *je* transcendantal qui en est l'origine ne peuvent pas mourir, car du point de vue constitutif une telle mort n'a aucun sens, même si le moi empirique, comme tout objet, naît et meurt[2]. On voit que c'est une même chose de dire que la mort du *je* transcendantal est inconstituable et que le procès temporel lui-même ne peut ni commencer, ni finir. Si l'on est vraiment attentif à la signification verbale du *je*, il est évident que le *je* transcendantal est immortel, et cela ne veut pas dire qu'il est hors du temps et de l'histoire, mais qu'il est une veille éternelle, antérieure à tous les réveils. *Je*, il serait préférable de ne pas dire « le *je* », est la permanente possibilité du réveil, cette liberté qui demeure sous tous les sommeils et

1. *Cf.* J. Derrida, *L'écriture et la différence*, Paris, Points-Seuil, 1967, p. 251.

2. *Cf.* E. Husserl, *Späte Texte über Zeitkonstitution (1929-1934) Die C-Manuskripte*, Husserliana, Materialen vol. VIII, éd. R. Bernet, U. Melle, K. Schuhmann, Dordrecht, Springer, 2006, texte n°21 c, « La mort du sujet transcendantal n'est pas constituable ». Le cesser est irreprésentable pour l'être transcendantal.

qui fait qu'il est toujours constitutivement possible de revenir au monde, même quand, de fait, le lien au monde se trouve brisé. Cela ne signifie pas que le moi ne dort pas, mais qu'il est *a priori* impossible de lui retirer cette possibilité constitutive du réveil et que même le présent du sommeil demeure un présent et n'est en rien une suspension du temps, qui est une impossibilité phénoménologique. Husserl écrit : « La vie transcendantale et le *je* transcendantal ne peuvent pas être nés, seul l'homme dans le monde peut être né. Mais comme *je* transcendantal, je fus éternellement. Je suis maintenant et à ce maintenant appartient un horizon de passé qui est déroulable à l'infini. Et justement cela signifie : je fus éternellement »[1]. Le *je* peut être dit éternel en tant qu'il est la possibilité de la possibilité, il est cette possibilité de réactivation des vécus passés, avec lesquels le lien intuitif n'est jamais totalement rompu, en fonction de la rétention. Le flux temporel se donne donc à la fois comme ce qui peut être constitué par le *je* et le lieu où le *je* se saisit comme pur pouvoir de reprise.

Si ma mort dans le monde est irreprésentable, sauf analogiquement avec la mort d'autrui comme fin de l'apprésentation, le *je* transcendantal qui dit « je fus éternel » et « je serai éternel » montre que la mort du *je* ne peut apparaître que comme un endormissement du *je*, et donc comme une forme limite de sa vie. Cela ne signifie bien sûr pas que, de fait, notre vie serait infinie, mais que c'est à partir de l'éternité du *je* transcendantal que la finitude de l'existence peut prendre sens. À partir de cette veille éternelle, antérieure constitutivement à la naissance et à la mort, naître, c'est entrer en scène et mourir, c'est sortir

1. E. Husserl, *Analysen zur passiven Synthesis, op. cit.*, p. 379 ; trad. fr. B. Bégout et J. Kessler, *De la Synthèse Passive, op. cit.*, p. 363.

de scène. Seule l'intentionnalité peut se modifier en intentionnalité et dès lors le *je* pur n'est pas un fondement au sens d'un substrat intemporel support pour toutes les qualités temporelles, et il doit au contraire être décrit comme une ipséité absolue inséparable de la vie temporelle, sans se confondre avec elle. La vie éternelle, la permanente possibilité d'entrer en scène, est ce qui rend possible tout être passé et tout être futur, toute continuité comme toute discontinuité. Même si celui qui a deux maisons perd la raison, sa vie demeure celle d'un unique *je*, d'une unique temporalisation. Dès lors, si le *je* transcendantal selon Husserl demeure à l'abri de sa transcendance, cet abri n'est pas un bunker souterrain dans lequel il serait intouchable et doit se comprendre comme la permanente possibilité d'être en départ pour répondre à l'énigme de la transcendance du monde, à l'énigme de l'intentionnalité. Il convient donc de revenir sans cesse à l'aporie du rapport de fondation entre *ego* et temps : « Le flux est *a priori* à temporaliser par l'*ego*. Ce temporaliser est lui-même fluant ; le flux lui est toujours antérieur. Mais le *je* est lui aussi antérieur ; il est comme *je* éveillé (éveillé de façon transcendantale et phénoménologique) continuellement un *je* de la conscience »[1]. La temporalisation du flux est première, elle est la condition de toute temporalisation active, notamment dans le ressouvenir, néanmoins le *je* lui aussi est antérieur comme condition de tous les phénomènes. Par rapport au surgissement de l'impression originaire, il y a un retard de la conscience qui retient et se retient dans le flux

---

1. E. Husserl, *Zur phänomenologischen Reduktion. Texte aus dem Nachlass (1926-1935)*, Husserliana XXXIV, éd. S. Luft, Dordrecht, Kluwer, 2002, p. 181 ; trad. fr. J.-F. Pestureau, *De la réduction phénoménologique, Textes posthumes 1926-1935*, Grenoble, Millon, 2007, p. 176.

rétentionnel, mais il y a également un retard du *je* par rapport à une vie qui le précède. Sans être fondé au sens où l'étant mondain est fondé, le *je* possède son horizon de transcendance, un *telos* de son être vrai. Autrement dit, en phénoménologie on n'accède pas au *je* de manière régressive et il s'apparaît à lui-même comme déjà temporalisé, comme l'héritier d'une vie qui lui est donnée et qu'il peut reprendre dans une temporalisation active. Le *je*-fondement est indissociable du fond abyssal du flux de conscience, qui fait qu'aucune totalisation n'est achevable et que le sujet se constitue indéfiniment lui-même en constituant le monde. Depuis sa transcendance dans l'immanence, le *je* pur est un fondement en tant qu'éternel commencement, et cela met en évidence la liberté infinie du sujet, notamment par rapport à la transcendance de son propre passé. Que le ressouvenir soit le lieu privilégié de la constitution du moi et de la constitution du monde en dit déjà long sur la temporalité du *je*.

Même si cette pensée du *je* pôle des affections et des actions peut être interprétée comme le maintien de Husserl dans la pensée du fondement de la métaphysique classique, elle modifie tout de même profondément la problématique du fondement, dans la mesure où le *je* est à la fois ce qui est identique, ce qui demeure à travers toutes les présentifications, et ce qui est la vivacité même du présent vivant par rapport à la couche originaire, au soubassement qu'est le sommeil dans sa signification transcendantale [1]. Husserl écrit : « La *hylé* originaire dans sa propre temporalisation est pour ainsi dire le noyau étranger au *je* dans le présent concret » [2], mais la matière n'informe pas et il n'y a de

---

1. Cf. *Späte Texte über Zeitkonstitution, op. cit.*, p. 43.
2. *Späte Texte über Zeitkonstitution, op. cit.*, p. 110.

phénomène de monde que par l'autotemporalisation du *je*, car elle seule rend possible un sens. Ainsi, la reconnaissance d'une couche originaire de sens antérieure au *je* ne conduit pas Husserl à remettre en cause la fonction du *je*, dans la considération par exemple d'une personnalité éclatée à partir de la rencontre du monde, dans la mesure où il veut s'en tenir au phénomène sans isoler abstraitement une pure donation. Comme le dit Bernet, « Husserl a mené la métaphysique de la présence jusqu'à son éclatement »[1] en insistant sur la passivité, sur l'intentionnalité non-objectivante, et c'est pourquoi il se tient sur le seuil sans passer la porte. Cela dit, cette retenue de Husserl peut également être lue positivement comme le refus de trancher trop vite sur la phénoménalité de l'origine, pour chercher plutôt à dénouer dans l'apparaître ce qui tient à la *hylé* et ce qui tient au *je*. Si l'impression originaire est l'origine de toute vie, c'est la perception au sens élargi, celle qui englobe le souvenir primaire, qui est « l'acte en qui réside toute origine »[2]. Jamais Husserl ne dirait que le monde parle et l'origine de toute parole demeure le *je* qui donne sens à ce qui l'affecte. Certes, le souci constant de Husserl est celui de l'identité de l'objet et donc de la possibilité de la synthèse, néanmoins il faut rappeler que la synthèse n'est plus ici une reconstruction de l'imagination, mais la donnée même de l'objet. Il ne se préoccupe donc pas de ce qui est irréductible à toute synthèse, à l'expérience sauvage qui « déchire », et en cela le moi demeure une capacité *a priori* d'unifier et non ce qui vit du dialogue avec le monde. En

---

1. R. Bernet, *La vie du sujet*, « Épiméthée », Paris, Puf, 1994, p. 64.

2. E. Husserl, *Zur Phänomenologie des inneren Zeitbewusstseins (1893-1917)*, § 17, Husserliana X, éd. R. Boehm, Den Haag, Nijhoff, 1970, p. 41 ; trad. fr. H. Dussort, *Leçons pour une phénoménologie de la conscience intime du temps*, Paris, Puf, 1964, p. 58.

effet, si Husserl montre que l'objet se donne comme l'unité d'une durée avant la représentation et pour que celle-ci soit possible, il ne poursuit pas la ruine de la représentation jusqu'à cette discontinuité irréductible qui sera mise en évidence après lui et dont la reconnaissance est pourtant liée à l'élargissement du concept de perception. L'éternité du *je* transcendantal montre bien que la nouveauté de l'impression originaire demeure constitutivement relative à la conscience, puisque c'est la rétention qui donne l'objet, et Husserl n'anticipe en rien les philosophies de l'événement pour lesquelles la chose est ce qui peut m'informer imprévisiblement. Sans reprendre tous les griefs « bien connus » sur l'impossibilité d'accéder à la véritable phénoménalité d'autrui, du monde comme monde, de l'œuvre d'art, de Dieu, et de l'être soi, liée à cette pensée du *je* qui méconnaît sa finitude, il n'en demeure pas moins que c'est Husserl qui a libéré de la pseudo évidence d'un sujet intemporel et anhistorique instaurant la raison. Le *je* est l'évidence qui rend possible l'évidence : s'il ne donne aucun contenu à voir, il donne une tâche infinie de phénoménalisation. Les remplaçants du *je* (la chair, le visage, le corps) ne conduiront-ils pas à trancher brutalement le nœud de la temporalisation et du même coup celui du sens en privilégiant la dimension de la passivité ?

Même si pour Husserl c'est l'*ego* qui rend visible, et donc si malgré tout il s'en tient à une conception « grecque » du phénomène dans laquelle le regard de l'esprit sauve les phénomènes, il n'en demeure pas moins que l'éternité du *je* transcendantal constitue le dépassement d'une conception d'une subjectivité finie, dans la mesure où les lois d'essence s'imposent à toute subjectivité[1]. Cela signifie que le *je* ne fixe pas de limite à la donation et qu'il s'apparaît à lui-même comme l'être auquel les choses mêmes prescrivent leur mode de donation. En accédant à un *je* pur qui n'a rien et n'est pas enfermé dans une éternité au-dessus du temps, Husserl peut montrer que ce *je* est également la possibilité infinie de se constituer dans l'unité d'une histoire. Certes, la dimension de l'historicité est vraiment prise en considération en 1917 par Husserl, mais elle vient confirmer ce paradoxe d'un *je* éternel qui a une histoire et qui est donc à la fois constituant et constitué. En effet, parce qu'il n'est pas un pôle d'identité vide[2] et se comprend lui-même à partir de son présent, le *je* effectue une expérience transcendantale de lui-même. La 39e leçon de la *Philosophie première* met en lumière cet élargissement du concept d'expérience, qui est perception, mais également souvenir et attente, par lesquels le *je* éternel se temporalise continûment. Ainsi, la réduction donne accès à la façon dont la subjectivité s'éprouve elle-même en chaque vécu qui est une « pulsation dans laquelle se trouve la vie pure et vraie »[3]. Le *je* n'est pas dans le temps, ni hors temps, il se temporalise en se tournant vers la transcendance de son passé et celle de son futur. Sans minimiser la difficulté à

1. *Cf.* D. Pradelle, *Par-delà la révolution copernicienne*, *op. cit.*, 2012, p. 353.

2. *Cf.* E. Husserl, *Phänomenologische Psychologie. Vorlesungen Sommersemester 1925*, Husserliana IX, éd. W. Biemel, Den Haag, Nijhoff, 1968, p. 211 ; trad. fr. P. Cabestan, N. Depraz et A. Mazzu, Paris, *Psychologie phénoménologique*, Vrin, 2001, p. 198.

3. E. Husserl, *Erste Philosophie (1923/24). Zweiter Teil : Theorie der phänomenologischen Reduktion*, Husserliana VIII, éd. R. Boehm, Den Haag, Nijhoff, 1959, p. 83 ; trad. fr. A.-L. Kelkel, *Philosophie première [1923-1924]. Deuxième partie : Théorie de la réduction phénoménologique*, Paris, Puf, 1972, p. 129.

rassembler le passé à partir du présent, le souci de Husserl est de montrer que le passé n'a pas le mode d'être d'une image, qu'il possède un autre mode de donnée qui lui est propre et qui s'impose à toute subjectivité. Or, pour élucider l'être du passé, il convient de montrer que tout « je me souviens » est à la fois un vécu transcendantal présent et le souvenir de ma vie transcendantale passée ; il s'agit là d'un *a priori* qui se donne dans une intuition d'essence. Cela dit, si tout passé n'est accessible qu'à partir du présent vivant de sa vie transcendantale, il faut tenir ensemble que le souvenir n'est jamais une restauration du passé[1], et que la présence du passé comme passé tient tout de même au dévoilement d'un « bout de ma vie transcendantale passée »[2]. La réduction rend donc possible un élargissement de l'expérience de soi, qui n'est plus enfermée dans la ponctualité d'un maintenant, car toute conscience est également celle d'un « passé transcendantal continu »[3], quel que soit le contenu de ce passé. Bien évidemment, le futur ne peut être ni le symétrique, ni l'analogue du passé, cependant toute expérience possède également un horizon infini de futur, là encore tout aussi bien dans l'espérance que dans l'épreuve du monde cassé ; l'idée d'être privé de futur suppose encore un tel horizon. Or, cet horizon d'un passé sans fin comme celui d'un futur sans fin sont les corrélats du *je* éternel, on pourrait dire de cette vie éternelle originaire par rapport à laquelle les questions de la naissance,

---

1. Comme l'explique R. Bernet : « La modification *reproductive* se distingue essentiellement de ces modifications doxiques par le fait que l'acte intentionnellement impliqué ne fait pas partie de l'acte modifié ». *Conscience et existence*, « Épiméthée », Paris, Puf, 2004, p. 100.

2. E. Husserl, *Erste Philosophie, op. cit.*, p. 85 ; trad. fr. A.-L. Kelkel, *Philosophie première [1923-1924], op. cit.*, p. 122.

3. *Ibid.*, p. 86 ; trad. fr., p. 122.

de la mort, du possible non-sens du monde, prennent sens.
Une telle vie est précisément ce à quoi l'anthropologie ne
peut que demeurer aveugle, et c'est pourquoi si elle tente
de sauver les phénomènes par des raisons extérieures, elle
ne peut donner à voir le *logos* propre des phénomènes.
Elle n'accède pas à ce *je* qui est centre de fonction et rien
de plus, dont la nudité n'est pas une vacuité, puisqu'il est
le point source de toute phénoménalisation et qu'en cela
il « ne surgit pas et ne passe pas comme un vécu »[1]. Husserl
précise :

> Le moi originairement vivant est le corrélat constant et
> absolument nécessaire de tous les objets, il l'est en ce
> qu'il [se fait] affecter par eux ou se comporte en [étant]
> tourné vers eux, et par là libère à partir de lui, conformé-
> ment à sa loi d'essence, de nouvelles suites d'événements
> temporels à travers lesquels il peut devenir pour lui-même
> un objet temporel réflexif. Mais son être est totalement
> autre que celui de tous les autres objets. Il est précisément
> un être-sujet, et comme tel il a sa façon de vivre qui
> aussitôt entre dans la temporalité et procure secondaire-
> ment au moi lui-même, comme pôle sujet de ses vécus
> dans le temps, une place dans le temps et une durée dans
> le temps[2].

L'éternité est bien ce mode de donnée unique du *je* qui
depuis son site originaire se temporalise en éclairant toute
chose, dont l'autoconstitution temporelle est inséparable
de la constitution des objets temporels. On peut comprendre
que ces analyses sur le *je* ont semblé être un retour en

---

1. E. Husserl, *Die Bernauer Manuskripte über das Zeitbewusstsein
(1917/1918)*, *op. cit.*, p. 280 ; trad. fr. J.-F. Pestureau et A. Mazzu,
Manuscrits de Bernau sur la conscience du temps (1917-1918), *op. cit.*,
p. 223.

2. *Ibid.*, p. 287 ; trad. fr., p. 228.

arrière par rapport à celles sur l'irréductibilité de l'impression originaire, qui semblaient faire signe vers une phéno-ménologie matérielle, néanmoins l'idée de cet « échec » a trop souvent rendu aveugle à la déponctualisation du *je* et à la désubstantialisation de son identité qui sont égale-ment un tournant faisant signe vers une phénoménologie qui n'est ni formelle, ni matérielle.

La quatrième des *Méditations cartésiennes* donne à voir le lien eidétique entre l'éternité et l'historicité du *je* en soulignant que seul un *je* qui ne naît ni ne périt peut être lui-même un champ d'expérience. En effet, le je pôle est également un *je* qui acquiert des possibilités perma-nentes, qui se donne des *habitus* et possède ainsi une histoire transcendantale. Il s'agit bien d'écarter l'idée abstraite d'un *je* constituant anhistorique, qui ne serait qu'un sujet théorique observant de l'extérieur un objet théorique, sans retomber pour autant dans le relativisme anthropologique. Comment échapper à l'alternative désas-treuse d'un *je* pur anhistorique et d'un moi empirique constitué comme objet historique, autrement dit, comment comprendre l'historicité comme appartenant à l'essence de la subjectivité ? Les célèbres analyses du début du livre 2 de la *Philosophie première* mettent en lumière que chaque homme peut, au moins une fois dans sa vie, se saisir comme *je* transcendantal et se découvrir comme la tâche de se réaliser comme *je* éternel dans une vie par vocation absolue qui n'est pas hors de l'histoire. Cela dit, la possibilité d'une histoire transcendantale du sujet ne peut être mise en évidence qu'à la condition de montrer que l'*habitus* n'est pas une disposition psychique, ni une propriété de caractère, dont le support serait le *je*, et doit être compris non comme un état mais comme le maintien de la validité d'un acte.

Le philosophe se constitue dans l'unité d'une histoire par l'instauration et la réactivation d'une décision originaire de vivre pour la vérité, et cela ne le fige pas dans le passé, car à chaque réactivation il doit décider du sens de sa décision première, qui ne se donne jamais en toute transparence, l'idée de philosophie demeurant une énigme pour le philosophe, même si elle s'éclaire au fur et à mesure de la répétition des actes. C'est à partir d'une telle histoire du sens, de son instauration, de sa sédimentation et de sa réactivation effective ou non, qu'il est possible de penser un accomplissement, mais également l'abandon, le découragement, la fatigue. Le philosophe depuis son *je* éternel vise une Idée éternelle, et c'est ainsi qu'il s'historicise.

Les difficultés sont nombreuses pour penser un *je* pur qui n'est pas vide et sans histoire, et on peut notamment se demander comment cette historicité est compatible avec l'objectivité du monde commun. Si concrètement la perception n'est jamais extérieure à l'histoire du sujet, à toute sa vie sédimentée en lui, comment est-il possible de tenir que c'est la chose même qui est la norme de sa connaissance et Husserl n'est-il pas en train de remettre en cause son renversement de la révolution copernicienne ? Certes, Husserl précise bien que le sujet est une histoire, il n'est pas un objet constitué historiquement, et que cette histoire transcendantale est bien compatible avec l'éternité du *je* transcendantal et donc avec l'être absolu du sujet, néanmoins on peut se demander si cette historicité du sujet ne remet pas en cause le principe des principes que l'intuition est source de droit pour la connaissance. Husserl prend bien soin de ne pas introduire une relativité, une hétéronomie, dans le sujet, et c'est pourquoi quand il décrit le philosophe comme celui qui peut accéder au plus haut degré d'historicité en prenant conscience de lui-même comme Européen, comme fonctionnaire de l'humanité, comme archonte, il s'agit de répondre dans l'histoire d'un sens qui n'est pas historique, qui demeurerait libre par rapport à toutes ses incarnations historiques, tel le Phénix qui renaît toujours de ses cendres. Sans pouvoir développer ici ce point, ces simples indications permettent de souligner que l'historicité du sujet permet d'interroger le *je* comme fondement. Si le *je* éternel est une histoire qui s'accomplit dans la fonction archontique du philosophe, qui devient centre de l'histoire, il vise dans l'histoire des Idées anhistoriques, telle l'Idée de philosophie qui ne serait pas *a priori* liée par exemple au monde grec. Il ne serait pas complexe de montrer ce qu'une telle thèse présuppose, à savoir qu'il soit possible de réactiver aujourd'hui le sens de la philosophie tel qu'il est apparu en Grèce, parce que c'est aujourd'hui que ce sens serait devenu vraiment accessible, et que le présent de la phénoménologie de Husserl élucide le sens du passé. Il y aurait donc là tous les éléments pour une critique d'une téléologie reconstructive, qui projette sur le passé un sens présent et qui ne respecte plus la contrainte du phénomène et notamment la fracture des époques. Cela dit la difficulté est réelle : d'un côté chaque philosophe se comprend comme lié à toute l'histoire de la philosophie par le partage d'une même Idée, car sans elle il n'y a pas d'histoire et pas de communauté des philosophes, cependant, d'un autre côté, cette Idée confiée par l'histoire est toujours liée à un présent avec sa facticité propre. La téléologie suppose donc à la fois une idée à laquelle toute subjectivité puisse accéder dans un retour réflexif pur et le fait que cette même idée soit aussi confiée au sujet par l'histoire, même si c'est en énigme. Elle semble donc venir et de la lumière que le sujet dirige sur l'histoire et de l'histoire elle-même comme phénomène. Cet *a priori* est-il alors accessible hors de l'histoire ? La téléologie est-elle immanente à l'histoire ou n'est-elle que ce roman dont le philosophe a besoin pour se vouloir lui-même[1] ?

Selon Husserl, l'histoire universelle est avant tout celle de la science, et c'est pourquoi elle est polarisée par l'Idée de science rigoureuse, cependant même pour cette histoire il ne va pas de soi de parler d'une historicité pure dans laquelle le sens demeurerait libre vis-à-vis du monde historique auquel il appartient. Comment penser l'historicité comme une structure du « je suis » sans retomber dans la facticité ? En effet, tant que la responsabilité à l'égard du sens se trouve comprise comme l'acte de se faire le centre de l'histoire à partir de la tâche infinie qu'est le *je* pur, la transmission même du sens devient une aporie, car il semble bien qu'à partir de l'éternité du *je* on ne puisse accéder qu'à une historicité égocentrique dans laquelle je suis infiniment responsable du monde comme horizon. L'histoire est sans doute un lieu privilégié pour mieux mettre en lumière les difficultés de la subjectivité transcendantale. Il est clair que les différents textes de Husserl sur l'histoire de 1917 à 1936 dégagent une « histoire pure », celle de la raison, celle du sens, et il est possible effectivement de se demander si cette histoire de l'humanité européenne n'est pas une histoire construite par le philosophe à l'abri de son bureau. On ne peut minimiser les efforts de Husserl pour donner à voir une générativité spirituelle et une solidarité des morts et des vivants dans l'histoire de l'humanité, qui sont des conditions *a priori* de toute histoire au-delà de toute empiricité, néanmoins cette idée téléologique transnationale d'une unification de tous les hommes

1. *Cf.* D. Pradelle, *Généalogie de la raison*, « Épiméthée », Paris, Puf, 2013, p. 316-317 et d'une façon générale tout le chapitre VII qui aborde les apories de la téléologie dans la philosophie de Husserl.

et de toutes les nations dans un même projet de paix fondé sur le partage de la raison demeure plus une Idée au sens kantien mise en lumière par la phénoménologie qu'une idée présente en toute subjectivité et constitutive de toute historicité. Pour le dire un peu brutalement, une telle idée semble n'être qu'une idéalisation de la *Société des Nations*, et on peut se demander si elle ne demeure pas liée à sa facticité historique, dans la mesure où la mise en œuvre d'une variation imaginative pour dégager l'*eidos* est problématique en histoire. Autrement dit, cette communauté idéale de sujets purement idéaux est-elle vraiment ce qui anime de l'intérieur toute l'histoire de l'humanité, même si son sens n'apparaît vraiment qu'avec la phénoménologie, qui serait ainsi un tournant de l'histoire, comprise comme une accumulation progressive des savoirs, dont la géométrie serait le type pur ? Il est étonnant que le souci de Husserl de ne pas manquer la subjectivité concrète, souci qui le conduit à élucider la rationalité du monde historique par la mise en lumière d'une histoire de la vie, ne le conduise pas à remettre en cause un *je* transcendantal qui depuis son éternité demeure à l'abri de sa transcendance. Si l'historicité appartient à l'essence de l'*ego*, la pure identité à soi se trouve mise en question, et Husserl ne peut la « sauver » qu'en l'élucidant dans *La Crise des sciences européennes et la phénoménologie transcendantale* une historicité idéelle, c'est-à-dire qui résulte de l'auto-interprétation que le philosophe fait de lui-même comme moment où l'intention qui anime l'histoire de la raison devient pleinement remplie par l'intuition. Il s'agit une nouvelle fois de dépasser toute finitude, et si dans cette communauté pure le philosophe n'est jamais seul, mais dans un certain présent avec tous les penseurs du passé, c'est tout de même à lui, et à lui seul, que le sens de l'histoire lui est confié. Le *telos* de l'humanité est à la fois porté en commun, par la communauté des philosophes, et seul par celui qui prend conscience de son historicité essentielle. On voit donc difficilement en quoi cela pourrait rendre compte du comment de l'existence historique, et c'est pourquoi Heidegger et Gadamer développeront une tout autre compréhension de l'être historique à partir de la finitude de la situation de l'être fini. En effet, l'histoire ne semble pas pouvoir se réduire à la transmission d'idéalités libres et on peut objecter qu'être historique, c'est ne pas pouvoir accéder en toute transparence à soi. Sans développer ici cette autre perspective, qui met fin au projet même d'une histoire universelle, il suffisait de l'indiquer pour souligner qu'à partir du *je* éternel Husserl peut échapper à la simple histoire empirique pour envisager une véritable histoire du sens, mais que le coût de la réduction semble ici très lourd et semble faire perdre quelque chose, car on atteint une simple histoire idéelle produit du *je*, et non une histoire concrète dans laquelle le *je* peut être donné à lui-même. Là encore, le philosophe semble ne faire que sauver les phénomènes à partir d'un idéal régulateur et non donner le *telos* à voir depuis l'histoire elle-même, l'objet historique échouant en quelque sorte à être la norme de sa connaissance. Les apories du temps se retrouvent ici, puisque l'*ego*, même s'il se découvre comme toujours déjà devenu dans l'histoire, ne peut admettre un autre absolu et demeure ce qui est constitutivement antérieur. Dans cette histoire idéelle, le *je* ne fait que réactiver des idéalités omnitemporelles qui ne sont d'aucun temps ni d'aucun lieu, comme le montre de façon exemplaire l'histoire de la géométrie[1], mais on peut se demander ce qu'il y a encore de proprement

---

1. *Cf.* Les analyses de J. Derrida dans son introduction à E. Husserl, *L'origine de la géométrie*, Paris, Puf, 1962.

historique dans cette histoire pure. En effet, la veille éternelle du *je* demeure la source de tout sens et donc de l'historicité, dès lors l'éternité du *je* fonde l'infinité de l'histoire transcendantale. Il y a là une difficulté interne à la phénoménologie de Husserl, car, d'un côté, jamais la présence du passé comme passé, et non pas comme présent, n'a été mieux reconnue, mais, d'un autre côté, la dimension de perte est largement minorée. Certes, Husserl peut dire que dans la responsabilité face à l'Idée Platon et lui c'est tout un, mais il ne tient pas compte de l'inaccessibilité du passé, de la clôture des époques, du fait que nous ne pouvons pas retrouver Platon tel qu'il s'est compris et que le risque est grand de vouloir le comprendre à partir de la façon dont nous nous comprenons depuis notre présent. De ce point de vue, les analyses de Husserl ne sont en rien naïves et il met en évidence qu'une réactivation du sens ne signifie pas du tout qu'un acte passé redevient présent et qu'en histoire il n'y a jamais de restauration du passé. Le passé est bien reconnu comme révolu dans la réactivation d'un sens sédimenté dans un texte, car il s'agit de s'en ressaisir à partir du présent, dans la conscience tout de même qu'entre ce passé et l'aujourd'hui le lien n'est pas rompu et a pu être transmis par le livre et par une chaîne de penseurs. Platon est bien à la fois présent et absent, contemporain et éloigné, néanmoins cette conception de l'historicité suppose bien que dans l'histoire se manifeste un sens éternel (L'Idée de philosophie), transhistorique, en dépit du fait que l'instauration du sens ne soit pas la naissance d'une idée en toute transparence, que la sédimentation ne soit pas sa simple conservation et que la réactivation n'est pas de simples retrouvailles, comme si le temps n'était pas passé. Or c'est cela qui ne va pas de soi et on peut toujours soupçonner que le sens éternel ne soit que celui d'un présent

historique relatif, qui conduit à imposer une téléologie
brutale à l'histoire et à imposer également l'histoire des
mathématiques comme le modèle de toute historicité.

On ne peut nier qu'il y ait dans la phénoménologie de
Husserl une évolution de la conception de l'*ego* comme
« forme d'identité des actes vivants »[1], puis comme substrat
des *habitus*, néanmoins cela ne fait que confirmer une
aporie qui se trouve déjà dans les analyses sur le temps,
puisque la diversité de l'expérience se trouve déjà unifiée
dans l'intentionnalité passive avant l'intervention du *je*
pur, qui a donc une autre fonction. Il est maintenant possible
de reformuler cette aporie en lui donnant toute son étendue :
je suis toujours déjà temporalisé, j'ai toujours déjà une
histoire qui me précède, je suis toujours déjà un héritier,
et je ne peux donc être donné à moi-même que dans le flux
du présent vivant. Néanmoins, si je m'apparais sur l'horizon
d'un passé qui me précède, je ne suis véritablement donné
à moi-même que dans une reprise active de ce passé, en
lui donnant sens à partir de mon présent, que dans cette
quasi création de mon passé dans un acte de totalisation :

> Si je me place dans le passé et que je vis « à nouveau »
> entièrement des vécus passés, alors le vécu contient un
> *je* double propre : le *je* du présent, le *je* actuel, porteur
> du maintenant fluant et le *je* passé, le *je* à nouveau
> présentifié, porteur du maintenant fluant passé. Les deux
> se recouvrent, ils ont l'unité de l'identité. C'est le même
> *je* mais en un, il y a le *je* actuel maintenant et le *je* passé
> présentifié : le *je* dure, il est maintenant, il était et il sera.
> Mais le *je* est ici si merveilleux qu'il n'est pas seulement
> dans le passé : au contraire, dans le maintenant, il peut

1. « Eine Identitätsform der lebendigen Akte », E. Husserl, *Zur
Phänomenologie der Intersubjektivität, op. cit.*, p. 246.

justement se transposer dans le « était » et même être conscient de son identité dans ce redoublement[1].

La réflexivité de l'*ego* fait qu'il se saisit comme la capacité *a priori* de reprendre sa vie passée qui le constitue par une question en retour à partir du présent dans laquelle il s'approprie véritablement ce passé. Rien ne semble donc pouvoir destituer le *je* transcendantal et certainement pas la difficulté à accéder de fait au passé. Husserl ne cesse de décrire le sujet à la fois comme temporalisé dans la passivité et temporalisant dans l'activité. Un célèbre texte de 1932 énonce cette difficulté d'une pré-temporalisation passive qui précède la temporalisation active, qui la rend possible sans lui fixer pour autant de condition ou de limite, car le *je* comme veille éternelle demeure antérieur à la distinction de la passivité et de l'activité :

> Le flux est *a priori* à temporaliser par l'*ego*. Ce temporaliser est lui-même fluant ; le fluer lui est toujours antérieur. Mais le *je* est lui aussi antérieur ; il est comme je éveillé (éveillé de façon transcendantale et phénoménologique) continuellement un *je* de la conscience[2].

La pré-donnée n'est pas encore la donnée et je ne m'apparais à moi-même que dans la temporalisation active, même si dans la temporalisation passive je m'éprouve déjà moi-même. Ce n'est pas la matière qui donne la forme, même si le *je* ne peut la donner sans elle, et Husserl protège de toute égologie inversée qui ferait de la passivité le lieu du sens. La fragilité du sens est dans cette tension entre activité

---

1. *Ibid.*, p. 318 ; trad. fr. N. Depraz, *Sur l'intersubjectivité*, Paris, Puf, 2001, p. 301.
2. E. Husserl, *Zur phänomenologischen Reduktion*, *op. cit.*, p. 181 ; trad. fr. J.-F. Pestureau, *De la réduction phénoménologique*, *op. cit.*, p. 176. Sur la lecture de cet extrait il y aurait déjà une histoire à écrire.

et passivité et relativiser l'une de ces dimensions ce serait perdre le sens.

Il importe au plus au point pour Husserl de montrer que le *je* demeure transcendant à son histoire, celle de son activité, tout en se constituant dans l'unité d'une histoire et donc qu'il s'apparaît à lui-même, dans son acte, à la fois comme constituant et comme constitué. Si le sujet *est* son histoire, son histoire n'est pas lui. Le sujet constituant possède bien des habitualités noétiques, qui ne sont en rien des invariants et ne font pas du *je* un support de qualités, mais si le *je* porte en lui une histoire indissociable de son acte, il demeure plus que cette histoire. L'éternité est cet échappement, pour parler avec Merleau-Ponty, par lequel mon avenir est plus que ce que dessine mon passé. Certes, Husserl comprend toujours le devenir soi métaphysiquement, comme l'accomplissement dans le temps d'une essence éternelle, et il ne peut donc penser cet avenir absolu, diachronique, qui retiendra l'attention de la phénoménologie après lui. Pour lui l'idée d'une rationalité propre au présent d'une rencontre ou à une époque relèverait du relativisme ou de l'historicisme. De même, jamais Husserl ne reconnaît une finitude essentielle, que ce soit au sens de Kant ou au sens de Heidegger, et il demeure le penseur de l'accomplissement téléologique des Idées infinies qui abolit toute finitude. Or, il est certain qu'aujourd'hui on s'attache particulièrement aux discontinuités, aux ruptures, et qu'il y a même une certaine haine de la téléologie considérée comme une brutalité réduisant des phénomènes historiques irréductibles à une représentation unifiante bien lisse. L'histoire de l'art, dont Husserl ne dit rien, semble par essence discontinue. Or, bien sûr on ne peut faire droit à la discontinuité, à la finitude, à la perte, au « nous », à l'avenir, qu'en remettant en cause l'idée que le *je* soit toujours constitutivement antérieur. Il ne s'agit pas de développer cette autre perspective, mais de se demander à partir d'elle si le refus de toute téléologie ne rend pas l'histoire inintelligible et ne la transforme pas, notamment en ce qui concerne l'histoire de la philosophie, en une simple érudition soulignant le changement de paradigme d'un auteur à un autre. Même dans une pensée de la discontinuité ne doit-il pas y avoir une intention qui traverse l'histoire, un lien secret entre Platon et nous[1]? Husserl lui-même reconnaît que l'Idée qui est née avec Platon ne s'est pas développée de façon continue, qu'elle ne s'est pas transmise sans se modifier profondément, et qu'aujourd'hui encore elle demeure une énigme. Dès lors, si le présent est primordial, la constitution du passé historique n'est pas une simple reconstruction imaginaire, un vêtement posé sur le chaos de l'histoire pour lui donner une apparence rationnelle, et il doit bien y avoir une téléologie immanente à l'histoire de l'intentionnalité. La téléologie est la forme de toutes les formes de la vie intentionnelle et refuser toute Idée qui soit la secrète aspiration de l'histoire de l'humanité, c'est considérer qu'il n'y a qu'une histoire empirique comme succession de visions du monde. En mettant en évidence le lien eidétique entre l'éternité et l'historicité du *je* transcendantal, Husserl peut soutenir que la reconnaissance d'une certaine inaccessibilité du passé n'interdit pas une perspective téléologique, bien au contraire. En effet, mieux que nul autre, il sait à quel point l'Europe est mortelle et à quel point elle peut être inadéquate à son idée, néanmoins en évoquant une téléologie cachée il montre que seule l'idée d'un monde vrai peut donner la

1. *Cf.* M. Merleau-Ponty, *Sens et non-sens*, Paris, Nagel, 1966, p. 165-166.

conscience d'une telle inadéquation et que sans mesure idéale la crise ne peut apparaître. Même si on admet que Husserl ne tient pas assez compte de l'obscurité irréductible du *telos*, parce qu'il ne remet pas en cause la clôture de la subjectivité, il n'en demeure pas moins que sans un sens absolu de l'histoire on retombe dans l'historicisme et le scepticisme, c'est-à-dire dans une pluralité des mondes. Or, l'éternité du *je* transcendantal tient également à l'évidence qu'il y a un unique monde, une seule histoire, ou au moins que cette idée accompagne nécessairement toute conscience de la pluralité. Il est sans doute possible d'avancer que le *telos* demeure nécessairement dans un clair-obscur irréductible et que le devenir soi ne peut être une simple purification de la volonté, comme si la finitude pouvait toujours se surmonter et n'avait jamais une signification positive, cela dit il faut rendre justice à Husserl en soulignant qu'il a donné à voir une téléologie intentionnelle, et pas seulement réfléchissante, qui permet de surmonter le tragique de l'existence en vivant sous un horizon. Dans un texte de 1931, Husserl dit que l'Idée de l'infini est « pré-ontologiquement formée »[1] et qu'ainsi l'ontologie phénoménologique n'est possible que comme téléologie, car toute volonté finie suppose cette volonté d'infinité, ou encore d'éternité. Cette téléologie immanente à l'histoire personnelle comme à l'histoire intersubjective est donc bien « la forme de toutes les formes »[2] comme horizon de totalisation. Ainsi, à l'éternité du *je* transcendantal répond l'éternité de l'Idée et tout objet historique se donne sur l'horizon d'une téléologie, qui certes demeure une énigme.

1. E. Husserl, *Zur Phänomenologie der Intersubjektivität, Texte aus dem Nachlass. Dritter Teil : 1929-1935*, Husserliana XV, éd. I. Kern, Den Haag, Nijhoff, 1973, p. 378.

2. *Ibid.*, p. 380.

La difficulté est de respecter le cercle : revenir au *je* pour prendre conscience d'une intention absolue qui traverse l'histoire et laisser l'histoire elle-même donner un contenu, toujours provisoire, à une telle intention. Cela revient à respecter la dualité de l'apparaître : le *telos* reçoit sa lumière du sujet et de l'histoire elle-même.

Historicité et éternité du *je* transcendantal sont donc inséparables l'une de l'autre et, en dépit des réserves évoquées, l'Idée de l'infini portée par le sujet constituant à partir de son présent historique résiste sans doute plus qu'on ne pense à toutes les déconstructions de la totalité et du sujet, car le sens est en lui-même téléologique[1] et le *je* un acte qui est une Idée. Certes, on peut remettre en cause l'idée d'un sujet éternel et transhistorique, pour décrire avec Heidegger, Schapp ou Gadamer un être pris dans une époque et dans des histoires sans possibilité de surplomber les directions de sens dans lesquelles l'homme se trouve déjà pris, et à partir desquelles il doit agir ; il est également possible, avec Levinas, d'être attentif aux ruptures de la totalité, aux significations sans contexte, pour développer une idée de l'infini qui n'est plus téléologique, qui n'est plus la visée d'un lointain, car elle tient cette fois à l'excès de la manifestation et sa structure formelle est d'être une pensée qui pense plus qu'elle ne pense. Néanmoins, on peut se demander si la légitime insistance sur l'être-jeté, sur la passivité radicale, sur l'événement, sur la diachronie, doit conduire à nier toute veille du *je* : l'herméneutique de la finitude, qui met en évidence

---

1. *Cf.* D. Souche-Dagues, *Le développement de l'intentionnalité dans la phénoménologie husserlienne*, « Phaenomenologica n° 52 », Den Haag, Nijhoff, 1972, p. 222 et D. Pradelle, *Par-delà la révolution copernicienne*, *op. cit.*, p. 309.

l'historicité du sens, n'est-elle pas conciliable avec une téléologie phénoménologique pure, qui élucide l'Idée de l'histoire ? On pourrait alors avancer que la structure idéale du sujet transcendantal ne serait accessible qu'à partir de l'autoconstitution historique de ce sujet, ce qui écarterait toute prétention d'accéder à une transparence définitive de l'histoire. Il s'agirait de penser à la fois un sujet engagé dans l'histoire et qui peut se dégager d'elle, mais pour une telle transcendance dans l'immanence il faudrait sortir d'une conception solipsiste du sens, puisque seule une conception sociale du sens permettrait de tenir ensemble l'éternité et l'historicité du sens sans sacrifier la finitude[1]. Ainsi, le *je* transcendantal n'est pas la raison, mais, selon sa dimension intuitive propre, il instaure la raison et donc la téléologie : le *je* comme Idée n'est pas la mesure de ce qui se donne, mais l'obligation de considérer ce qui se donne comme la norme de sa connaissance. Comme veille éternelle, il pourrait alors se recevoir de ce qui le touche et, d'une façon tout à fait paradoxale, se comprendre comme relatif sans perdre son absoluité. C'est ainsi que l'*ego*-principe est fondement, mais un fondement qui ne nie pas la source, et sous cette lumière la vie originaire se donne comme toujours double.

La vie temporelle se donne donc comme jaillissement, mémoire et téléologie, et en elle le *je* éternel est le pouvoir infini de donner sens à ce qui le constitue en visant l'Idée infinie d'humanité présente en toute vie passive et active. Dans cet acte, il est une histoire, celle de ses entrées en scène passées et celles qu'il a à être comme Idée. L'éternité du *je* transcendantal, sa transcendance dans l'immanence,

---

1. Husserl fait signe vers cela dans quelques textes où il considère l'intersubjectivité transcendantale comme le sol de toute validité.

est alors cet écart qui fait que, dans le temps et l'histoire, son engagement n'est jamais sans un certain dégagement, tel un acteur qui est pleinement ses différents personnages sans jamais se réduire à eux. Tout en ayant à décider du sens de l'histoire dans le présent qui est le sien et celui de l'intersubjectivité, il demeure polarisé par l'Idée qui lui permet de demeurer debout à travers l'histoire, y compris au milieu de la barbarie. Husserl a pu montrer que pas plus que le *je* le monde n'est un fait – il est une idée téléologique – mais faire reposer une telle idée sur la seule réflexivité du sujet, c'est également donner une tâche écrasante au *je*, la tâche infinie de donner une voix au *logos* des phéno-mènes, sans tenir compte de la finitude et des situations concrètes de l'existence. C'est également surplomber à tel point la facticité que l'action, en dehors du travail de connaissance, paraît impossible. Le philosophe archonte est capable d'entendre l'appel de l'Idée et de la maintenir présente même dans le chaos et cela dans un esprit de résistance au nihilisme, mais entend-il le cri des hommes qui demandent son aide? Le *je* éternel répond du sens de l'histoire, mais de si haut que la vraie vie semble absente. La tâche actuelle de la phénoménologie n'est-elle pas alors de dépasser à la fois les différentes figures de l'historicité réflexive, qui brutalisent les phénomènes, et les différentes figures du refus de l'histoire, qui finissent par quitter la phénoménologie, afin de ne pas perdre la dualité de l'apparaître et l'ambiguïté de l'engagement de l'homme dans le monde?

CHAPITRE III

DIEU ET LA VIE DU SENS (HUSSERL)

Cela peut sembler étrange, mais, même dans une philosophie qui jamais ne transige avec l'antériorité de l'*ego*, il y a une confrontation nécessaire de l'analyse intentionnelle avec le problème de Dieu, et cela dans une neutralité métaphysique conduisant la philosophie phénoménologique pure à sa propre clarification. On sait qu'à la fin de sa vie Husserl avait dans son bureau une représentation du tableau de Rembrandt « La lutte de Jacob avec l'ange » et que ce tableau signifiait pour Husserl le combat infini du philosophe pour l'élucidation de l'énigme du monde (*Welträtsel*) et pour surmonter la fatigue (*Müdigkeit*), qui à tout moment peut faire retomber dans la vie naïve, peut faire quitter le lointain de l'Idée pour se contenter de tâches finies. Husserl peut ainsi faire une analogie entre la réduction phénoménologique, qui demande un renversement de son être tout entier, et la conversion religieuse, tout en restant dans les limites d'une analogie, puisque la réduction demeure un acte libre de l'*ego*, alors que la conversion religieuse est un acte libre de Dieu.

Si le sens est intentionnel, s'il est ce par quoi une conscience vise son objet, il est possible de se demander si l'analyse phénoménologique parvient à éviter une position abstraitement idéaliste du sens, dans la mesure où le sens

« Dieu » semble être une pure production de la subjectivité sans que cet objet puisse posséder par lui-même la moindre effectivité. Que Dieu ne puisse être donné en dehors de la manière dont il est visé, c'est le principe même de la réduction, ce qui ne veut pas pour autant dire qu'il ne soit que le résultat de ma propre effectuation de conscience. C'est peut-être avec Dieu en tant qu'objet que l'autre voie qu'est l'idéalisme transcendantal selon Husserl se donne à comprendre dans toute sa tension, puisqu'il s'agit de mettre entre parenthèses Dieu compris comme absolu transcendant, sans pour autant le subjectiviser totalement en le réduisant à une valeur produite par une subjectivité historique. Pour la phénoménologie la description de Dieu comme Personne qui est amour est une impossibilité totale, car cette donnée de la foi ne renvoie pas à des actes subjectifs la rendant possible, mais à un acte libre de Dieu. Certes, la phénoménologie pourrait élucider le type de certitude propre à la foi et en quoi elle est autre chose qu'une simple adhésion subjective, mais elle ne peut pas élucider l'espérance chrétienne comme mode de présence. Dieu n'est-il alors visé que comme une simple valeur subjective ? L'analyse des vécus qui donnent lieu à l'objet « Dieu » est sans doute le lieu dans lequel l'idéalisme transcendantal devient vraiment une question, car en excluant le Dieu qui s'annonce dans l'histoire et dans le monde sans être du monde, il semble ne plus rester que l'abstraction d'une idée. Comprendre Dieu comme un concept-limite, un *a priori* de toute subjectivité, c'est vraisemblablement perdre tout le caractère concret du Dieu de l'histoire du salut.

Husserl n'a pas consacré un ouvrage, ni même un chapitre d'ouvrage, à la question de Dieu, qui n'est ni un objet sensible, ni un objet investi d'esprit, ni même un objet d'entendement, et qui n'est peut-être pas du tout un objet, car il est, depuis son lointain, sans véritable contenu représentatif. On ne peut que constater que le thème de Dieu apparaît de manière épisodique dans l'œuvre de Husserl, de la *Philosophie de l'arithmétique* à *La crise des sciences européennes et la phénoménologie transcendantale*, pour l'analyse de la connaissance, dans l'effectuation de la réduction phénoménologique, dans les études historico-intentionnelles et dans les recherches sur l'éthique[1]. Il n'est pas anodin que Husserl ne parle pas du tout de Dieu dans la version la plus rigoureuse et la plus synthétique de son idéalisme transcendantal que sont les *Méditations cartésiennes*. Ce n'est qu'à la toute fin du texte que Husserl indique que son idéalisme transcendantal fournit l'unique sol ferme pour l'étude des problèmes éthico-religieux[2]. On peut donc dire que ce sont pour des raisons nécessaires qu'il n'y a pas de chapitre consacré à la question de Dieu : non seulement Dieu n'est pas un objet dont on pourrait étudier directement la phénoménalité comme le cube, la chair ou le triangle, mais, en outre, seule l'auto-élucidation de l'*ego* transcendantal permet de donner accès au sens pur de Dieu pour toute subjectivité, et c'est cela pour Husserl la tâche de la phénoménologie. En effet, Dieu n'est donné que depuis un acte d'appréhension du sujet, qu'en tant que constitué par la subjectivité absolue. L'idée d'un Dieu qui se donnerait en dehors de cette constitution et

---

1. *Cf.* La présentation de la question par C. Serban dans « Présentation : l'approche husserlienne de Dieu, entre métaphysique phénoménologique et phénoménologie de la religion », *Alter* 28, « La religion », 2020, p. 279-296.

2. E. Husserl, *Cartesianische Meditationen und Pariser Vorträge*, Husserliana I, éd. S. Strasser, Den Haag, Nijhoff, 1973, 2ᵉ éd., p. 182 ; trad. fr. M. de Launay, *Méditations cartésiennes et Les Conférences de Paris*, Paris, Puf, 1994, p. 208.

qui serait un absolu transcendant est pour Husserl une impossibilité phénoménologique. Élucider Dieu, ce n'est pas ici revenir au donné de Dieu dans telle ou telle religion, ni effectuer une variation à partir d'une histoire des religions, et c'est au contraire remonter aux actes subjectifs qui constituent le sens d'être de Dieu, c'est remonter aux vécus depuis lesquels Dieu vient à l'idée. C'est pourquoi Husserl ne fait jamais appel à la Révélation et n'envisage pas non plus comme le fera Levinas une compréhension phénoménologique de la Révélation en tant que donation qui n'est pas un dévoilement. Selon Husserl, l'élucidation d'un donné révélé ne relève pas de la phénoménologie comprise comme ontologie égologique, ce qui ne supprime pas nécessairement la Révélation, mais demande sans doute à ne pas la comprendre comme une donation, même en excès, puisque sans appréhension il n'y a rien de concret, aucun contenu d'appréhension qui se donne. Sur cette question de la phénoménalité de Dieu, il y a un pas que Husserl se refuse à franchir et la question est de savoir si cela tient aux limites de son concept de phénomène ou bien si cette réserve est issue d'un respect du phénomène lui-même.

On sait que Husserl est né en 1859 en Moravie dans une famille juive assez éloignée de la religion et jeune adulte il a lu le *Nouveau Testament* sous l'influence de Thomas Masaryk. Cela ne l'a pas quitté et plusieurs textes sur l'éthique mentionnent le Christ et parlent de l'amour du prochain. À 27 ans il reçoit le baptême dans l'Église luthérienne à Vienne. Husserl s'est peu expliqué sur cette décision et certains ont voulu n'y voir qu'un acte de prudence, mais il s'agit là d'une pure spéculation. Les différents témoignages interdisent de douter de l'engagement chrétien de Husserl tout au long de sa vie, même s'il est très critique sur toutes les formes institutionnelles de la religion, non sans parfois un certain anticatholicisme, notamment vis-vis de Scheler[1].

Husserl n'a pas ignoré les travaux de Rudolf Otto, de Max Scheler ou de Jean Héring et il a pu s'étonner de l'intérêt pour la théologie de certains de ses élèves comme Adolf Reinach et Édith Stein, alors que rien ne semblait ouvrir à cela dans son œuvre. Néanmoins, pour lui, la plupart de ces tentatives ne parviennent pas à s'élever à la nouveauté de la réflexion transcendantale[2], dans la mesure même où l'étude de Dieu donne lieu à une simple ontologie régionale. Husserl voit dans ces tentatives de phénoméno-logie de la religion une précipitation et une rechute dans l'attitude naturelle, avec le réalisme et le relativisme qui lui sont liés. Autrement dit, la question de Dieu ne doit pas être posée dans « une positivité naïve »[3], car dès qu'on fait du moi psychologique la source du sens, il n'y a plus d'accès au phénomène pur, et du coup on manque ce qu'il y a de propre dans l'idée simple d'un entendement divin infiniment parfait et horizon de toute subjectivité, à savoir qu'il s'agit d'une intention sans intuition, ou au moins sans remplissement direct. Le reproche fondamental que Husserl fait à Scheler et à certains de ses élèves est de présupposer qu'il y a pour le philosophe une intuition de Dieu, qu'il y a un contenu intuitif qui serait donné par la

1. *Cf.* C. Serban, « Les voies d'une phénoménologie de la vie religieuse. Heidegger et ses contemporains dans l'orbe de Husserl », *Transversalités* 163, oct.-déc. 2022, p. 129-141.

2. *Cf.* la lettre de Husserl à Édith Stein du 17 juillet 1931.

3. E. Husserl, *Cartesianische Meditationen und Pariser Vorträge*, *op. cit.*, p. 175 ; trad. fr. M. de Launay, *Méditations cartésiennes et Les Conférences de Paris*, *op. cit.*, p. 200.

Révélation et la tradition. Et même à supposer que la Révélation soit une intuition, une pure donation n'est pas encore un phénomène, à moins de supposer que la matière donne la forme, ce que Husserl ne peut accepter. Quoi qu'il en soit, Husserl formule surtout une erreur de méthode qui consiste à vouloir élucider ce contenu intuitif, ce donné révélé, sans avoir pris la peine de revenir aux actes intentionnels qui le rendent possible, comme si l'intentionnalité n'était plus une question, comme si l'intuition pouvait avoir lieu sans intention. Or, pour des raisons phénoménologiques, Dieu est irreprésentable directement, mais pour sortir de la vie naïve et prendre conscience de cela, il est nécessaire de mettre entre parenthèses toutes les représentations mondaines de Dieu, y compris celles qui viennent de la métaphysique, puisque toute « réalité absolue » est un non-sens. Ainsi, poser d'emblée Dieu comme l'être transcendant absolu, comme le principe de l'être, c'est manquer la radicalité de l'idéalisme transcendantal et, dès lors, c'est passer à côté du sens originaire de Dieu dans une science de l'être qui ne se veut pas dogmatique et pour laquelle l'être est une « idée pratique »[1]. Certes, Husserl a lui-même reconnu que sa conversion religieuse fut l'impulsion décisive de sa conversion à la philosophie en tant que chemin non confessionnel vers Dieu[2], mais justement il a été très attentif, de par son athéisme méthodologique, à n'accepter aucun préjugé issu de la religion, ni aucun présupposé venant d'une métaphysique dogmatique. Il ne s'agit pas pour Husserl de contester l'importance de l'histoire des religions, ni la

---

1. E. Husserl, *Cartesianische Meditationen und Pariser Vorträge*, *op. cit.*, p. 121 ; trad. fr. M. de Launay, *Méditations cartésiennes et Les Conférences de Paris*, *op. cit.*, p. 136.

2. *Cf.* la lettre à Metzger du 4 septembre 1919.

possibilité d'une phénoménologie de l'expérience religieuse, mais cela n'est possible que par la rigueur de la réduction reconduisant toute réalité au sens et le sens aux actes de la subjectivité transcendantale. Partir de Dieu comme unique être absolu, comme infini qualitatif se révélant de lui-même, est un présupposé dogmatique et métaphysique intenable, et c'est pourquoi seule la réduction donne à voir l'idée de Dieu appartenant à toute subjectivité. Même l'histoire de la raison proposée par Husserl dans *La crise des sciences européennes et la phénoménologie transcendantale*, montrant comment on est passé du mythe à la raison et du polythéisme au monothéisme en tant qu'accomplissement de l'essence de Dieu dans l'histoire, présuppose une élucidation *a priori* de Dieu. La philosophie ne cherche pas à se substituer à l'histoire des religions, à l'anthropologie religieuse et à la théologie, mais a pour tâche d'élucider le sens du mot « Dieu », qui ne peut pas être dégagé par une généralisation empirique, ni simplement reçu par Révélation. C'est pourquoi il est important de mettre hors-jeu la question de l'existence de Dieu afin de considérer Dieu comme une idée. Dans cette attention à sa phéno-ménalité propre en dehors de toute position dogmatique d'un absolu transcendant, la question devient celle de la possibilité de l'existence de Dieu[1].

Avec la réduction Husserl transforme aussi profondément l'interrogation kantienne sur l'idée de Dieu comme Idée de la raison et réinterprète donc la *Critique de la raison pure*. Selon Kant, Dieu, d'un point de vue spéculatif, est un principe régulateur, et en cela il n'est ni dans le monde,

---

1. *Cf.* E. Husserl, *Grenzprobleme der Phänomenologie. Analysen des Unbewusstseins und der Instinkte. Metaphysik. Späte Ethik. Texte aus dem Nachlass (1908-1937)*, éd. R. Sowa und T. Vongehr, Husserliana XLII, Dordrecht, Springer, 2014, p. 174.

ni hors du monde. La philosophie transcendantale kantienne étant une explication de la forme pure du monde, la régression dans les séries causales permet de penser Dieu en tant que fondement des phénomènes. Au moins n'est-il pas contradictoire de le penser. Dieu est alors un idéal transcendantal et il ne peut pas y avoir une valeur objective d'une telle idée et Dieu demeure un concept-limite de la connaissance. Selon cette thèse bien connue, l'idée de Dieu ne peut avoir qu'un usage régulateur et non un usage constitutif, puisque c'est une forme de la connaissance et non une forme du connu. Or selon Husserl l'idée de Dieu n'est pas simplement un concept nécessaire auquel ne correspond aucun objet qui soit donné dans l'expérience sensible, car dans ce cas le sens du mot Dieu resterait une pure production du sujet sans avoir la moindre effectivité. Sans chercher bien évidemment à absolutiser Dieu, Husserl va chercher à montrer que le sens « Dieu » n'est pas seulement une création de la subjectivité afin de pouvoir penser sa propre activité. Il s'agit dans cette autre perspective transcendantale de revenir aux structures de l'expérience dans laquelle Dieu peut être donné.

La tâche du phénoménologue est, en se fondant sur l'intuition donatrice originaire, de passer du fait à l'essence et ainsi de faire de la chose même la norme unique de sa connaissance. L'évidence devenant la forme structurelle apriorique de la conscience, la réduction s'applique à la transcendance de Dieu elle-même. Dans un idéalisme transcendantal, le « je » « éternel » est antérieur au monde et à Dieu, dans la mesure où Dieu n'est que le résultat de ma propre effectuation de conscience. Il est principe et même l'unique principe ; son antériorité est absolue et tout vécu est un vécu de ce « je pur ». Le § 51 des *Idées directrices pour une phénoménologie pure et une philosophie phénoménologique* livre 1 peut alors montrer que Dieu ne peut pas être immanent au sens du vécu, ni être transcendant au sens du monde[1]. Husserl ouvre ainsi la porte à une théologie phénoménologique décrivant la transcendance propre de Dieu par rapport à celle du monde et à celle d'autrui, mais pour la refermer aussitôt, car la tâche première est celle d'une phénoménologie de la raison. La mise en suspens de la question de l'existence de Dieu est donc une étape nécessaire pour une étude idéaliste de ce qui est visé par ce mot Dieu, en évitant ainsi toute forme de rechute dans le réalisme, qui est toujours la position naïve d'un donné soi-disant non encore constitué. Il s'agit pour Husserl de suspendre le Dieu des religions historiques, mais également le Dieu fondement de l'activité du « je » et des vérités éternelles de la métaphysique. Il veut se situer, par la réflexion transcendantale, au-dessus de l'opposition du Dieu des croyants et du Dieu des philosophes, afin d'élucider le sens de Dieu pour toute subjectivité. Husserl échappe ainsi en partie à la critique de ne faire que proposer une ontothéologie de plus. On peut ici vérifier la possibilité de la phénoménologie, car si la réduction fait perdre Dieu, elle échoue dans son projet. Husserl n'oublie pas ici la

---

1. E. Husserl, *Ideen zu einer reinen Phänomenologie und phänomenologischen Philosophie*, Erstes Buch (*Ideen* 1), Husserliana III-1, éd. K. Schuhmann, Den Haag, Nijhoff, 1976, p. 96 ; trad. fr. J.-F. Lavigne, *Idées directrices pour une phénoménologie pure et une philosophie phénoménologique, op. cit.*, p. 157-158 : « Puisqu'un Dieu mondain est à l'évidence impossible et que, d'autre part, l'immanence de Dieu dans la conscience absolue ne peut être conçue comme immanence au sens qui caractérise l'être en tant que vécu (ce qui ne serait pas moins absurde) il doit y avoir dans le flux absolu de la conscience et ses infinités d'autres façons pour les transcendances de se manifester, que la constitution de réalités chosiques comme unités d'apparitions concordantes ».

leçon de Brentano selon laquelle toute pensée de Dieu, même si elle n'est pas une représentation, doit reposer sur une représentation, mais, sous réduction, Dieu ne peut pas se proposer autrement que comme un idéal d'intuition et de connaissance. Il est clair alors que la mise hors circuit de Dieu permet de se libérer de toute interprétation de l'être à partir d'un étant supérieur. Ainsi les § 51 et 58 des *Idées directrices pour une phénoménologie pure* ouvrent à une vie du sujet sans Dieu, à une vie intentionnelle élucidant à partir des seules possibilités de la réflexion transcendantale le sens du monde et le sens de l'histoire, et cela dans la visée d'un sens idéal et de la valeur absolue. La réduction reconduit donc à la donnée (non la présence) de Dieu pour toute subjectivité en tant que sens idéal visé par la connaissance et par la volonté et le sens « Dieu » résulte alors d'actes subjectifs qui en font l'horizon de la vie du sujet. Ce Dieu rendu visible par la réduction n'est pas un fondement, même comme valeur absolue, de l'apparaître du monde et de la vie du sujet, et il n'est que la façon dont le sujet se vise lui-même comme infiniment éloigné, son idéalité générale.

Husserl radicalise la thèse de Brentano[1] selon laquelle Dieu est l'idéal d'une connaissance parfaite, l'idéal d'une volonté parfaite, ou encore est l'idéal de tous les idéaux et est ainsi un infini de type mathématique et non un infini qualitatif. Le Dieu issu de la réduction n'est donc pas le Dieu de Descartes et Husserl a lu la troisième des *Méditations métaphysiques* comme un dérapage théologique et cela non sans raison à partir du moment où la subjectivité est comprise comme un système d'être clos sur lui-même.

---

1. *Cf.* F. Brentano, *Vom Dasein Gottes* [1929], Hamburg, Meiner, 1980, cours donné entre 1868 et 1891.

Dieu ne peut avoir un sens que depuis le système de la subjectivité et l'idée d'un Dieu hors-système ou anti-système ne peut avoir de pertinence pour Husserl. La thèse cartésienne selon laquelle l'athéisme est incompatible avec la vraie science est inintelligible pour Husserl. Même si Husserl a lu Descartes à travers le prisme du néokantisme, il n'en demeure pas moins qu'il est aux antipodes de la thèse cartésienne refusant toute idée d'un sujet constituant et comprenant l'entendement comme passif, afin de montrer que Dieu n'est pas une idée en avant du sujet, mais est la source de la lumière naturelle. De ce point de vue, Husserl est bien plus éloigné du Dieu de la religion chrétienne que Descartes, puisque sa conception du sujet autonome le contraint à ne voir en Dieu qu'une idée et c'est pour cela, et non par simple inculture théologique comme ont pu l'avancer certains, qu'il éloigne le plus possible tout savoir théologique. Pour Husserl la transcendance de Dieu ne peut pas être de type métaphysique et il s'agit de mettre en avant une pensée non métaphysique de Dieu, qui ne fait pas de l'intelligibilité de Dieu la condition d'une compréhension de soi et du monde. Husserl énonce souvent, notamment dans *Philosophie première*[1], son refus de toute métaphysique dogmatique et son exigence d'une parole philosophique libre d'une précompréhension de Dieu[2], et, de ce point de vue, il faut libérer le vocabulaire luthérien qu'il utilise parfois (Justification, rénovation, vocation) de sa signification théologique[3]. Dans ce détournement de

---

1. E. Husserl, *Erste Philosophie* (*1923/24*), erster Teil, Husserliana VII, éd. R. Boehm, Den Haag, Nijhoff, 1956, p. 190-191.

2. Dans sa lettre à Rudolf Otto du 5 mars 1919, Husserl dit encore que les préjugés métaphysiques voilent le regard du phénoménologue et interdisent l'accès aux possibilités d'essence de la conscience religieuse.

3. Husserl présuppose peut-être un peu vite ici qu'il soit possible de libérer les mots de leur enracinement historique.

vocabulaire, la vocation relève en son sens ultime de l'autodétermination absolue du sujet ; la rénovation provient de l'acte par lequel le sujet prend conscience de lui-même et la justification est ce que le sujet se donne purement à lui-même dans sa visée d'une fin ultime. Ainsi, Dieu, en tant qu'idéal de tous les idéaux, est bien le Dieu de l'*ego* transcendantal auquel on accède par la mise entre parenthèses du Dieu des croyants et du Dieu des métaphysiciens. Le Dieu des croyants est un en-soi, un donné intuitif, au moins pour certains hommes, et le Dieu des métaphysiciens n'est qu'une représentation ; aller au-delà de ces deux perspectives, c'est vouloir élucider « comment » le sens Dieu peut se former dans toute subjectivité.

Husserl ayant établi au § 49 des *Idées directrices pour une phénoménologie pure* que la conscience dans sa pureté est un système d'être clos sur lui-même, il va de soi qu'il ne peut pas y avoir une intuition d'un Dieu transcendant et qu'il n'est pas non plus immanent au sens du vécu, et donc qu'il ne peut être qu'une Idée constitutive de la vie du sujet. Dieu, par la réduction, est une pure identité d'essence et n'est pas du tout ce qui se donnerait dans une synthèse d'identification. Dès lors, la seule intuition de Dieu, si on ne veut pas qu'elle soit totalement vide, ne peut avoir lieu qu'indirectement, par analogie. Or, la première saisie par analogie est celle qui a lieu à partir de l'expérience de soi. La première possibilité pour décrire ce phénomène, c'est de le saisir comme une possibilité du moi : « Ainsi l'homme est-il réellement à l'image de Dieu. En un sens analogue à celui dans lequel la mathématique parle de points, de lignes, etc. infiniment éloignés, on peut employer cette figure : Dieu est "l'homme infiniment éloigné" »[1]. Inutile de dénoncer ici l'anthropocentrisme d'une telle compréhension de Dieu, car c'est la seule idée de Dieu qui peut accompagner toute conscience et par cette analogie faisant de Dieu le lointain de l'homme, une représentation universelle de Dieu devient possible. Avant toute phénoménologie de l'expérience religieuse, par exemple une phénoménologie de la gloire, il est nécessaire, en dehors de toute Révélation, de penser la transcendance de Dieu par rapport à la transcendance du sujet. Il n'y a pas ici d'auto-dévoilement de Dieu, ni d'opacité irréductible du phénomène, puisque Dieu est reconduit à son sens pour tout *ego*. En reconduisant Dieu au sens et le sens à l'activité de l'*ego*, ce qu'il fait pour chaque phénomène, Husserl accède à un Dieu sans visage qui est l'idée téléologique de l'accomplissement par l'*ego* de sa propre essence. Il est le nom d'une perfection idéale de l'auto-explicitation de l'*ego* et n'est pas ici la plénitude, voire l'excès, d'une présence. Par exemple, ce n'est pas un Dieu produisant la confiance depuis l'humilité de son incarnation ou apparaissant librement et ce n'est pas non plus le Dieu des philosophies de l'existence dont il s'agit justement d'exister le sens afin de pouvoir le voir. Ce Dieu de la conscience apparaît à partir des exigences du sujet et de ses fins. Pour un idéalisme transcendantal, seul l'*ego* est une puissance de commencement. Ainsi, Dieu ne donne rien à voir et à être par lui seul et il est l'horizon de la vie du sujet, qui constitue Dieu. Un tel Dieu constitué par la vie intellective du sujet n'est pas pour autant une simple fiction philosophique, puisqu'il est l'*a priori* présupposé par toute croyance, comme par toute métaphysique spéculative.

1. *Krisis*, p. 67.

C'est à partir d'une telle essence, par la vue de cet universel, que tout fait religieux peut devenir rationnel.

Husserl peut dire que Dieu est un pôle situé au-delà du monde et au-delà de l'homme[1], mais sans renoncer à la réduction, puisque Dieu est alors une idée polaire absolue que l'homme place lui-même au bout de son chemin. Le chemin vers Dieu ne peut être philosophiquement compris que comme un chemin vers soi, sans aucune rupture de la clôture de la subjectivité. Dans le § 18g des *Recherches phénoménologiques pour la constitution* (*Ideen* 2), Husserl développe l'idée d'une unité de compréhension entre Dieu et l'homme permettant de dire qu'ils voient les mêmes choses selon la même phénoménalité. Dès lors, cette saisie analogisante de Dieu est à la fois ce qui respecte sa transcendance comme idée, puisqu'il n'est ni une réalité transcendante ni une image, et ce qui rend possible de reconnaître Dieu comme un autre sujet, un sujet absolu qui n'aurait pas les limitations de l'homme. Une telle saisie analogisante de Dieu n'est pas un raisonnement et doit être comprise comme un mode de donnée. Certes, il y a bien une première fois où je découvre cette idée de Dieu en tant qu'horizon de ma conscience, mais ensuite dès que je pense à Dieu, je vois un être infiniment parfait. Une telle saisie analogisante conduit à comprendre Dieu comme un être percevant auquel les choses sensibles se donnent nécessairement par esquisses, puisque ce mode de donnée dépend d'elles et non du sujet qui regarde. Bien sûr, il s'agit d'une manière *a priori* d'élucider l'essence de Dieu et son mode d'être. Par contraste, il est sans doute possible de comprendre la Révélation comme une rupture de la

---

1. *Cf.* E. Husserl, *Aufsätze und Vorträge* (1922-1937), Beilage XVIII, Husserliana XXVII, éd. T. Nenon H. R. Sepp, Dordrecht, Kluwer, 1989, p. 234.

relation égologique à Dieu, mais, pour Husserl, la philosophie ne peut pas sortir de sa possibilité. Dans une Révélation, Dieu n'est plus phénomène, il ne se donne pas à voir depuis l'activité de la subjectivité, pas même comme un horizon, et il est au-delà de tout possible. La phénoménologie peut aller à sa limite, mais sans pouvoir sortir du champ transcendantal, et c'est pourquoi elle ne peut dévoiler une relation sans synthèse, sans totalisation, comme elle ne peut pas non plus penser un événement qui n'entre pas, au moins sous un mode limite, dans le système de l'expérience, qui ne relève donc pas de l'ontologie.

La radicalité de la réduction par rapport à la transcendance de Dieu est ce qui permet de tourner le regard vers les potentialités de la vie intentionnelle animée par l'idée agissante de Dieu. Ce Dieu idée-fin n'est pas une invention du sujet, il n'est pas non plus une image produite historiquement dans une culture, et il se donne dans une évidence apodictique comme l'horizon de l'activité de toute conscience, comme le sens téléologique qui anime le monde de la vie. L'idéalisme transcendantal renvoie donc dos-à-dos aussi bien un réalisme faisant de Dieu une « réalité absolue », qu'un subjectivisme le réduisant au statut d'une image. Puisque l'idée de Dieu est l'idée de l'infini de la vie intentionnelle, la philosophie, pour des raisons phénoménologiques, ne peut parler de Dieu qu'à partir de la téléologie du monde. Les questions gnoséologiques étant toujours premières pour Husserl, il envisage d'abord la téléologie du monde, et pour cela il interprète de manière transcendantale le Dieu acte pur de la métaphysique d'Aristote, tout en conservant la même compréhension du rapport de l'acte à la puissance. Cela dit Dieu n'est pas tant ici un fondement métaphysique que l'anticipation

théorique des possibilités de la connaissance, et cela tient
à ce que le monde se donne à la fois selon une connaissance
effective et une connaissance potentielle. Il est l'anticipation
du sens idéal du monde. L'idée de Dieu est alors inséparable
du sujet, car il n'est donné à lui-même que selon l'horizon
de ses possibilités. Toute activité du « je » est tendue vers
son propre *telos*. Le § 41 des *Méditations cartésiennes*
disait que l'être est une idée pratique et c'est à partir de là
que la transcendance intentionnelle de Dieu peut se penser.
C'est la phénoménalité elle-même qui conduit à dire qu'il
n'y a qu'un seul monde possible et par conséquent un seul
Dieu qui est le *logos* absolu : « Le problème de Dieu
contient manifestement le problème de la raison absolue
comme source téléologique de toute raison dans le monde »[1].
Dieu est bien l'idée polaire absolue qui anime la vie théorique et la vie pratique de chaque sujet et de la communauté
des monades. Il est l'entéléchie du tout monadique. De
cette façon, en tant qu'idée polaire, Dieu demeure un principe dérivé par rapport au « je suis » ; c'est une idée que
toute subjectivité peut viser et sa lumière vient de l'activité
même du sujet.

Le § 58 des *Idées directrices pour une phénoménologie
pure* a montré qu'à partir de toutes les téléologies que l'on
peut trouver dans le monde empirique, par exemple dans
le développement de fait des organismes, ou le développement de fait des cultures, il n'est pas possible d'établir
l'idée d'un monde orienté vers Dieu et que seule une
interrogation radicale sur la conscience peut donner son
vrai sens à l'idée de monde téléologique. Autrement dit,
l'idée de Dieu ne se laisse pas déduire du monde de fait
et il ne s'agit pas seulement pour Husserl de dénoncer un

---

1. *Krisis*, p. 7 ; trad. fr. p. 14.

non-sens de toute preuve physico-téléologique de l'existence de Dieu, mais de montrer que le sens « Dieu » ne s'élucide qu'à partir de la conscience. On peut donc dire que Dieu parle dans le monde, que ce n'est pas une idée vide, qu'il y a bien un contenu intuitif pouvant être indirectement donné à partir du monde, mais cela dans le cadre d'une phénoménologie de la raison, pour laquelle Dieu est de manière transcendantale le porteur du *logos* absolu. S'ouvrir à la réflexion transcendantale, découvrir au moins une fois dans sa vie son *ego* transcendantal, cela revient à pouvoir tourner le regard vers le problème de Dieu, c'est-à-dire le problème du sens du monde, qui ne se limite pas au monde de la perception, ni même au monde théorique, et s'étend aussi au monde culturel et social. C'est donc également dans le monde historique, dans cette autoconstitution de l'humanité avec ses réussites et ses échecs, que l'idée de Dieu peut gagner peu à peu en contenu et en clarté, même si pour chaque sujet cette idée polaire absolue demeure toujours en partie une énigme à cause de son lointain. Il ne s'agit pas du tout de l'énigme de Dieu telle que la théologie chrétienne a pu la penser, car ici Dieu est en quelque sorte la question que l'humanité ne cesse de se poser à elle-même pour avancer vers l'accomplissement de son essence.

Une troisième analogie se situe dans le prolongement des deux premières, dans la mesure où l'idée-fin animant la vie de l'*ego* est également une norme idéale de l'action, un impératif absolu, qui détermine la volonté humaine. Dieu est ainsi également le nom d'un devoir-être passant par le prochain et s'annonçant à toute conscience qui s'éveille à elle-même. Perdre Dieu comme réalité absolue transcendante est ce qui permet de le retrouver dans sa fonction de valeur absolue déterminant le vouloir. Dieu est l'anticipation d'une fin absolue, la visée d'une valeur absolue, pour le sujet accomplissant son essence, notamment son essence sociale. Ainsi, Husserl reprend l'idée du sacrifice[1], du don de soi aux vérités éternelles, qui fait la vocation du philosophe, à travers une téléologie sociale d'inspiration très chrétienne. D'une certaine manière, de même que Thalès et Pythagore sont les noms-titres de l'attitude scientifique, le Christ devient le nom-titre de la vie éthique dans laquelle le sujet se porte vers des valeurs absolues tout en se portant vers son prochain : « Tous les droits chemins conduisent en moi de ce moi que je suis à Dieu – mais en passant par les autres moi, dont je suis inséparable, Dieu qui n'est rien d'autre que le pôle »[2]. L'amour du prochain devient ainsi la forme parfaite de la vie morale et on voit que Husserl lit le Nouveau Testament à travers Kant[3] et Brentano, ce qui le conduit à faire de Dieu une « valeur » visée par le sujet. Les différents cours sur l'éthique confirment que, selon Husserl, l'homme moral accompli est le saint défini d'une manière assez peu chrétienne, puisqu'il est celui qui a surmonté tous les péchés et atteint une perfection de la volonté.

Selon cette perspective constitutive, il n'y a plus de saut entre philosophie et religion, la religion n'est plus une

1. *Cf.* E. Husserl, *Vorlesungen über Ethik und Wertlehre 1908-1914*, Beilage 6 « Ethik und Moralphilosophie. Die Aufopferung vom Werten und die Tragik des Opfers » (1909), Husserliana XXVIII, éd. U. Melle, Dordrecht, Kluwer, 1988.

2. E. Husserl, *Aufsätze und Vorträge* (1922-1937), Beilage XVIII, Husserliana XXVII, éd. T. Nenon H. R. Sepp, Dordrecht, Kluwer, 1989, p. 234.

3. *Cf.* E. Husserl, *Einleitung in die Ethik. Vorlesungen Sommersemester 1920/1924*, Husserliana XXXVII, éd. H. Peucker, Dordrecht, Springer, 2004, p. 341-342.

folie pour la sagesse humaine, car elle accomplit l'idéal rationnel et cela conduit à une transformation éthique de Dieu, qui est l'idée pratique suprême d'une vie éthique universelle[1]. Peut-être là plus qu'ailleurs, on pourrait penser que constituer Dieu, c'est le perdre, et Husserl est tout à fait conscient du péril, néanmoins il maintient que cette idée éthique est la seule qui soit constitutive de toute subjectivité et que c'est toujours par différence avec elle que Dieu peut dans la foi s'annoncer autrement que selon le prisme de notre conscience. Ce Dieu éthique ne m'appelle pas par mon nom, il ne fait pas effraction en moi, il n'apparaît pas sur le chemin de Damas, et il est celui qui appelle toute conscience s'éveillant à elle-même ; il est une idée, une valeur, et non une personne, et c'est pourquoi il est objet de visée et non d'amour. D'une manière classique, Husserl fait de la recherche de l'universel, du souci de le rendre visible, le fondement véritable de toute communauté humaine, et c'est pourquoi, dans la saisie analogisante, je peux voir que pour autrui également Dieu est l'idée polaire absolue de sa conscience. La philosophie peut montrer que les hommes s'unissent dans la visée de Dieu, mais non que Dieu en donnant la foi unit tout autrement les hommes.

Le vouloir suit le voir et l'évidence de la valeur absolue fait qu'elle ne peut être que voulue. Dans cette éthique matérielle et pas simplement formelle, le Dieu éthique vient établir que les valeurs absolues se donnent par-delà le réalisme et l'idéalisme subjectif. Dieu n'est pas qu'un *a priori* formel, il n'est pas qu'une volonté sainte ; il n'est pas une simple façon de se représenter soi-même son

---

1. *Cf.* E. Husserl, *Formale und transzendentale Logik. Versuch einer Kritik der logischen Vernunft*, Husserliana XVII, éd. P. Janssen, Den Haag, Nijhoff, 1974, § 7.

devoir. Dans sa confrontation permanente avec Kant, le Dieu de Husserl se donne en tant qu'idée pratique suprême ouvrant aux pures possibilités du soi éthique et il s'agit bien ici d'un chemin athée vers Dieu. Là encore, Dieu est l'idée accompagnant nécessairement l'homme qui s'éveille à sa responsabilité absolue à l'égard du sens du monde, à l'égard de l'humanité, et qui veut une paix issue du partage de la vérité. Ce Dieu est alors l'impératif absolu de la responsabilité et il n'est pas l'amour, à moins de réduire l'amour à une dimension purement rationnelle et autotélique. On est donc ici très loin d'une éthique concevant la charité comme ce que la sagesse humaine ne peut pas se donner, ce qui serait hors de toute constitution, car ce serait dans des actes de charité et non dans la seule vision de la charité que ce don serait reçu. En décrivant cela, on serait passé d'une phénoménologique théologique dans laquelle Dieu est phénomène à une théologie phénoménologique dans laquelle Dieu est Verbe sans être phénomène. Néanmoins, en stricte phénoménologie transcendantale, penser Dieu, c'est anticiper sans pouvoir déduire le futur, sans pouvoir prédire. Tout *ego* transcendantal est polarisé vers l'avenir et Dieu est le nom de ce qui est attendu, espéré par la raison, à savoir le bien absolu, qui n'est pas une simple production du sujet, puisque le sujet prend conscience de sa donnée dès la vie passive, affective et pulsionnelle, avant de vouloir ce bien dans la vie rationnelle.

Husserl, en fonction de son projet phénoménologique, a pu, avec la réduction en tant que méthode d'accès au phénomène, proposer une élucidation *a priori* de l'idée de Dieu, qui est présupposée par toute histoire des religions et par toute philosophie de la religion. L'évidence de Dieu, l'évidence de cette idée de l'infini, constitutive de la vie du sujet et par là de la vie du monde et de la vie sociale, est alors ce qui fonde *a priori* la possibilité de la théologie. Bien sûr, cette élucidation phénoménologique du sens « Dieu » est guidée par l'idée de science telle qu'elle est formulée au début des *Méditations cartésiennes*. Là encore, il est toujours possible de se demander si ce passage du fait à l'essence, de l'*a posteriori* à l'*a priori*, ne rencontre pas des éléments de facticité irréductibles et si l'*eidos* de la religion auquel accède Husserl n'est pas que l'*eidos* d'une certaine compréhension de la religion chrétienne. Si le travail de la réduction est indéfini, c'est aussi parce qu'on n'est jamais certain qu'il ne reste pas des éléments historiques factuels non fondés dans la pure activité de l'*ego* transcendantal. Comme toujours dans la démarche phénoménologique, il y a le chemin qui part d'en bas, de Dieu tel qu'il est donné de fait dans les religions existantes, pour remonter, par idéalisation, vers l'objet Dieu pour toute subjectivité possible. Mais il y a également le chemin qui part d'en haut, de l'auto-élucidation de l'*ego* transcendantal. Il est clair que pour le premier chemin, celui qui part du fait pour remonter aux actes subjectifs qui le rendent possible, ce que Husserl dit des religions demeure très extérieur et n'est pas du tout l'équivalent du travail qu'il effectue pour la physique newtonienne dans *La crise des sciences européennes et la phénoménologie transcendantale*. Selon Husserl, l'histoire est l'histoire de la raison, c'est-à-dire l'histoire de la science et dans cette histoire les religions sont des éléments du processus de culture, mais elles ne font pas époque dans l'histoire du sens, et sur ce point le christianisme ne fait pas exception. Pour le dire autrement, il ne semble pas y avoir de nouveauté du christianisme dans l'histoire du sens par rapport à l'instauration grecque et au tournant copernicien. C'est donc le

plus souvent la seconde voie qui permet à l'objet « Dieu »
de devenir le fil conducteur d'une analyse transcendantale
mettant en lumière selon quelles lois l'objet de la théologie
peut être construit. En montrant comment tout sujet,
indépendamment d'une culture particulière, peut accéder
à l'évidence de l'idée de Dieu, il souligne que cette idée
appartient à la structure de l'expérience. La théologie est
alors ce qui tend vers l'idée de Dieu, qui n'est pas comme
le monde ce qui ne cesse de se confirmer dans une évidence
perceptive. Par contre, le monde, en tant qu'idée pratique
infinie de connaissance, renvoie à Dieu comme idée infinie
d'une autre sorte. On peut donc bien dire que la théologie
suppose la philosophie, qui est science de l'essence de la
subjectivité.

Quand Husserl expose la rupture théologique du passage
du polythéisme au monothéisme, c'est bien pour montrer
que dans l'idée de Dieu le singulier est essentiel et que le
monothéisme ne signifie pas seulement le refus des dieux
mondains, mais est d'abord une mutation dans la science
de l'être purement spirituel. Il va de soi, dès lors, que cette
théologie phénoménologique possède une préséance de
droit sur toutes les sciences religieuses. Husserl n'est pas
le premier à montrer que la théologie est toujours
historiquement dépendante d'une ontologie et que chaque
ontologie a sa théologie. Mais cela confirme que pour
Husserl la théologie n'est pas une invention de la culture
et s'impose comme une dimension structurelle de l'élucidation de l'expérience. Dès lors, cette science de Dieu ou
science de l'idée de l'infini ne se confond pas avec la
philosophie première ou science de l'être absolu, science
de l'*ego*, et en est l'une de ses possibilités. À partir de cette
perspective théorétique, qui demeure dans l'ontologie
concrète universelle, il sera envisageable de développer

l'ontologie régionale des sciences religieuses, qui étudient
les différentes compréhensions de Dieu dans la culture,
les différentes croyances, les diverses pratiques religieuses.
Autrement dit, il y a bien un *logos* du monde spirituel dans
lequel Dieu va pouvoir être identifié comme le porteur du
logos absolu. Parce que par la philosophie la théologie est
devenue une science plus universelle[1], elle peut aussi
fonder toutes ses dimensions régionales. Les différents
projets de théologie phénoménologiques[2] qui se développeront après Husserl, même s'ils s'appuient sur la
compréhension du phénomène ouverte par Heidegger,
retiendront de Husserl l'idée que la méthode de la théologie
est trop importante pour n'être qu'une construction de
théologiens et que c'est l'objet lui-même qui doit la prescrire
sans l'importer d'ailleurs. En conséquence, les principes
méthodiques de la théologie doivent se régler sur le mode
de donation, et c'est cela qui fait la différence entre théologie
rationnelle et théologie révélée. Certes, il est possible
d'objecter à Husserl qu'il développe une thèse relativement
anhistorique et très essentialiste sur les religions, que
l'analyse historico-intentionnelle élucide mieux l'histoire
des sciences que l'histoire des religions, dans la mesure
où les religions ont un autre rapport que la science à
l'historicité et à la facticité, ou encore qu'il minimise
l'historicité irréductible de l'*a priori*. On peut ajouter enfin
que le passage d'une phénoménologie statique à une
phénoménologie génétique replaçant la visée de Dieu dans
l'histoire subjective et intersubjective de la conscience
pose des difficultés insurmontables. Néanmoins, toutes

1. Cf. *Aufsätze und Vorträge* (1922-1937), p. 69-70.
2. E. Levinas, mais également J.-L. Marion, J.-L. Chrétien,
J.-Y. Lacoste, J. Greisch et bien d'autres dans une question continuée
aujourd'hui.

ces objections risquent de manquer leur but, car la réduction ne conduit pas à devenir théologien, mais veut fonder la possibilité de la théologie en élucidant son objet, plus qu'en mettant en lumière les principes internes qui la commandent.

Husserl s'intéressait à la mystique et envisageait la possibilité d'une phénoménologie de l'expérience mystique. Il n'a jamais identifié le Dieu porteur du *logos* absolu avec le Dieu qui sauve en m'appelant par mon nom et en me précédant dans l'usage de ma liberté. Il n'a jamais confondu la foi religieuse avec la simple croyance dans le probable. Mais selon lui la tâche du philosophe est une tâche logique, celle de clarifier les formes universelles de la conscience, et c'est pourquoi, dès la cinquième des *Recherches logiques*[1], il défend qu'il n'y a pas de manière propre d'exister pour Dieu et qu'il est un objet intentionnel comme les autres et que pour lui également « donné » veut dire « constitué », qu'il existe ou non. Même si, bien évidemment, Husserl va ensuite nuancer sa position en montrant que voir Dieu ce n'est pas l'équivalent de la clarté d'une perception et qu'il s'agit plus de la visée d'une Idée. Il veut donc éviter toute forme de « théologisme » en philosophie, pour s'en tenir à l'ontologie universelle issue de l'égologie. La philosophie ne peut pas poser la vérité qui est une Personne comme le fondement de la vie de la conscience, et c'est pourquoi le Dieu de la philosophie ne peut être que l'entéléchie de l'humanité mise en mouvement par la raison. Pour Husserl un tel Dieu « sauve », mais au

---

1. Cf. *Logische Untersuchungen. Zweiter Band : Untersuchungen zur Phänomenologie und Theorie der Erkenntnis*, Recherche V, appendice aux § 11 et 20, Husserliana XIX, 1, éd. U. Panzer, Nijhoff, Den Haag, p. 438-439 ; trad. fr. H. Elie, A. L. Kelkel et R. Schérer, *Recherches logiques*, vol. II, 2, Paris, Puf, 1972, p. 231.

sens où l'humanité conserve toujours la possibilité de se réveiller et de vouloir son sens téléologique ultime, et c'est la fonction archontique du philosophe que de rappeler l'humanité à sa fin. Il semble au moins que ce travail d'explication philosophique de Dieu, de recherche de Dieu selon le lointain de l'essence, puisse préparer ou soutenir la foi, qui seule rend Dieu proche, sans lui fixer pour autant de condition, car c'est depuis sa liberté que Dieu s'approche alors. Pour le dire autrement, en décrivant Dieu comme la vie du sens, comme le pôle de cette activité de la subjectivité, la phénoménologie ne peut envisager d'autre chemin vers Dieu que celui qui part du sujet et du monde, sans pour autant fermer la porte à un chemin qui part de Dieu vers le monde et vers l'homme et qui relève, lui, de la foi. Mais, selon Husserl, la foi religieuse ne relève pas d'une phéno-ménologie de la raison.

Il n'en demeure pas moins que Husserl a pu envisager un apparaître de Dieu au-delà de sa constitution en objet, c'est-à-dire en idée polaire absolue, dans la mesure où il sait bien que constituer Dieu, c'est en un sens le perdre. Autrement dit, il a envisagé l'idée que le sens « Dieu » ne soit pas élucidable pour d'autres raisons que la finitude de la connaissance humaine. Conformément au § 49 des *Idées directrices pour une phénoménologie pure*, si Dieu est un être que la conscience ne peut pas poser dans ses expériences, s'il n'est pas intuitionnable et déterminable comme terme identique de multiplicités motivées d'apparitions, il est un « néant », mais cette fois c'est un néant qui excède nos vérifications et nos légitimations d'être[1]. On peut envisager un Dieu s'annonçant de lui-même et troublant la conscience parce que son phénomène est hors de toute condition

1. *Cf.* manuscrit B I 14.

transcendantale, parce que le sens excède la possibilité d'une constitution par l'*ego*, mais soucieux de ne pas mélanger la lumière de la foi et celle de la raison, Husserl ne développe pas cette perspective, qui, en outre, le conduirait à transformer sa compréhension générale de la phénoménalité. À aucun moment il ne peut reconnaître un autre absolu que celui de la subjectivité transcendantale, car cela rendrait cette dernière relative en posant une autre origine du sens. Rien ne peut être antérieur à la réflexion transcendantale. En effet, il est envisageable de reconnaître la possibilité d'un au-delà de la phénoménologie de la raison, mais sans pouvoir aller plus loin, car il n'y a pas pour Husserl de donation de sens sans *ego*, même dans ses analyses de la passivité qui n'ont rien d'une égologie inversée et qui ne posent pas vraiment une antériorité de l'irréfléchi sur la réflexion, comme voudra le faire, un peu naïvement peut-être, Merleau-Ponty. C'est en partant de ce chemin ouvert par Husserl avec l'idée d'intentionnalité et d'horizon libérant de l'opposition simple entre un Dieu réalité absolue transcendante et un Dieu comme pure représentation subjective immanente, que la phénoménologie après lui pourra, tout en critiquant les limites de l'objectivation, décrire un apparaître de Dieu non relatif aux actes du sujet[1], ou comme Levinas penser un Dieu qui ne soit pas du tout phénomène, qui signifie sans apparaître, qui soit trace, trace qui est un chemin passant par les Autres, puisque Dieu se donne alors que depuis le visage de l'Autre. Reste à savoir si le Dieu qui appelle depuis sa transcendance radicale et qui n'est pas une essence, peut encore être nommé « phénomène ». Sans doute pas au sens que Husserl

---

1. Voir la percée de J.-L. Marion dans *D'ailleurs, La Révélation*, Paris, Grasset, 2020.

donne au terme de phénomène, ni même au sens de ce que Merleau-Ponty nomme le « phénomène sauvage », car la présence de Dieu n'est plus alors de l'ordre du dévoilement et il s'agit d'envisager une autre compréhension de la « lumière » et pas simplement les modes limites de la lumière de l'*ego*. Cela dit, la constitution et la Révélation ne sont-elles pas deux dimensions inséparables de la phénoménalité de Dieu ? Le Dieu qui se révèle de lui-même n'est-il pas celui qui vient sans cesse défaire nos représentations de lui ? Dieu n'est-il pas constitué et constituant ? Cet idéalisme transcendantal, même dans ses apories, donne à penser que l'intuition de Dieu dans la foi religieuse n'est pas une simple donnée absolue au fondement de la théologie et qu'elle évolue au fur et à mesure que la raison dans son historicité clarifie l'idée de Dieu. L'idée de Dieu comme lointain demeure une énigme pour le philosophe, mais l'élucidation de cette énigme participe aussi à la présence du mystère de Dieu que la théologie veut comprendre. La phénoménologie, en décrivant toutes les possibilités de la phénoménalité, fonde comme son au-delà une théologie pour laquelle c'est Dieu qui agit au plus intime de soi-même et dans laquelle il n'y a pas d'autre fondement de la vérité que l'humilité. Cette théologie philosophique, dont les noms-titres seraient cette fois saint Augustin et Pascal, et qui survit à toutes les destructions de la métaphysique, peut aussi trouver un renouvellement dans les analyses phénoménologiques, comme elle peut également travailler de l'intérieur la phénoménologie elle-même, afin qu'elle demeure ouverte à sa propre possibilité sans se figer en école, sans fermer la réflexion sur le sens depuis une unique dimension.

CHAPITRE IV

LE NON-SENS ET L'ÉVIDENCE
DES ÉVIDENCES (LEVINAS)[1]

Le sens se laisse-t-il fixer à partir d'un acte de totalisation ? Ce rêve qui a souvent défini la philosophie n'est-il pas ce dont il convient de se libérer afin de revenir à la vie du sens ? La tâche de la philosophie est-elle, comme le pensait Husserl, de répondre à la crise du sens par un surcroît de réduction permettant une totalisation toujours plus achevée, autorisant cette reconduction du sens à une essence idéale ? C'est depuis l'épreuve du non-sens, celle du monde détruit, que Levinas rompt avec Husserl et avec cette idée que le monde détruit demeurerait un objet constitué par la conscience sans la remettre en cause dans son antériorité. La crise du sens est sans doute plus grave que l'impossibilité d'effectuer une synthèse de ce qui se donne, dans la mesure où elle ne manifeste pas simplement la difficulté à accéder au monde, mais est une véritable inversion du monde en non-monde, Levinas citant alors le Psaume 82, 5 « Tous les fondements de la terre sont ébranlés »[2]. Comment retrouver le sens quand le monde

1. Ce chapitre est une version transformée de « L'évidence du visage et le sens social des valeurs », dans D. Cohen-Levinas et A. Schnell (dir.), *Relire* Totalité et infini *d'Emmanuel Levinas*, Paris, Vrin, 2015, p. 73-94.
2. E. Levinas, *Positivité et transcendance*, Paris, Puf, 2000, p. 40.

a été atteint dans ses fondements, quand il n'est pas simplement devenu autre, mais fondamentalement étrange ? Ce monde « cassé » est celui dans lequel toutes les valeurs éternelles sont dévalorisées et qui met alors en cause le sens du sens, qui oblige à penser la dimension originairement sociale du sens. La guerre et la captivité rendent visible cette fragilité du sens, l'impossibilité de le fonder sur un sol stable, de s'en assurer depuis un point de vue fixe et surplombant, et en cela elles font office de réduction phéno-ménologique en montrant l'impossibilité de reconduire le sens à un principe de totalisation lui assurant une place dans un système. Selon Levinas le sens est sans abri, parce qu'il n'est ni dans les choses, ni dans le sujet, mais naît d'une effraction anarchique qui trouble la conscience. En cela, « Le sens n'est pas seulement une finalité. Car la fin est la fin du sens. À la fois mouvement [incessant] et création- responsabilité d'Autrui – voilà le sens »[1]. Ainsi le sens ne se laisse pas élucider par ce qui lui serait antérieur tel un *ego*, ni par ce qui le surplomberait, telle une fin, et il s'agit de penser le sens comme dérangement, comme anarchie, et donc selon une fragilité qui est cette fois sa vie même. Cela suppose de montrer que la fixité de l'essence idéale n'est pas l'unique vérité du sens et qu'il est possible de remonter en deçà de l'idéalisation du sens vers une dimension préthéorique dans laquelle le sens est donné à être avant de relever du savoir. Ne plus comprendre le sens depuis l'histoire, mais depuis l'éthique afin de ne pas le figer et de sauvegarder sa pluralité, c'est tout le projet de Levinas.

---

1. E. Levinas, *Œuvres 1. Carnets de captivité et autres inédits*, Paris, Grasset-IMEC, 1999, p. 303.

Dès lors, voir dans la philosophie de Levinas un tournant éthique de la phénoménologie n'a sans doute pas de sens, dans la mesure où il n'a jamais été question pour Levinas d'ajouter une éthique à la phénoménologie de Husserl et à celle de Heidegger, qui, elles, en auraient été dépourvues. Il y a dans une telle mécompréhension non seulement un contresens historique sur ce qu'est la phénoménologie, mais également une erreur historiale sur ce que la pensée de Levinas ouvre et qui ne peut pas être un simple retour de l'éthique. Sans compter que cela manifeste également un aveuglement spéculatif sur ce qu'est l'éthique le plus souvent réduite à un système de valeurs dérivé de la « politique » au sens de Levinas, ou à un ensemble de règles formelles censées permettre une détermination de l'action, alors qu'elle est une « optique », une manière de venir à l'autre pour lui-même. On devient dupe de la morale, selon l'expression inaugurale de *Totalité et infini*, dès que la morale sert à relativiser la violence, le mal, la mort à partir de comparaisons issues du monde, dès que le sens d'un événement devient une signification dans une totalité et qu'on lui retire son irréductibilité au système. En effet, le danger de réduire les analyses de Levinas à la construction d'une nouvelle doctrine éthique est de faire retomber sa philosophie dans une sorte d'anthropologie, alors que tout l'effort de la phénoménologie de Husserl à Levinas a précisément été de s'arracher au contresens anthropologique. Husserl est très clair sur ce point : l'anthropologisme consiste à faire du sujet fini, et de ses structures, le principe de la connaissance et de l'action et la philosophie comme science rigoureuse se doit, par la réflexion transcendantale, de se libérer de tout reste d'anthropologisme afin de ne plus confondre les nécessaires analyses régionales et historiques avec la description du phénomène pur d'autrui sans lequel ces analyses ne peuvent pas prendre sens. Si la phénoménologie est comprise par Husserl comme un tournant dans l'histoire de la philosophie, c'est bien par ce projet d'une rupture radicale avec le relativisme anthropologique, qui serait l'aspiration secrète de toute la philosophie. Bien évidemment, le retour aux situations concrètes de l'existence, tel qu'il est envisagé par Levinas, n'a rien à voir avec une rechute dans l'anthropologie et il est possible de penser que, bien au contraire, tout l'effort de Levinas est d'effectuer un pas de plus dans la rupture avec l'anthropologie, qui est, comme le remarquait déjà Husserl, l'abîme dans lequel tombe tout empirisme, y compris en éthique[1]. Dès lors, la primauté du visage va être précisément ce qui distingue la philosophie de Levinas de toute anthropologie philosophique, car Levinas renverse la position de la question : il ne s'agit pas de comprendre le visage par rapport à l'homme, mais de comprendre l'homme à partir de la révélation du visage. Ainsi, contre un malentendu récurrent, le visage n'est en rien un chapitre bien connu de la philosophie de Levinas, mais il est l'énigme qu'il ne cesse d'interroger, particulièrement dans *Totalité et infini*, puisque l'homme provient du visage. Pour prendre toute la mesure de cette question, il est possible de dire que l'énigme du visage pour Levinas est en quelque sorte l'équivalent de l'énigme de l'intentionnalité chez Husserl, et c'est pourquoi l'éthique n'est pas une science régionale étudiant les formes et les conditions de l'action de cet étant particulier qu'est l'homme. Levinas renoue ainsi avec un thème platonicien qui traverse toute l'histoire de la métaphysique : pour une pensée du visage, et donc de l'appel,

---

1. *Cf.* E. Husserl, *Einleitung in die Ethik*, Husserliana XXXVII, éd. R. Bernet et U. Melle, Dordrecht, Kluwer, 2004, p. 132.

l'éthique ne saurait être ni une doctrine, ni une science. Elle ne dérive pas non plus de la métaphysique, car il n'est plus question de fonder les principes pratiques dans l'être, et, de ce point de vue, le visage n'a pas du tout la fonction d'un fondement de la loi morale.

Afin de préciser encore la question, il importe de souligner que l'éthique selon Levinas n'est pas une orthopraxie, une directive pour l'action humaine, ou encore une façon de faire son bonheur. De ce point de vue, un certain empirisme a pu reprocher à l'éthique lévinassienne son caractère éthéré, qu'elle ne soit pas une « éthique pratique », sans remarquer que cette expression est une parfaite tautologie. Il est clair qu'un tel reproche n'a pas de sens dans la mesure où, comme on l'a déjà indiqué, on sait depuis Platon que le philosophe n'enseigne pas la vertu, parce que la vertu, par principe, ne s'enseigne pas. Précisément, Levinas en décrivant l'action de l'événement de la transcendance d'autrui balaie le moralisme naïf, qui revient régulièrement en philosophie, et montre « comment » le sujet éthique ne s'individualise pas par ses seuls actes, puisque le visage est le drame absolu qui se trouve à l'origine de la vie éthique. Lire Levinas impose donc de comprendre que son interrogation demeure de part en part phénoménologique, même si la possibilité d'une éthique phénoménologique n'est pas pour le moment quelque chose qui pourrait aller de soi. En effet, est-il possible de passer des analyses descriptives à des propos prescriptifs ? La phénoménologie comme méthode peut-elle énoncer le « tu dois » ? Il semble bien que le projet de Levinas soit de mettre en lumière la nature des vécus qui donnent lieu à un devoir et, dans cette perspective, il ne s'agit pas d'énoncer les grandes règles de l'agir de façon abstraite, mais bien de mettre en évidence l'évidence éthique elle-même, c'est-à-dire ce qui est l'origine de tout sens, de toute valeur. Telle est l'intention propre de Levinas : accéder à l'évidence source de toutes les évidences du devoir.

Du point de vue de l'histoire de la pensée, il importe donc de montrer qu'il n'y a pas de tournant éthique propre à Levinas par rapport à Kant, Husserl et Heidegger, pas plus qu'il n'y a de tournant éthique à l'intérieur de la philosophie de Levinas, comme si brutalement Levinas développait une métaphysique de l'autre homme. En réalité la question de Levinas demeure toujours la même : celle de l'origine et de la nature du sens. Or, montrer que l'éthique est d'abord le lieu du sens conduit à dépasser l'opposition entre l'éthique du sentiment et l'éthique rationnelle par une nouvelle approche du temps de la sensibilité. Dans cette nouvelle compréhension de l'éthique, il s'agit de ne pas faire du devoir quelque chose de mort en montrant que « la transcendance comme telle est "conscience morale" »[1]. En effet, voir dans la vie morale une existence « pour autrui » est également ce qui impose de dépasser l'opposition abstraite entre l'éthique du bonheur et l'éthique du devoir, ou encore entre éthique des vertus et éthique formelle, entre éthique des intentions et éthique des conséquences. Il faut reconnaître que toutes ces distinctions, issues de l'histoire de la métaphysique, enferment dans l'éthique du neutre en cherchant un fondement aux valeurs, au sens kantien d'une *Grundlegung*, qui soit le sentiment, la raison ou Dieu, ou encore l'utilité ou le consensus. Ainsi, quand Levinas décrit le phénomène de la sainteté[2] d'autrui, on

---

1. E. Levinas, *Totalité et infini*, Paris, Le livre de poche, 2009, p. 293.
2. Cf. *ibid.*, p. 213 : « Par-là, la structure formelle du langage annonce l'inviolabilité éthique d'Autrui et, sans aucun relent de "numineux", "sa" sainteté ».

se trouve aux antipodes de la sainteté selon Kant, qui désigne pour lui la volonté absolument bonne dont les maximes s'accordent totalement avec les lois de l'autonomie : « La loi morale est en effet, pour la volonté d'un être absolument parfait, une loi de la *sainteté*, mais elle est pour la volonté de tout être raisonnable fini, une loi du *devoir*, de la contrainte morale et de la détermination de ses actions par le *respect* pour la loi et par la vénération pour son devoir »[1]. Il s'agit bien dans ce texte de la *Critique de la raison pratique* d'une éthique du neutre dans laquelle le *logos* n'est pas le verbe d'une personne, puisque la sainteté est une Idée pratique qui sert de prototype. Levinas récuse également toute identification de la sainteté au sacré ou au numineux, afin de marquer qu'elle ne peut être comprise comme la qualité d'un sujet, ou comme le produit d'un travail de purification de la volonté qui idéalement se veut elle-même, car c'est la transcendance même d'autrui, c'est-à-dire sa manifestation même, qui fait sa sainteté et qui indique un devoir : l'inviolabilité éthique d'autrui. Pour une éthique du neutre la situation est toute différente, puisqu'autrui n'est qu'un thème, un objet, dans un acte de vision. Contre un tel aveuglement à la donnée même d'autrui, Levinas veut mettre en lumière que l'autre homme est d'abord un interlocuteur qui échappe à mes prises. Or, dans la Bible, c'est Dieu qui appelle à participer à sa sainteté et on comprend alors que l'usage du vocabulaire théologique par Levinas lui permet d'échapper à l'éthique du neutre. Il y a donc dans ces pages de *Totalité et infini* la possibilité d'une éthique phénoménologique qui élucide comment les valeurs se donnent à nous : seul un vécu personnel, c'est-à-dire la rencontre d'une personne, peut

---

1. E. Kant, *Critique de la raison pratique*, trad. fr. J.-P. Fussler, Paris, GF-Flammarion, 2003, p. 193.

donner lieu à un devoir. Plus précisément, le bien ne se donne pas d'abord comme un sens idéal, comme une essence idéale, mais précisément comme un visage depuis lequel il y a conscience morale, parce que je prends conscience de la nature meurtrière de ma subjectivité.

Dans cette perspective, les analyses de Levinas ne s'écrivent pas totalement contre Husserl, car non seulement il retient de Husserl que le seul chemin vers autrui est autrui lui-même, qu'il est la seule norme de sa connaissance et de la façon dont il convient d'agir pour lui, mais en outre il reconnaît à Husserl d'avoir montré la fonction transcendantale de l'événement impressif[1]. On peut constater en effet que ce que Husserl disait de l'impression originaire se retrouve dans *Totalité et infini* à propos de l'expérience éthique : la sainteté d'autrui est ce qui libère le sujet de sa pétrification dans ses représentations, elle défait la structure et rend ainsi possible un devoir dont autrui est le point source. Cela dit, pour Husserl, sans pouvoir entrer ici dans son éthique formelle et transcendantale, la perspective épistémologique demeure première, et il s'agit, dans une *Selbstbesinnung*, d'amener à l'évidence les valeurs absolues pour pouvoir les vouloir, et c'est ainsi que notamment l'intention philosophie contient un impératif catégorique[2], une exigence catégoriale. Si Husserl redonne son importance à la dimension affective de la vie éthique et montre, sans

---

1. *Cf.* E. Levinas, *En découvrant l'existence avec Husserl et Heidegger*, *op. cit.*, p. 162 : « Husserl restitue à l'événement impressif sa fonction transcendantale. Dans sa masse remplissant le temps, il découvre une première pensée intentionnelle qui est le temps même, une présence à soi à travers le premier écart, une intention dans le premier *laps* de temps et la première dispersion ; il aperçoit au fond de la sensation une corporéité, c'est-à-dire une libération du sujet à l'égard de sa pétrification même de sujet, une marche, une liberté qui défait la structure ».

2. Cf. *Krisis*, appendice V, p. 393 ; trad. fr. p. 434.

s'enfermer pour autant dans une éthique du sentiment, que la raison théorétique n'est pas l'origine des valeurs, mais ce qui saisit la validité absolue de ce qui se préconstitue dans la vie affective[1], ce pas au-delà de Kant, grâce à l'exigence d'intuitivité, ne le conduit pas encore au-delà d'une éthique du neutre.

Heidegger lui-même montre à propos de Scheler en quoi la philosophie de la valeur est encore de l'ordre de la représentation et en quoi l'idée de valeur est le système même de l'oubli de l'être, puisque cette idée présuppose que ce qui compte dépend d'une valorisation humaine. Heidegger l'a amplement montré : la valeur est ce qui dépend de l'essence de la technique. Il écrit dans *Le temps des images du monde* : « La valeur, c'est l'objectivation des buts assignés par les besoins de l'auto-installation représentative dans le monde devenue image conçue ». Et il ajoute : « Nul ne meurt pour de simples valeurs »[2]. Une telle proposition peut sembler choquante, mais la contester, c'est être d'une certaine manière dupe de la morale, car sans une dimension affective il n'y a pas d'effectivité de la vie éthique et les valeurs ne sont que des représentations sans force d'un esprit par essence velléitaire. Bien évidemment, Levinas évoque des valeurs comme la pitié[3],

---

1. Voir la préface de D. Pradelle à l'ouvrage de Husserl *Leçons sur l'éthique et la théorie des valeurs* (*1908-1914*), trad. fr. P. Ducat, P. Lang et C. Lobo, Paris, Puf, 2009.

2. M. Heidegger, *Holzwege* [1950], Frankfurt, Klostermann, 1994, p. 102 ; trad. fr. W. Brokmeier, *Chemins qui ne mènent nulle part*, Paris, Gallimard, 1962, p. 91.

3. *Cf.* E. Levinas, *Carnets de captivité et autres inédits, op. cit.*, 2009, p. 162, 385, 440 et *Totalité et infini, op. cit.*, p. 290, 294.

la patience[1], la pudeur[2], le respect[3], la gratuité[4], et bien sûr l'amour qui est « la vie de la paix »[5], mais il ne s'agit pas pour lui d'abstractions d'essences idéales. Dans *Totalité et infini* Levinas parle des « valeurs de la vie »[6], mais ces valeurs ne sont pas des représentations et la tâche de la phénoménologie n'est pas d'inventer de nouvelles valeurs, ni de construire un système des valeurs dans lequel chaque valeur aurait sa signification en fonction de sa place, mais elle consiste au contraire à reconduire les valeurs qui se donnent à leur origine, à ce qui leur confère la vie, à ce qui fait qu'il peut y avoir quelque chose comme des valeurs. Les lectures qui réduisent Levinas à une nouvelle doctrine éthique manquent le plus souvent ce qui fait l'un des caractères propres de sa philosophie, à savoir qu'il prend radicalement le contrepied des métaphysiques de la subjectivité qui font précisément du sujet un producteur, un inventeur de valeurs, ce qui conduit en fait à subjectiviser et à déréaliser totalement les valeurs comme si la valorisation (*Wertnehmung*) ne possédait plus la nécessité de la perception (*Wahrnehmung*). Contre toute subjectivisation de l'éthique, le projet de Levinas est de sauver la « réalité »

---

1. *Cf.* E. Levinas, *Carnets de captivité et autres inédits*, *op. cit.*, p. 264 et *Totalité et infini*, *op. cit.*, p. 263 *sq.*

2. Cf. *ibid.* p. 181 et *ibid.*, p. 287 : « La pudeur, insurmontable en amour, en constitue le pathétique ».

3. *Cf.* E. Levinas, *Carnets de captivité et autres inédits*, *op. cit.*, p. 69 : « Respect – perception de la personne. Ce qui est essentiel, c'est le mystère supposé par le respect ». Dans *Totalité et infini* le respect consistera à laisser être l'extériorité radicale.

4. Cf. *ibid.*, p. 134 : « Grâce = gratuité – plus de contrepartie qui est précisément ce virement en contraire : "orgueil de l'humilité" –"complaisance de la souffrance", etc ».

5. *Ibid.*, p. 135.

6. E. Levinas, *Totalité et infini*, *op. cit.*, p. 154.

des valeurs qui ne sont justement pas de simples représentations, qui n'ont pas ce vide déjà dénoncé par Hegel dans sa critique de la belle âme. Une éthique phénoménologique doit donc rompre avec la métaphysique de la volonté pure et il faut reconnaître que Levinas retient de Heidegger l'idée que la situation n'est pas un cadre sous la main dans lequel le *Dasein* ne ferait que s'insérer. Contre l'idée d'une volonté qui se veut elle-même, Levinas montre que « la vie est *l'amour de la vie* » et que « la valeur constitue l'être »[1]. La seconde expression corrige la fausse impression de pathos ou de *Schwärmerei* que pourrait susciter la première en soulignant que vouloir, c'est toujours vouloir une valeur et que la vie est portée par cette valeur du Bien. En conséquence, une morale ne peut pas uniquement dépendre de la forme de l'intention et elle se doit de tenir compte du sol où toute intention s'enracine. Avec *Totalité et infini* on se trouve donc bien dans le cadre d'une philosophie de la valeur, puisque l'être est lui-même sans valeur et qu'il doit y avoir la donnée d'une valeur pour que notre volonté soit vraiment mue. Levinas ne tombe pas ici sous la critique heideggérienne évoquée plus haut et dans sa confrontation permanente avec *Être et temps* il ne s'agit pas d'introduire l'éthique, parce qu'elle n'est pas absente d'*Être et temps*, mais bien de remettre en cause le fait qu'elle soit dérivée par rapport à l'ontologie. Autrement dit, Levinas rompt avec *Être et temps* en ne voulant plus penser l'éthique à partir de la temporalité du souci et du projet. En outre, l'analyse de la sollicitude authentique, telle qu'elle est proposée dans *Être et temps*, ne peut pas permettre d'accéder à l'évidence du devoir. Ainsi, l'éthique définie comme philosophie première

1. *Ibid.*, p. 115.

met en avant que la signifiance éthique est première par rapport à l'ontologie : ce n'est pas l'être qui fonde la valeur, mais la valeur qui fonde l'être. Or ce renversement décisif est ce qui permet de répondre à une exigence méthodique fondamentale, celle de pouvoir passer du descriptif au prescriptif tout en demeurant phénoménologue. Levinas peut alors énoncer une thèse capitale pour la suite de notre propos : « Avec le temps le pardon devient la structure même de l'être. C'est autre chose que le devenir hégélien, bergsonien et heideggérien »[1].

La préface de *Totalité et infini* commence par une phrase digne de Nietzsche : « On conviendra aisément qu'il importe au plus haut point de savoir si l'on n'est pas dupe de la morale »[2]. En effet, Levinas ne cherche pas à mettre en évidence les grandes règles de l'agir, car dans une telle entreprise on risque d'être dupe de la morale en prenant pour des vérités éternelles des règles qui sont trop humaines, historiques et contingentes. En morale plus qu'ailleurs, il convient de se défaire des « draperies de l'illusion », néanmoins la réflexion seule n'ouvre pas une telle possibilité et il est nécessaire d'être libéré par une « relation avec l'être par-delà la totalité ou l'histoire »[3]. On voit ici que, dans sa confrontation avec la philosophie de Hegel, Levinas veut montrer que ce n'est pas l'histoire, mais l'éthique, qui est le sens de l'être, ce qui signifie que l'être est verbe et que le sens est surgissement originaire. De fait, si l'éthique est une optique, c'est qu'elle donne accès à une « signification sans contexte », qui ne se donne pas à voir sur l'horizon d'un accomplissement infini. Elle est un rapport à l'être

---

1. E. Levinas, *Carnets de captivité et autres inédits, op. cit.*, p. 134.
2. E. Levinas, *Totalité et infini, op. cit.*, p. 5.
3. *Ibid.*, p. 7.

qui ne se dit pas en termes d'expérience, si on entend par expérience une unification du divers par des concepts. Ainsi, l'éthique comprise comme optique est une attention à ce qui surgit et fait sens par soi et le sens éthique est irréductible à la corrélation noético-noématique, et c'est pourquoi il est plus donné à être qu'à voir. En conséquence, la philosophie première n'est pas celle qui remonte au « je » transcendantal source de tout sens, mais est une reconduction à une détermination plus originaire du phéno-mène, qui consiste à laisser être l'extériorité radicale. L'éthique est bien alors cette optique, ce regard vers l'être, qui m'élève au-delà de ce que je peux penser. Cela confirme que, profondément marqué par les analyses d'*Être et temps*, Levinas montre que l'éthique ne désigne pas une situation intramondaine et anthropologique, mais demande à penser métaphysiquement le bien. Levinas ne parle donc pas seulement de ce qui est bon pour l'homme, mais de cette relation première qu'est l'éthique[1].

Pour décrire cette relation éthique comme relation « non allergique », il est nécessaire de quitter le vocabulaire de l'intersubjectivité, parce qu'il masque finalement le

---

1. Le terme de philosophie première renvoie non seulement à l'antériorité de la phénoménologie par rapport à l'anthropologie qui ne serait qu'une philosophie seconde, mais également à une relation à Autrui qui précède l'ontologie. Il y a là encore un changement de signification par rapport au concept classique de philosophie première, car Levinas ne la comprend pas comme la recherche de l'universel, de la cause première et du connaissable parfait. Il ne s'agit pas d'élucider les premières causes de l'être, mais quelle est la manifestation première, l'événement irréductible à l'évidence, qui donne la possibilité d'être. Autrui n'est pas le premier connu, mais le premier rencontré, et c'est à partir de cette rencontre que tout sens éthique peut se tenir. Il n'y a donc pas de site originaire, Dieu ou l'*ego*, qui serait le fondement de l'unité de la totalité, et le visage n'est pas un fondement, mais ce qui ouvre une vie sur l'horizon de l'infini, au-delà d'un enfermement dans la finitude.

phénomène d'autrui, à savoir que « l'absolument autre, c'est autrui ». Or, cette relation avec l'étranger, qui trouble le « chez soi », Levinas la nomme « métaphysique », ou encore « religion » en restituant à ces deux mots leurs poids afin de nous disposer au sens dont ils sont l'indication. Dans cette série d'équivalences entre éthique, philosophie première, métaphysique et religion, le projet de Levinas est bien de détourner le vocabulaire philosophique et théologique afin de donner à entendre la transgression propre à la relation éthique. Il ne s'agit pas pour autant de forcer les mots à participer à un usage qui leur resterait extérieur, les transformant en coquilles vides, mais d'apprendre d'eux ce que penser veut dire, puisque chacun de ces mots est un chemin de pensée. Autrui n'est pas d'abord un noème et l'éthique, dans la rupture même de la corrélation noético-noématique, est l'ouverture vers l'être le plus étranger, et on demeure justement dupe de la morale tant que l'on n'aperçoit pas l'égoïsme structurel de l'ontologie pour laquelle connaître, c'est reconnaître. L'usage du vocabulaire théologique n'est pas ici une coquetterie de style (au sens faible du terme de style), ni la marque d'un tournant théologique qui soumettrait le phénoménologique au théologique, car, formé par Husserl, Levinas a toujours refusé d'adosser la philosophie à l'autorité de la Bible. En effet, le recours au vocabulaire théologique relève d'une autre intention, celle de libérer de l'ontologie pour permettre de comprendre que l'éthique n'est possible que comme phénoménologie, puisque c'est à partir de la révélation d'autrui, et non de son dévoilement, que le sujet peut comprendre et se comprendre. De ce point de vue, la première détermination du visage dans *Totalité et infini* montre que le visage se donne en abolissant toute image et toute possibilité de construire une image, car le visage est ce qui s'exprime, ce qui est la source de sa propre lumière[1], et non la manifestation du neutre impersonnel qu'est l'universel.

En conséquence, l'éthique comme philosophie première revient à une « expérience morale concrète », au-delà de cette abstraction anthropologique et simplement politique que serait par exemple la règle d'or reposant sur la symétrie[2]. En effet, la relation éthique ne repose pas ici sur une communauté d'essence, mais sur « l'expérience absolue »[3], qui n'est pas dévoilement mais révélation. Il y a là une rigueur dans l'usage des termes, puisque Levinas parle de « dévoilement » quand l'être n'est pas au principe de sa manifestation et de « révélation » quand l'être se présente de lui-même dans la manifestation. La seconde détermination du visage dans *Totalité et infini* confirme cela : le visage parle, il se dit à quelqu'un, il est un sens par nature social et non une essence à laquelle une subjectivité solitaire pourrait accéder par réflexion. Or, cette socialité du sens justifie l'éthique comme philosophie première, en montrant que l'origine du sens n'est pas d'abord l'intuition eidétique. L'éthique ne consiste plus à comprendre le réel par rapport au sens idéal que serait la valeur absolue saisissable dans une intuition, mais elle trouve son origine dans le visage comme « événement irréductible à l'évidence », qui est une présence à la fois plus directe et plus lointaine que l'évidence. Levinas cherche donc à effectuer une véritable désontologisation de la valeur, qui n'a plus alors de noyau

---

1. Voir notamment les pages 42-44 de *Totalité et infini*, *op. cit.*

2. Ce qui ne diminue en rien l'importance d'une telle règle. Voir l'ouvrage d'O. du Roy, *La règle d'or*, Paris, Cerf, 2009.

3. E. Levinas, *Totalité et infini*, *op. cit.*, p. 61.

substantiel intemporel et possède un mode de remplissement tout à fait propre, puisqu'elle présuppose toujours le visage.

Déjà Kierkegaard, dans *Crainte et tremblement*, avait décrit cette possibilité de laisser les règles de la morale pour obéir à Dieu. Il avait montré, lui également, que l'esprit possède une signification éthique, ce qui veut dire qu'il ne se définit pas par l'acte de se tenir soi-même, par la *Selbsterhaltung*. Dans cette nouvelle perspective ouverte par Kierkegaard, il ne s'agit plus de se voir soi-même absolument, mais de prendre conscience de ce qui pose le moi. Dieu est mon avenir, c'est-à-dire ce que j'ai à aimer et à être et non d'abord à voir. Bien que selon un tout autre rapport à la théologie, Levinas reprend cette nouvelle relation à la vérité et il peut ainsi écrire dans *Totalité et infini* : « La métaphysique se joue dans les rapports éthiques. Sans leur signification tirée de l'éthique, les concepts théologiques demeurent des cadres vides et formels »[1]. Telle est la thèse qui interdit de comprendre la philosophie de Levinas comme un tournant théologique de la phénoménologie : c'est l'éthique qui explique la métaphysique et la religion. En montrant que le visage est un dire, c'est-à-dire non pas une communication avec autrui, mais un « se dire », un « s'exposer », Levinas montre que l'éthique donne accès à une nouvelle intelligibilité, au « pour l'autre » de la signification. La justice consiste alors à reconnaître en autrui mon maître, et c'est à partir de ce sens éthique de la justice que la Bible devient intelligible. Au-delà de toute auto-détermination de la volonté en fonction des valeurs absolues, qui bloque la conscience de mon indignité, « la morale commence lorsque la liberté, au lieu de se

_____

1. E. Levinas, *Totalité et infini*, *op. cit.*, p. 77.

justifier par elle-même, se sent arbitraire et violente »[1]. Il n'est possible de remettre en cause la thèse kantienne qu'autrui ne doit pas être le fondement de la volonté pure, même si de fait il est le fondement de l'inclination, qu'en récusant la révolution copernicienne elle-même : si les valeurs ne sont pas dans le monde, elles ne sont pas non plus dans le sujet.

L'éthique est ainsi la philosophie première selon une conception proche de Jankélévitch : elle accède à un sens qui n'est pas reçu d'ailleurs et par rapport auquel tout peut recevoir un sens[2]. Levinas vient lui aussi décrire ce qui fonde[3] toutes les valeurs qui n'est pas lui-même une valeur, ni une évidence. Le visage est ce je-ne-sais-quoi qui ne ressemble à rien.

Le danger permanent de la morale est la substantification des valeurs, qui maintient dans l'oubli de son injustice et donc dans l'oubli d'autrui, or une telle façon de figer les valeurs et d'une certaine façon de les vider de tout véritable contenu tient à une certaine compréhension du rapport à soi polarisé par un *telos* de totalisation. Contre une telle image du moi assimilant ce qui lui est autre, Levinas reprend toute une philosophie de l'exil selon laquelle nous

---

1. *Ibid.*, p. 83.

2. V. Jankélévitch, *Philosophie première* [1953], Paris, Puf, 2011, p. 90 : « Les vérités éternelles qui donnent un sens aux existences n'*ont* pas en elles-mêmes de sens, mais c'est parce qu'elles *sont elles-mêmes le sens lui-même* ».

3. Si on entend par fondement non ce qui pose quelque chose d'autre comme sa conséquence déterminée, mais comme une origine : la valeur possède une relation essentielle au visage et sans visage il n'y a pas de conscience éthique. La valeur n'est ni dans les choses, ni dans le sujet, mais s'impose à moi à partir de la nudité de l'autre. Le visage n'est donc pas la cause des valeurs, mais ce qui est supposé pour que les valeurs puissent se donner.

naissons en quelque sorte à l'étranger. En conséquence, il n'est possible d'advenir à soi qu'en répondant à cet exil par un autre exil, c'est-à-dire en s'ignorant soi-même, car telle est la seule possibilité pour le moi de rejoindre le toi. Il en va bien là de l'éthique elle-même. En effet, l'éthique n'est pas d'abord un rassemblement sur soi, mais une évasion, et pour en montrer la possibilité il convient de décrire de quelle captivité il s'agit de s'évader. Dans cette perspective, les *Carnets de captivité et autres inédits* ne se contentent pas de souligner la dure vie de prisonnier et ici le plus empirique dans sa violence quotidienne peut prendre une signification transcendantale. De même que Husserl avait voulu répondre en philosophe à la crise de l'humanité européenne en remontant à son sens idéal, Levinas tient à élucider la signification ontologique de la captivité, ce qui est une façon de demeurer phénoménologue jusqu'au bout. Le récit du singulier ici n'est jamais indiscret, car il devient une voie d'accès à l'universel. C'est ainsi que Levinas peut montrer que la captivité est le lieu où peut être mise en évidence cette « dialectique du *je* qui s'affranchit de son intimité. L'intimité avec autrui »[1]. Au-delà de tout subjectivisme, il s'agit bien de s'évader de l'être lui-même : « Accomplissement = évasion. Évasion dans quelque chose qui n'est pas être. Félicité »[2]. Comme Levinas le souligne dans le second volume d'inédits, qui contient de nombreux textes préparatoires à *Totalité et infini*, l'en soi du sujet devient un « pour autrui »[3]. Une telle rupture signifie que le sens lui-même n'est plus encapsulé dans le sujet et qu'il doit être compris comme

1. E. Levinas, *Carnets de captivité et autres inédits*, *op. cit.*, p. 66.
2. *Ibid.*, p. 175.
3. E. Levinas, *Parole et silence et autres conférences inédites*, Paris, Grasset-IMEC, 2009, p. 89.

éthique, puisque l'accueil d'Autrui devient la condition de l'appréhension du sens. Le projet de Levinas est bien ici de renverser la façon de répondre de l'énigme de la transcendance en montrant que le « rapport à l'extérieur – le rapport moral – est la condition de la liberté »[1]. Dès lors, ce qu'il y a de plus concret dans l'existence d'un homme, à savoir l'expérience du monde cassé de la captivité, est bien ce qui met en lumière le plus transcendantal, à savoir la reconduction de la réalité au sens éthique, puisque les choses sont d'abord ce que je donne ou ce que je possède. L'éthique est donc bien philosophie première par rapport à l'ontologie. De fait, le vrai renversement propre à la situation de prisonnier est le suivant :

> D'une part la relativité de la plupart des valeurs pacifiques – seuls les imbéciles continuent à respecter les valeurs pacifiques, propriété, santé, respect ; et cependant dans ce renversement des valeurs, ne pas perdre toute morale – découvrir la morale absolue. Pratiquement : concevoir la possibilité d'un retour de la paix et la responsabilité à l'égard de cette paix[2].

On voit là une différence eidétique entre une situation réelle et une situation construite pour les besoins de la réflexion philosophique : le prisonnier n'est pas le voyageur perdu en forêt de la deuxième maxime de la morale provisoire, dans la mesure où il ne s'agit pas de répondre à la perte du sens par une purification de la résolution, c'est-à-dire par une pure auto-détermination quand les raisons de choisir sont absentes. Levinas est ici plus proche de Malebranche selon lequel l'entendement humain ne peut

---

1. E. Levinas, *Carnets de captivité et autres inédits, op. cit.*, p. 396.
2. *Ibid.*, p. 189.

pas être le producteur de sa propre certitude : la constance doit se fonder sur une évidence. Comme le montre le paragraphe *Visage et raison* de *Totalité et infini*, la volonté ne peut pas se déterminer elle-même, car elle est toujours réponse. Levinas se trouve ainsi aux antipodes d'une éthique de la conviction, pour laquelle la constance ne peut provenir que du sujet qui agit, et il s'agit bien alors de mettre en lumière cette « morale absolue », qui n'est relative ni au monde, ni au sujet, et qui ouvre à une nouvelle intelligibilité des valeurs, par exemple au « pour autrui » du respect. L'expérience de la captivité, comme discontinuité de l'histoire, dévoile que les valeurs ne peuvent pas recevoir une signification purement solipsiste. Quand le respect n'est qu'une détermination abstraite du sujet par lui-même, il est vide de tout contenu et il s'effondre dans le chaos de la captivité, ce qui manifeste sa relativité de norme subjective. Dans un sens non subjectif, et donc selon un sens social, le sens du respect ne peut venir que du visage qui seul intime le respect, c'est-à-dire comme responsabilité d'autrui, et c'est pourquoi il est mouvement incessant et création[1] et non une soumission à des normes extérieures ou idéales.

En effet, la captivité enseigne la différence entre avoir et être[2], et, de ce point de vue, elle enseigne que la volonté n'est pas une pure auto-détermination, mais consiste à se voir du dehors à partir de la présence d'autrui. Vouloir, c'est toujours vouloir à deux : « une morale peut être réelle malgré l'égoïsme. Elle ne naît pas du choc des égoïsmes comme une prudence, mais de l'abord de l'un par l'autre,

---

1. Cf. E. Levinas, *Carnets de captivité et autres inédits*, *op. cit.*, p. 303.

2. *Ibid.*, p. 203.

de la salutation de l'un à l'autre »[1]. Ainsi, l'éthique n'est pas ici l'accomplissement de l'essence de l'homme, un dépassement rendu possible par la connaissance de soi, mais elle est la possibilité d'une relation à autre chose que soi et qui n'est pas un phénomène sur l'horizon du monde. Dès lors, la subjectivité exposée ne répond pas à la crise du sens simplement par un surcroît de connaissance de soi et de maîtrise, car un tel projet est aussi une cause de cette crise du sens, et c'est pourquoi le souci de Levinas est bien de revenir à l'expérience originaire du sens en montrant qu'un monde sensé est d'abord un monde où il y a autrui. Comme il l'écrit[2], la responsabilité est à la fois pour autrui et devant autrui, et en cela elle ne s'oppose pas à l'inhumanité de l'universalité. Pour décrire cette responsabilité qui ne consiste pas à répondre de soi devant des normes idéales, Levinas utilise le vocabulaire religieux auquel il confère une fonction descriptive. Parler de l'apostasie du moi, cela revient à pouvoir dire une responsabilité autrement qu'avec le vocabulaire de la philosophie de la conscience.

Le fameux « Ignore-toi toi-même » des *Notes philosophiques diverses* formule ce renversement selon lequel l'auto-élucidation du « je » transcendantal n'est pas la source ultime de tout sens. Autrement dit, le sens éthique ne se constitue pas à partir du sens de l'être[3]. Levinas ne rompt pas avec l'évidence donatrice originaire, mais il

---

1. *Ibid.*, p. 441.

2. *Ibid.*, p. 251.

3. Sur cette question voir de D. Pradelle « Y a-t-il une phénoménologie de la signifiance éthique ? » dans D. Cohen-Levinas et B. Clément (dir.), *Emmanuel Levinas et les territoires de la pensée*, Paris, Puf, 2007, notamment p. 84 « Le sens *autrui* ou *prochain* relève d'un mode de signifiance qui n'enveloppe aucun renvoi à des idéalités et ne requiert aucune saisie herméneutique du sens idéal ».

s'attache à élucider une autre forme de l'évidence, de façon à montrer que le lieu du sens n'est pas d'abord dans la constitution ou dans la compréhension. L'apostasie est ici en quelque sorte la signification éthique de l'intuition. Ainsi, le « sens » n'est pas ce qui est constitué dans l'immanence d'une subjectivité, il n'est pas non plus le « vers où » du projet primaire à partir duquel quelque chose peut être conçu comme ce qu'il est en sa possibilité[1], mais il m'arrache à moi-même avant tout projet dans les situations concrètes de l'existence. Le « Ignore-toi toi-même » n'est donc pas un nouveau commandement, qui relèverait encore de la façon habituelle de concevoir l'éthique, mais il est une nouvelle façon de comprendre le sens d'un commandement en ce qu'il vient d'au-delà de moi. Par cette nouvelle perspective, Levinas veut rompre avec les formes les plus cachées de l'humanisme universaliste, lié à l'ontologie classique, dans lequel l'homme est une essence et non une personne. Dans la description de la relation éthique, telle qu'elle est proposée par Levinas, c'est autrui qui m'ordonne de m'ignorer pour pouvoir répondre de lui, et en cela il ne s'agit pas d'instaurer de nouvelles valeurs, mais de comprendre les valeurs à partir de la révélation d'Autrui, car seule cette révélation rend possible un dévoilement des valeurs. La hauteur d'Autrui, ou encore sa seigneurie, comme dit Levinas dans *Totalité et infini*, bouleverse la manière de sentir, de penser et de vouloir, car Autrui devient l'intelligible premier pour une saisie des valeurs et non une cause occasionnelle d'une vision des valeurs dans une relation intersubjective. Il est clair alors que l'éthique n'est pas une science et que répondre du particulier dans l'amour destitue toute éthique comme

1. M. Heidegger, *Être et temps*, trad. fr. E. Martineau, Paris, Authentica, 1985, § 65.

science. Bien évidemment, il ne s'agit pas de renoncer aux valeurs absolues et l'amour doit être compris comme ce qui reconduit les valeurs à leur nécessaire temporalisation, ce qui interdit aux valeurs de se figer, car le sens de ce qu'il faut vouloir, de sa promesse et de ce qu'il faut faire est toujours à repenser selon le présent de la situation selon une inquiétude essentielle pour Autrui dans sa vérité qui est la vie éthique elle-même[1].

Il est à noter que dans toutes ces analyses sur la signifiance éthique Levinas est bien loin d'exclure la pitié qui se trouve mentionnée plusieurs fois, néanmoins il prend bien soin de poursuivre, après Husserl et Heidegger, la mise en évidence du non-sens phénoménologique d'une sympathie fondée sur la reconnaissance de l'*alter ego*. Une telle conception de l'*Einfühlung* ne peut que manquer la transcendance d'autrui en considérant qu'il est possible de se transporter dans l'autre. Selon le renversement propre à l'éthique phénoménologique de Levinas, la sympathie authentique est au contraire celle qui laisse l'autre se manifester en son abandon et qui le respecte ainsi en sa souffrance : « La fin de la théorie de l'*Einfühlung* comme d'une sympathie. Ou plutôt la sympathie – c'est la sympathie

---

1. « Levinas, en plaidant, à temps et à contretemps, pour l'éthique, cette crise de l'être qui interdit au moi la quiétude qui laisse, si volontiers, avec une telle bonne conscience, mourir l'autre homme, en réhabilitant les larmes comme "défaillance de l'être tombant en humanité", ne tend pas seulement à porter au langage du concept, de l'universalité, des principes ignorés des Grecs. Il oppose aux certitudes brutales – de son bon droit surtout- et aussi bien au nihilisme, l'éveil d'une conscience qui se sait survivante du malheur et fait de ce destin, non pas la justification d'une détresse d'être mais l'engagement –infiniment exigeant envers soi- à être justement », C. Chalier, « Singularité juive et philosophie », dans J. Rolland (éd.), *Les Cahiers de la nuit surveillée. Emmanuel Levinas*, Lagrasse, Verdier, 1984, p. 97-98.

avec le pauvre »[1]. Le terme »pauvre » possède ici une signification phénoménologique, qui ne le limite pas à être l'opposé de « riche » : le pauvre, c'est Autrui irréductible à ce contenu du moi qu'est l'*alter ego* en tant qu'il me révèle comme celui qui donne. Seul un moi qui reçoit peut donner et seule la théologie permet de penser une pitié au-delà de toute ontologie, une véritable pitié « pour autrui » qui n'est relative ni à mes qualités, ni à celles d'autrui[2], qui n'est pas un sentiment, mais la tonalité fondamentale de l'être-pour-autrui, de l'accueil d'autrui comme pauvre et seigneur. Elle suppose de se mettre à nu, de s'arracher à la tranquillité de l'intériorité, de se dépouiller de son être, pour s'exposer à autrui. La pitié est une « intrigue » et non une simple relation intersubjective : en elle j'appartiens à autrui sans retomber dans la position privilégiée de sujet spectateur ; elle se trouve par-delà domination et servitude. En cela, par rapport aux analyses husserliennes de la sympathie dans lesquelles il n'y a pas de prochain, Levinas marque que l'inaccessibilité d'autrui ne tient pas à une impuissance du sujet constituant, mais au dérobement d'autrui[3]. La pitié n'est pas une expérience d'autrui[4], mais

1. E. Levinas, *Carnets de captivité et autres inédits, op. cit.*, p. 387.
2. Sur l'énigme d'une souffrance « dans autrui », voir les textes cités et analysés par P. Capelle-Dumont dans « Le temps dramatique et son au-delà. Emmanuel Levinas et Léon Bloy », dans D. Cohen-Levinas (dir.), *Levinas et l'expérience de la captivité*, Collège des Bernardins, Lethielleux, 2011.
3. *Cf.* D. Franck, *L'un-pour-l'autre. Levinas et la signification*, Paris, Puf, 2008, p. 89.
4. Bien évidemment, cette pitié ne relève pas d'une éthique du sentiment. Voir les quelques analyses de R. Calin sur ce point, *Levinas et l'exception du soi*, Paris, Puf, 2005, p. 209-211. C'est la distinction même entre éthique rationnelle et éthique du sentiment qui est abolie par cette nouvelle compréhension de la signification éthique. La pitié n'est pas une norme fondée sur le sentiment, elle est de l'ordre de l'appel. *Cf.* notre étude *L'intelligence de la pitié*, Paris, Cerf, 2003.

un être pour autrui dans lequel autrui est un non-phénomène qui commande mon action.

Tout le travail de Levinas est de dépasser l'idéalisme éthique qui intellectualise l'éthique et fait perdre toute sensibilité éthique. En effet, les vécus qui donnent lieu à un devoir ne relèvent pas d'une vision des essences, d'une saisie de l'*eidos ego* et de sa responsabilité universelle. Justement, l'ensemble de la réflexion de Levinas sur le monde cassé de la captivité est également une mise en cause de cette purification de la responsabilité, qui la rend toujours plus universelle et qui est peut-être une cause du mal. Ainsi, l'idéal d'une auto-responsabilité absolue et universelle, qui appartient à l'essence des philosophies de la volonté pure, serait en fait destructeur de l'éthique, car il enfermerait dans cette neutralité du pur rapport à soi ; néanmoins, se libérer d'un tel idéal demande de rompre avec la conception husserlienne de la vérité comme évidence pour décrire une responsabilité dans laquelle on appartient à ce qui nous appelle.

Afin de mettre en lumière que la responsabilité est reçue, donnant à voir Autrui comme une valeur, Levinas souligne que la hauteur est le mode de donnée d'autrui, qui n'est ni de l'ordre de la *Zuhandenheit*, ni de l'ordre de la *Vorhandenheit*, dans la mesure où la liberté d'autrui vient de sa transcendance même. Ainsi, l'impossibilité éthique de tuer autrui ne relève pas d'une *Wesensschau*, ce n'est pas un universel vu ou visible, mais relève de la présence sans distance et antérieure à toute représentation que Levinas nomme Visage. L'essentiel pour le moment est que le visage n'est pas un sens relatif au moi, qu'il fait sens par lui-même, qu'il est la nudité même d'autrui m'appelant et m'ordonnant. Comme dit Levinas, le visage est un « non » lancé à la volonté d'appropriation, et c'est pourquoi le « Tu ne tueras pas » est dans cette éthique qui précède l'ontologie la source de toute signification : à partir de cette hauteur d'autrui le donné peut prendre sens, car je suis ouvert à l'altérité[1].

Il n'est pas question de reprendre ici toutes les descriptions du visage dans *Totalité et infini*, mais de considérer seulement l'idée que le visage « déchire le sensible »[2], parce qu'il exerce une « résistance éthique »[3] à mes prises, dans la mesure où il est cette parole « Tu ne tueras pas », c'est-à-dire « je ne suis pas une chose sans visage »[4]. En effet, le visage destitue de la position de sujet spectateur, et c'est pourquoi je lui appartiens. Bien évidemment, dire que le visage est sans défense, nu, misérable, ce n'est pas du tout fonder le devoir sur un fait anthropologique, mais cela revient à décrire une situation phénoménologique : le visage est ce pur dire qu'aucun dit n'épuise. On retrouve alors ici l'humilité[5] dans une

1. Sur l'altérité d'autrui comme origine de toute altérité, voir les réserves de R. Bernet, « L'autre du temps », dans E. Levinas, *Positivité et Transcendance* suivi de *Levinas et la phénoménologie*, J.-L. Marion (dir.), Paris, Puf, 2000, p. 162.

2. E. Levinas, *Totalité et infini*, op. cit., p. 216.

3. *Ibid.*, p. 217.

4. Levinas renouvelle ainsi la distinction très ancienne entre chose et personne qui remonte au moins au droit romain, mais il ne veut pas reprendre le terme de « personne » trop lié à la problématique de l'essence, et cela jusque dans le personnalisme de Ricœur. Le visage n'est pas du tout un remplaçant pour le terme de « personne », pas plus qu'il n'est un remplaçant du « je », ni même du *Dasein*. Le visage ne prend sens qu'en dehors de toute problématique ontologique, car il n'y a pas de sens idéal du visage.

5. « Dans le *Désir* se confondent les mouvements qui vont vers la Hauteur et l'Humilité d'Autrui », E. Levinas, *Totalité et infini*, op. cit., p. 218.

signification purement descriptive : elle ne dit pas un abaissement volontaire d'autrui et elle est dans une tout autre perspective sa transcendance même. Ainsi, dans ce questionnement éthico-phénoménologique sur le sens de la transcendance, Levinas s'attache à décrire l'appel d'autrui en élucidant la signification verbale de la misère comme un « aide-moi ! », celle de la nudité comme un « protège-moi ! » et celle de la faim comme un « nourris-moi ! » et cela change totalement le sens même de la reconnaissance.

Encore une fois, l'appel des valeurs n'est pas neutre, il n'est pas indifférencié, et il est toujours l'appel de quelqu'un qui s'expose[1]. Selon Levinas, jusqu'à maintenant la phénoménologie n'a jamais su décrire l'appel d'autrui depuis sa hauteur et son humilité, et c'est pourquoi elle n'a pas eu accès au sens éthique selon lequel c'est l'autre qui me permet de me révéler en suscitant ma bonté[2] ; c'est pourquoi également la phénoménologie, enfermée dans l'ontologie, n'a pas su voir dans l'éthique la philosophie première. Cet appel que je ne peux pas ne pas entendre ouvre à une nouvelle intelligibilité de l'obligation, qui n'est ni l'obligation instituée, ni celle que l'on se donne à soi-même. Ici, ce n'est pas la volonté libre qui rend possible l'obligation, mais l'obligation qui rend possible la liberté. Si le devoir ne vient pas du monde, il ne vient pas non plus de l'auto-affection de la volonté. Refusant ainsi de fonder l'obligation sur l'universalité de la loi morale que la volonté

1. La proximité avec l'analytique existentiale de Heidegger est sans doute sur ce point bien plus effective que Levinas ne semble le penser, voir les analyses de J.-F. Courtine, « L'ontologie fondamentale d'Emmanuel Levinas », dans D. Cohen-Levinas et B. Clément (dir.), *Emmanuel Levinas et les territoires de la pensée, op. cit.*, p. 96-119.

2. E. Levinas, *Totalité et infini, op. cit.*, p. 119.

se donne à elle-même[1], Levinas ne retombe pas dans une conception anthropologique de l'obligation en la fondant dans la nature de l'homme ou dans les circonstances mondaines. Le projet de Levinas est bien de concilier également liberté et obligation, mais, encore une fois, en renversant la perspective classique : l'obligation ne se fonde pas ici sur la valeur absolue qui transcende tout prix, à savoir la dignité, autrement dit sur ce qui doit être absolument voulu. D'une façon radicale, en refusant l'idée que toute obligation doit se fonder sur des valeurs, Levinas défend la thèse que l'obligation trouve son origine dans le visage, qui n'est pas une valeur. En effet, le visage est ce qui s'impose à moi-même de soi-même, et en cela il ne donne pas une obligation, mais le sens de l'obligation. Tel est l'acquis phénoménologique : le visage oblige et il « instaure la Raison »[2], qui n'est ni en moi, ni en autrui, ni dans le rapport dialectique, mais dans le face-à-face.

On arrive alors à ce qui est peut-être la thèse principale et la plus difficile de *Totalité et infini* : « Le visage est l'évidence qui rend possible l'évidence »[3]. Quelle est la nature de cette évidence du visage ? Pour Levinas, l'évidence du visage est celle du « me voici », qui ne relève pas de la vérité de l'essence, et on se trouve donc très éloigné de la conception husserlienne de l'évidence. En effet, Husserl

---

1. Il est cependant difficile de dire comme A. Renaut que Levinas déplace le registre de l'éthique de l'autonomie vers l'hétéronomie pour tenir compte de la finitude du sujet. Voir « Levinas et Kant » dans E. Levinas, *Positivité et transcendance*, *op. cit.* Ce n'est pas la finitude du sujet qui fait que la loi s'impose de l'extérieur, car ce serait encore poser une condition humaine à la transcendance. Sur le sens propre à Levinas de l'hétéronomie *cf.* C. Chalier, *Pour une morale au-delà du savoir. Kant et Levinas*, Paris, Albin Michel, 1998.

2. E. Levinas, *Totalité et infini*, *op. cit.*, p. 223.

3. *Ibid.*, p. 224.

comprend l'évidence comme l'idéal d'une présence pleine
et entière de la chose jugée à la conscience. Il y a évidence
quand l'objet est non seulement visé, mais donné ; elle est
la pleine concordance entre le visé et le donné comme tel,
elle est le lieu de la présence à l'être, ce par quoi le regard
de l'esprit atteint la chose même. Le *telos* de l'évidence
est la donation absolue de ce qui apparaît, et pour Husserl
la tâche de la philosophie est de mettre en évidence
l'évidence seul fondement possible de la science. Or,
l'évidence du visage n'est pas une évidence apodictique
de ce type dans laquelle ce qui se donne se donne en toute
transparence. Le visage ne porte même pas un tel *telos*,
car il ne dévoile rien, il oblige. Face au visage comme
parole originaire, il y a une seule certitude apodictique,
celle que c'est à moi et à moi seul de répondre, que c'est
moi qui suis assigné[1] ; une certitude de témoin et non de
sujet. Ainsi, l'évidence du visage est la donation de l'altérité
sans laquelle toute connaissance est impossible.

Dès lors, le visage n'a pas la structure d'une intuition
qui vient remplir une intention et il est plutôt cet excès
d'intuition que Levinas désigne par le « débordement »,
le « ruissellement », et c'est pourquoi il écrit que « le sens
c'est le visage d'autrui »[2]. En effet, à l'origine de la donation
de sens, il y a un sens qui se donne de lui-même, un sens
hors de tout système, de toute relation, qui est « l'objet »
de la philosophie première. En conséquence, le visage est
l'expérience de l'infini comme expérience du sens, c'est-
à-dire de ce qui est présent avant toute représentation et
qui m'arrache à la quiétude de mon intériorité. En cela,

1. Sur le visage en tant qu'il m'individualise, voir J.-L. Marion
« D'autrui à l'individu », dans E. Levinas, *Positivité et transcendance*,
op. cit.

2. E. Levinas, *Totalité et infini, op. cit.*, p. 227.

l'évidence du visage suppose de faire la différence entre, d'une part, la signification de la chose relative à un contexte, à des relations. Dans la *Zuhandenheit* le sens vient de l'usage, c'est-à-dire de la différence, de la place occupée par la chose dans un ensemble. D'autre part, il y a la signification du visage comme excès, débordement, hauteur. Il s'agit donc d'un sens qui cette fois se donne de lui-même hors de toute comparaison, hors de tout système et qui outrepasse l'apparaître.

Le visage comme évidence qui rend possible l'évidence signifie alors la responsabilité pour autrui, l'hospitalité, qui est l'expérience originaire à partir de laquelle l'évidence des valeurs devient possible : la signification du respect ne peut être saisie qu'à partir du visage, sinon elle demeure cette abstraction qu'est le respect pour la loi. Or, subordonner la compréhension du respect à l'expérience d'une signification qui signifie toujours plus que ce qu'elle signifie, cela revient à comprendre que le respect porte en lui-même un horizon intérieur, une approche à l'infini du mystère d'autrui dans laquelle autrui n'est pas un noème. Le visage est cet appel qui est entendu dans la réponse par laquelle je me pose comme responsable d'autrui, qui est entendu dans l'accomplissement de mes obligations, c'est-à-dire le passage au rationnel qui n'est pas ici une désindividuation[1]. Le sens est éthique parce que le rationnel est personnel. De cette façon l'éthique comme philosophie première permet d'écarter la thèse d'une pure auto-détermination de la volonté, ainsi que la thèse d'une volonté écrasée par ce qui la traverse, ou encore d'une volonté individuelle simple instrument d'une volonté collective, pour mettre en évidence des conditions de la volonté qui ne sont ni des

---

1. *Cf.* E. Levinas, *Totalité et infini, op. cit.*, p. 242.

limites, ni des négations parce que ce ne sont pas des conditions humaines[1].

Si nul ne donne sa vie seulement pour des valeurs quand elles sont de simples représentations, Levinas montre que ce qui donne vie aux valeurs, c'est une relation à l'autre qui le laisse être comme événement. Dans cette perspective, l'amour n'est pas une valeur, n'est pas une intentionnalité, mais ce qui liant avant toute initiative donne sens à la vie intentionnelle. Là encore l'amour ne tient ni aux qualités du sujet qui aime, ni aux qualités de l'être aimé, mais à la transcendance même de l'autre comme tendresse, fragilité, vulnérabilité, et c'est pourquoi la pudeur est le pathétique de l'amour, la façon dont il se rend sensible à ce qui ne se laisse pas figer, au fugitif et à l'évanouissant d'autrui. Là plus qu'ailleurs, il convient de ne pas être dupe de la morale en comprenant l'amour comme une expérience pure, sans objet, qui n'est jamais précédée par des valeurs comme l'égalité. En cela, il faut aimer pour agir et Levinas peut donc bien dire que « la transcendance comme telle est "conscience morale" »[2]. Ainsi, l'amour est sans condition et il y a une gratuité de l'être pour autrui, qui ne dépend pas de la valorisation de valeurs. De ce point de vue, l'amour n'est jamais possession, et c'est pourquoi « la volupté ne vise donc pas autrui, mais sa volupté, elle est volupté de la volupté, amour de l'amour de l'autre »[3]. Telle est la pure transitivité de l'amour, qui rend possible une sympathie non objectivante dans laquelle le bonheur d'autrui est la matière de ma joie. La temporalité éthique

---

1. *Cf.* F. Guibal, « La transcendance », dans E. Levinas, *Positivité et transcendance, op. cit.*, p. 229.

2. E. Levinas, *Totalité et infini, op. cit.*, p. 293.

3. *Ibid.*, p. 298.

est alors celle du temps infini de la fécondité, qui laisse
toute sa place à la nouveauté, puisque l'amour vient sans
condition, il nous tombe dessus, et brise ainsi la totalité.
Sans être compris comme une réconciliation trop simple,
il permet de dépasser la thèse hégélienne selon laquelle je
ne peux pas aller au monde sans passer par les autres et
qu'asservir autrui est la condition de mon être-au-
monde.

L'idée n'est pas nouvelle, puisqu'elle est biblique, et
il serait possible d'effectuer une analogie avec la distinction
augustinienne entre la lumière qui éclaire les objets et la
lumière qui m'éclaire et m'accuse. Dès lors, l'homme
n'accède pas à la vérité éthique par un acte de puissance,
mais par un acte d'humilité. Bien évidemment, s'il n'y a
pas à identifier la thèse augustinienne, selon laquelle
l'homme reçoit un visage de la lumière de la vérité, avec
les descriptions lévinassiennes du visage, il n'en demeure
pas moins que Levinas retrouve, par-delà les philosophies
du sujet, l'appel comme principe d'individuation. En
conséquence, l'amour pour Levinas n'est pas un appel
particulier ; il est l'essence de tout appel. Toute la quatrième
section de *Totalité et infini* cherche à décrire cet élan vers
l'autre sans retour, qui rompt avec toute forme de réflexivité
de la sympathie ou de la compassion[1]. Ainsi, Levinas,
après avoir décrit la substantialité du moi de la jouissance,
et avoir ainsi écarté les conceptions abstraites du moi, peut
montrer que l'amour assure autrement la substantialité du
moi. De ce point de vue, on a pu reprocher à Levinas de
ne pas parvenir à décrire vraiment comment la hauteur
d'autrui peut me reconduire à ma propre altérité, et de
développer parfois un discours plus dialectique (proche

1. E. Levinas, *Totalité et infini*, *op. cit.*, p. 304.

en un sens de la dialectique de la réception et du don propre à Kierkegaard) que phénoménologique. Sans écarter totalement l'objection, il faut souligner que Levinas développe finalement plus une pensée de l'exode (Abraham) qu'une pensée de l'exil (Ulysse) et que dans cet exode on prend congé de tout projet de totalisation de soi à partir de l'épreuve de sa propre transcendance. Là encore, si Levinas retrouve l'idée ancienne que l'amour n'est pas une valeur, ni même la plus haute des valeurs, il montre que l'amour est ce qui reconduit les valeurs à leur temporalité authentique et les empêche de se figer en représentation, autrement dit en normes, ou encore en momies conceptuelles comme disait Nietzsche.

Le visage est donc l'évidence qui fonde les évidences au sens où, comme drame absolu de la nudité, il m'éclaire, il me donne à voir ma responsabilité, cet amour sans concupiscence, comme Levinas le nomme dans l'entretien avec Wolzogen[1]. Il est ainsi le point source originaire, qui brisant toute continuité et toute totalité, permet à la vie intentionnelle de ne pas s'enfermer dans la neutralité de l'universel, pour demeurer « la donation de sens de la singularité »[2]. Le visage est révélation de l'unicité, qui me reconduisant à l'unicité de ma responsabilité d'élu, permet à la pitié, par exemple, de ne pas être une pitié abstraite pour le genre humain ou une pitié subjective dans laquelle je pars de moi-même, mais d'être une pitié qui me rend possible de demeurer dans la vie éthique avec le devoir de répondre personnellement à cette souffrance qui m'appelle, et non indifféremment à celle d'un semblable ou à la

---

1. E. Levinas, « L'intention, l'événement et l'Autre. Entretien avec C. von Wolzogen », *Philosophie* 93, printemps 2007, p. 15.
    2. *Ibid.*

mienne. Le visage fonde les valeurs, car il est cette évidence qui brûlant notre sensibilité lui permet d'être « é-mu » par le prochain et de témoigner ainsi de l'infini en étant anarchiquement pris par la vérité de cette singularité qui se donne. C'est donc bien lui qui effectue la réduction phénoménologique et non l'*ego* ou l'angoisse, car cette réduction qui suspend l'assimilation de l'Autre au Même est précisément ce qui permet d'éviter de figer le sens depuis un acte de totalisation[1].

L'apport incontestable de Levinas est d'avoir montré qu'il est impossible de répondre à la crise spirituelle de l'humanité soit par une nouvelle purification théorique dégageant des valeurs absolues, un sens idéal, soit par l'invention de nouvelles valeurs. L'éthique n'est pas une science et la philosophie première ne consiste pas à trouver dans une valeur ou une hiérarchie de valeurs le point d'appui pour diriger l'action, mais de reconduire les valeurs à cette signification sans contexte qu'est le visage, qui seul reconduit la pitié ou l'humilité à leur *comment* véritable et à un remplissement véritable. En cela, il est essentiel de faire la différence entre la pitié ou l'humilité immanentes, dans lesquelles l'homme parle depuis son propre fond, et la pitié ou l'humilité transcendantes, qui prennent leur source dans l'injonction du visage. Ainsi, ce qui fait la vie des valeurs ne peut être la seule écoute de la raison, ni une sympathie, ni la réciprocité des consciences des philosophies du dialogue, mais c'est l'appel d'autrui qui vient briser la

---

1. Sur le sens de cette réduction, sur sa difficulté, *cf.* A. Clément, *Levinas et la question de l'infini*, Bruxelles, Ousia, 2022, notamment p. 203.

vie monadique[1] la rendant alors disponible à une matière qui l'informe. Bien sûr, si Levinas donne à penser l'asymétrie de la vie éthique individuelle dans laquelle je suis responsable de tous et de tout, il est plus difficile de comprendre, surtout dans le cadre de *Totalité et infini*, comment cette responsabilité infinie est aussi finie et se déploie dans une communauté toujours déjà là. Sans entrer ici dans les considérations sur la justice, il est vrai que pour Levinas répondre de tout n'est pas une volonté de s'occuper de tout, mais le fait que l'appel est sans condition dans le monde, de même que la réponse sera elle aussi sans condition dans le monde. Répondre de tout et de tous signifie alors la nécessité éthique de résister à la tentation de faire tomber la responsabilité dans le neutre de l'universel, et c'est pourquoi la nudité d'autrui me réveille de mon rêve solipsiste pour me faire revenir à une responsabilité d'avant la vie intentionnelle, d'avant le choix et la liberté. Cependant, on peut se demander si une véritable herméneutique de la finitude ne serait pas également nécessaire pour se libérer de l'égoïsme ontologique et cesser de faire de la solitude le lieu où les valeurs peuvent être vues. Une éthique phénoménologique, qui éluciderait le comment de la visée des valeurs, ne devrait-elle pas montrer que l'expérience de la transcendance d'autrui s'entrelace à l'expérience de ma faiblesse, de mon impuissance et de ma finitude ? Une description fidèle des vécus qui donnent

---

1. *Cf.* J. Greisch, « Éthique et ontologie », dans *Emmanuel Levinas. L'éthique comme philosophie première*, Paris, Cerf, 1993, p. 31 : « La véritable révolution accomplie par la pensée de Levinas est ce retournement de la valeur de la proximité-intimité du *pour* l'autre en persécution *par* l'autre ». Il ajoute à juste titre que Levinas met fin au vocabulaire de la relation en éthique pour décrire une asymétrie originaire.

lieu à un devoir ne devrait-elle pas mettre en lumière qu'il n'est possible de répondre à l'injonction du visage qu'à travers sa finitude et depuis une communauté ? D'une certaine façon, contrairement à ce que pensait Husserl, l'oubli de la subjectivité n'est pas seulement l'oubli de l'*ego*, mais aussi l'oubli de la finitude irréductible qui est constitutive de l'être-ensemble. En éthique, il n'y a pas d'au-delà de la finitude, parce qu'il ne s'agit pas de viser un sens idéal, et cette finitude n'est pas une simple qualité du sujet et doit d'abord être comprise comme ce qui vient de l'excès de ce dont il y a à répondre. Ainsi, il serait possible de montrer qu'aucun sujet ne peut accéder à un point de vue absolu sur les valeurs, car le devoir ne se donne que dans le vécu de la rencontre. Or, comme l'avait déjà montré Kant, je ne peux jamais être certain de la pureté de mon intention, mais cette fois l'incertitude ne vient pas d'être constitué d'un bois noueux, selon la métaphore de Luther, mais du fait que l'appel ne me dit pas ce que je dois faire, mais seulement que c'est à moi d'agir dans ma finitude. La vérité (l'évidence) du visage ouvre à plus qu'elle-même, elle inaugure en moi une temporalisation inquiète, qui est celle même de la vie éthique et qui s'oppose à la temporalité figée de l'Égyptien enfermé dans le fini. Toute existence est le passage d'une temporalité à une autre, d'une vie fermée sur elle-même à une vie ouverte par l'infini lui-même. L'appel d'autrui m'envoie dans le monde en ayant à répondre de ce qui m'excède et dans la conscience de mon impuissance, car ce n'est pas par moi seul que le monde a un sens. La question est alors de savoir si le sens de l'humilité, du respect ou du pardon peut pleinement relever d'une éthique en première personne, qui dépend encore d'une conception herculéenne de l'existence[1]. Tout en reconnaissant que Levinas libère des illusions d'une simple éthique intersubjective fondée sur la réciprocité, une phénoménologie du devoir n'est-elle pas contrainte par les phénomènes de tenir compte que, comme l'écrivait Hölderlin commenté par Heidegger, « nous sommes un dialogue »[2], pour véritablement libérer d'une signification solipsiste des valeurs ? En fonction de notre finitude propre à l'existence humaine, n'est-ce pas toujours ensemble, en nous appelant les uns les autres, que nous nous élevons au respect ? De même que le ciel étoilé est trop vaste pour être contemplé seul, l'écoute du devoir à partir de l'injonction d'autrui relève déjà d'un « nous », qui n'est pas une simple somme de singularités, et que la phénoménologie a encore à décrire selon son mode de donnée propre et dans son antériorité par rapport à toute communauté « politique ».

---

1. Sur la difficulté de l'éthique asymétrique de Levinas, souvent soulignée aujourd'hui, voir les travaux inauguraux de J.-L. Chrétien, notamment « la dette et l'élection », *Cahier de L'Herne : Emmanuel Levinas*, Paris, L'Herne, 1991 et *Répondre. Figures de la réponse et de la responsabilité*, Cinquième conférence, Paris, Puf, 2007, p. 198-202.

2. M. Heidegger, *Approche de Hölderlin*, trad. fr. H. Corbin, M. Deguy, F. Fédier, J. Launay, Paris, Gallimard, 1973, p. 48-51.

CHAPITRE V

DONNER SENS À LA MORT
(HUSSERL, HEIDEGGER, LEVINAS)[1]

La mort semble être l'affaire la plus solitaire de l'existence, dans la mesure où ma possibilité de mourir comme possibilité de l'impossibilité est bien la mienne, incomparable à toute autre, celle devant laquelle soit je me disperse dans l'angoisse, soit je me rassemble dans la conscience de ma finitude. Pourtant, cette mort mienne qui me préoccupe est irreprésentable, elle est bien évidemment ce dont je n'ai jamais l'expérience, et ceux qui prétendent être revenus de la mort n'ont jamais été vraiment morts. Non seulement cette mort n'est pour moi qu'une possibilité et non une intuition, mais en outre cette possibilité se pense le plus souvent sur le mode de la dépossession : elle serait le moment paradoxal où je cesse d'être moi, où je cesse d'unifier ma vie à partir du pouvoir synthétique du *je* transcendantal. N'étant jamais un présent, une expérience constituée, ma mort finalement n'est pas vraiment la mienne et elle semble plutôt être le moment où je tombe dans l'anonymat de la chose ou dans la simple

---

1. Certaines pistes de réflexion de ce chapitre ont déjà été envisagées dans « Mourir pour autrui ou la gloire du fini », dans B. Quentin (dir.), *Des philosophes devant la mort*, Paris, Cerf, 2016, p. 121-140.

naturalité. Bien sûr, je peux tenter de faire de ma mort un dernier moment de maîtrise pendant lequel je meurs pour une cause, pour des valeurs, ou tout simplement pour moi-même dans une libre décision de suicide. On sait ce que cette attitude peut avoir de beau, d'héroïque, mais également ce qu'elle peut porter d'horreur quand on veut à tout prix témoigner par son sang. Sans pouvoir aborder toutes les dimensions philosophiques de cette question si centrale dans le rapport de l'homme à la vérité depuis le *Phédon* de Platon, il est possible de centrer le questionnement sur le caractère « égologique » de la mort, sans limiter la signification de cet adjectif au cadre de la phénoménologie de Husserl. Cela suppose, à titre de méthode, de mettre entre parenthèses toutes les considérations anthropologiques, historiques, ethnologiques, morales et politiques, ce qui peut sembler être un coup de force excessif risquant de manquer une véritable ontologie de la mort, et qui est pourtant la condition d'un retour à une pure réflexion métaphysique sans précompréhension mondaine de la mort. D'autres questions peuvent alors émerger. Ma mort n'est-elle que la mienne et n'implique-t-elle pas toujours déjà les autres ? N'est-ce pas toujours par rapport aux autres que nous mourrons et même que nous subissons le martyr ? Mourir pour la justice, pour la vérité, pour sa patrie, c'est bien toujours mourir pour les autres, mais le problème est de déterminer si cela ne peut pas être le cas de toute mort, même de la mort la plus banale, la plus quotidienne. La difficulté est de savoir comment penser la signification « sociale » de la mort, et donc sans en faire nécessairement l'ultime moment de l'affirmation de soi, comme s'il était possible de masquer ce que la mort a de perte et d'abandon. En quel sens ma mort est-elle encore la mienne jusque dans la déréliction de l'agonie ? Autrement dit, la mort est-elle la plus haute action par laquelle l'individu peut témoigner de l'esprit en sacrifiant son individualité au profit de la communauté et se diviniser en s'universalisant[1], ou manifeste-t-elle la dignité du fini, du quotidien, de celui qui depuis sa faiblesse et son impuissance se donne ? Que l'on puisse donner sens à sa mort ne signifie pas nécessairement que la mort soit en elle-même dépourvue de sens, qu'elle ne soit en elle-même ni un bien ni un mal, et que son sens dépende uniquement de la décision d'une volonté. Dire que la mort ne possède pas en elle-même de sens, c'est retrouver cette position du nihilisme contemporain selon laquelle la vie n'a pas en elle-même de valeur.

Pour répondre à de telles questions, il est nécessaire de mettre entre parenthèses toute préoccupation sur ce qui peut se passer après la mort, afin de s'en tenir à ce que signifie « pouvoir mourir » pour celui qui meurt. Il s'agit même de suspendre pour le moment toute réflexion sur les funérailles, par exemple comme premier devoir de la famille selon Hegel dans la section *Esprit* de *La phénoménologie de l'esprit*, qui veut montrer que la mort n'est pas la dissolution de l'individu, mais est une prise en charge par la famille. Toutes ces considérations sur l'humanisation de la mort par l'enterrement, cette façon de montrer que le mort appartient encore au monde social, doivent être suspendues afin de mettre en lumière une socialité plus originaire de la mort. Avant la substance éthique de la famille, que Levinas nommerait « politique », il est possible de mettre au jour un sens social du mourir. Dans ses derniers

---

1. Voir ce que dit Hegel de la mort du Christ, *Phénoménologie de l'esprit*, trad. fr. J. Hyppolite, Paris, Aubier, 1941, t. 2, p. 286 : « la mort n'est plus ce qu'elle signifie immédiatement, le non-être de cette entité singulière, elle est transfigurée en l'universalité de l'esprit qui vit dans sa communauté, en elle chaque jour meurt et ressuscite ».

textes, Husserl développe, dans un vocabulaire leibnizien, l'idée que tout homme qui meurt ne sombre pas dans un pur néant et peut continuer à participer à la vie de la totalité des monades. Il évoque ainsi « "L'immortalité" du tout des monades par la mortalité des monades singulières »[1]. Cette immortalité intersubjective signifie que ce que j'ai pu apporter au développement de l'humanité ne se perd pas et que ma mort peut prendre une signification plus haute au regard de l'historicité du monde intersubjectif. Cela ne veut pas dire que de fait rien n'est perdu, mais que j'ai la possibilité de penser ma mort autrement que d'un point de vue purement solipsiste : non seulement ce que j'ai apporté se sédimente dans l'intersubjectivité et peut être réactivé dans le futur, mais en outre ma mort est la mienne dans la transmission aux générations futures de la tâche universelle de porter le *telos* de l'humanité. Dès lors, ma mort n'est pas purement égologique, et elle prend une dimension intersubjective en donnant un avenir, en formulant un « tu dois », que bien évidemment le *je* ne formule pas, mais que l'autre entend dans l'acte de porter le même *telos*. Cette tâche n'est donc pas un fardeau que chacun devrait donner à ceux qui lui survivent, et vouloir déterminer à l'avance ce qui doit être fait par la suite, ce serait en réalité retirer tout véritable avenir. Donc, si ma mort est intersubjective, ce n'est pas en ce qu'elle serait l'occasion de fixer des prescriptions, et de telles prescriptions pourraient même devenir un poison quand elles figent la temporalité de l'autre. Il n'y a pas à préparer l'avenir, car l'avenir est l'affaire des vivants, et chaque mort en tant que telle peut prendre la signification supérieure de la

---

1. E. Husserl, *Zur Phänomenologie der Intersubjektivität. Dritter Teil : 1929-1935, op. cit.*, p. 195.

transmission d'une responsabilité. D'une certaine façon, pour Husserl, chaque personne doit se comprendre comme responsable de la responsabilité des générations futures : « Le développement du futur est l'affaire des vivants, c'est leur façon de continuer la culture qui crée le futur. Mais le futur advient par une activité constante, qui a le caractère d'une revivification (*Wiederverlebendigung*) de l'esprit des morts, par le retour de la compréhension sur leurs œuvres à partir de leur sens originel, c'est-à-dire la formation de sens produite par les penseurs passés »[1]. On voit que dans ces textes Husserl envisage la mort du point de vue d'une générativité spirituelle, qui fonde la communauté des esprits libres, dont le philosophe est l'accomplissement idéal. Chaque philosophe continue à participer à la vie de l'humanité en transmettant à la fois une pensée à se réapproprier sans cesse et un impératif, celui d'une vie dans la vérité. Le philosophe est ainsi celui qui « meurt pour l'humanité », qui meurt pour une Idée immortelle, et dans la confiance rationnelle qu'une fois mort il se trouvera porté par la communauté des chercheurs. Un tel idéal dessine une vie de haute volée dans laquelle la finitude de la mort se trouve surmontée par l'activité de la communauté pure des chercheurs, qui continuent à poursuivre le travail commencé en l'ouvrant sans cesse à de nouveaux horizons. Un tel « mourir pour » suppose alors une société idéale fondée sur la responsabilité absolue de chaque chercheur et sur la réciprocité, puisque chaque chercheur a la tâche de transmettre ce qu'il a lui-même reçu. Mourir, ce serait rendre à la communauté ce que l'on a reçu après l'avoir fait fructifier. Husserl peut envisager cette coexistence idéale des morts et des vivants, qui ne devrait jamais se

1. *Krisis*, appendice XXIV, p. 489 ; trad. fr. p. 542-543.

rompre, car une telle rupture serait une crise mortelle pour l'humanité. Il faut alors bien reconnaître que la méditation de la mort est l'occasion de prendre conscience de l'essence relationnelle de son existence, de son historicité fondamentale. Néanmoins, il est possible d'objecter que cette mort n'est pas la mort de tous les hommes, mais la mort d'un archonte et que toute mort n'est pas éclairée par la gloire de l'infinité de l'Idée vers laquelle on s'est porté toute sa vie. Cette mort glorieuse est encore une abstraction qui minimise ce qu'il y a de finitude dans la mort et de radical abandon. Certes, la force de cette perspective est de donner à voir une solidarité intentionnelle des morts et des vivants dans une communauté de volonté et pour une tâche infinie : chaque personne éveillée à sa responsabilité donne sa vie pour les idées éternelles de la communauté dans l'espérance que les Idées sont plus fortes que les puissances empiriques et que le Phénix renaîtra toujours de ses cendres. Néanmoins, est-ce vraiment pour une idée que l'on meurt et ce « pour l'humanité » de la mort n'est-il pas encore un mourir bien abstrait de fonctionnaire de l'humanité et non le mourir de tout homme ?

L'interrogation sur le lien entre la mort et le pouvoir d'être soi est particulièrement développée par Heidegger avec ses analyses sur l'être-pour-la-mort dans *Être et temps*, analyses qui ont fait époque dans la philosophie contemporaine. La conscience de sa mortalité est ce qui permet au *Dasein* de se saisir dans sa temporalité propre, dans la mesure où la conscience de cette finitude du temps originaire est ce qui permet de ne pas se perdre dans l'anonymat pour s'ouvrir à ses propres possibilités. Être soi, cela revient à s'arracher à soi, c'est être hors de soi, dans un constant inachèvement, et le mourir doit se comprendre lui-même à partir de l'idée que l'homme n'est pas, il existe ; être pour l'homme n'est pas un substantif, mais un verbe. Dès lors, ce pouvoir mourir est ce qui nous est le plus propre et le mourir des autres n'est pas directement expérimentable. En effet, personne ne semble pouvoir me retirer ce pouvoir mourir et à partir de lui je suis bien mon propre pouvoir-être. Le changement de perspective est important : il ne s'agit plus de mourir pour une « valeur éternelle », qui traverse l'histoire et à laquelle la conscience s'éveille par la réflexion. Le « mourir pour » n'est plus la conséquence d'une maîtrise de soi d'un *ego* transcendantal qui accompagne chacune de mes représentations, et c'est au contraire le *je* qui est reconduit à lui-même à partir de cet être-pour-la-mort. La mort est radicalement mienne, inaliénable, et c'est à partir de ce qu'elle ouvre que l'anonymat peut être mis en échec. En conséquence, ce qui me constitue de la façon la plus propre ce n'est pas tant ce que je fus, ni mon pouvoir présent de synthèse, mais ce que j'ai à être, cette identité à construire à partir de la conscience que mon temps est fini. Le « mourir pour » change alors de signification quand on passe d'une considération de la temporalité infinie à la prise en compte de la temporalité finie dans laquelle l'être-pour-la-mort devient le véritable principe d'individuation.

Certes, Heidegger n'a pas découvert l'angoisse devant la mort, mais il a mis au jour sa signification existentiale, en montrant qu'en elle le soi s'interpelle lui-même en son pouvoir-être le plus propre. Encore une fois, la mort est le principe d'individuation ; elle singularise absolument le *Dasein* et le sépare d'une simple confusion avec les autres, pour mieux le reconduire à son être-avec-les-autres. Cette thèse est à la fois nouvelle et d'une certaine façon elle continue d'appartenir à cette longue tradition faisant de la mort le maître absolu, celui qui enseigne ce que j'ai à être. La puissance incontestable des analyses d'*Être et temps* est de montrer que le *Dasein* est en attente d'un événement qui n'est pas mondain et qui ainsi reconduit au soi, ce qui n'est pas le cas de la peur ontique de la mort. Tel est le paradoxe : s'il y a une non-maîtrise de la mort comme fait qui aura lieu dans le monde à un moment que l'on ne peut déterminer avec certitude, il y a une possibilité de se tenir soi-même dans la conscience de sa temporalité finie, puisque la conscience de ma mortalité me reconduit à mon pouvoir-être. On peut toujours imaginer un homme qui disposerait d'un temps infini devant lui, mais un tel homme ne pourrait pas être lui-même, car il ne pourrait rien choisir pouvant tout faire. Heidegger renverse donc une perspective trop abstraite en mettant en évidence que la conscience de soi ne se fonde pas sur une certitude théorique du « je suis », mais sur la certitude existentiale du « je suis mortel ».

Après *Être et temps*, Heidegger continuera à méditer le sens verbal de la mortalité, en montrant qu'il s'agit de devenir des mortels dans l'accomplissement du rapport à l'être, en habitant le monde, et donc en pouvant mourir non pas pour des valeurs, pour des représentations, mais pour les autres. La mort n'est pas en elle-même dépourvue de sens, parce que mon être n'est pas sans valeur ou parce que la valeur de mon être ne dépend pas de ma seule volonté ou d'une intersubjectivité. « Mortel » cesse alors d'avoir une signification négative pour recevoir une détermination phénoménologique : il qualifie l'homme capable de ne pas s'instituer en unique origine du sens comme *je* éternel. Dans *La chose* et dans *Acheminement vers la parole*, Heidegger décrit les mortels comme ceux qui sont « pris » par l'appel de l'être et qui répondent à cet appel. Exister comme mortel revient à ne plus se prendre pour l'unique lumière de l'être, pour se recevoir de l'écoute même des choses en habitant le monde dans et par la parole. Il convenait de citer même très brièvement cette thèse difficile de façon à indiquer que s'ouvre là une possibilité pour envisager un « mourir pour » qui ne soit pas une simple affirmation de soi par soi, qui ne soit pas une simple réponse héroïque à l'adversité du monde. Le pouvoir mourir doit avant tout se comprendre à partir d'un engagement premier dans le monde. Plus que toute autre chose, la mort est ce qui ne peut prendre sens à partir de moi seul.

Il reste à savoir si l'être-pour-la-mort est le principe d'individuation le plus radical, si la mortalité est vraiment la certitude la plus absolue. Mon obligation envers autrui n'est-elle pas, comme certitude éthique, encore plus originaire ? Si ce n'est pas seulement le *je* qui permet de donner sens à sa mort, est-ce véritablement l'angoisse de la mort qui permet de faire la part entre le propre et l'impropre ? « Mourir pour » est-ce encore cet acte de puissance issu de la conscience de sa mortalité ou bien est-ce un consentement à un appel qui vient d'au-delà de soi, d'une autre personne ? Autrement dit, l'interpellation par la mort ne reconduit-elle pas à une sollicitation plus originaire, celle d'autrui qui me demande « qui es-tu ? » ? Le « mourir pour » est-il une possibilité toujours déjà mienne ou est-il un pouvoir que je reçois de la mort possible d'autrui, qui fait plus radicalement de moi une question que ma propre mort ? Il en va du sens même du sacrifice, dans la mesure où la vie éthique ne peut consister simplement à vivre sa vie en anticipant sa mort et en assumant son inachèvement.

La conscience de sa mort permet de découvrir l'essence relationnelle de son existence en considérant la mort à la fois comme une perte et comme un don possible de soi, néanmoins c'est le statut de ce don qui ne va pas de soi. Le pouvoir de donner sa vie semble indissociable d'une liberté finie, puisqu'entre finitude et mortalité la relation se donne comme eidétique. Nous ne décidons pas de mourir ou non, mais nous pouvons décider du sens que peut prendre notre mort : mourir pour soi ou mourir pour autrui. Telle est l'alternative fondamentale. Une vie qui ne serait que pour soi seul serait-elle encore une vie ? La vie n'est-elle pas par essence ce qui se donne ? La mort apparaît comme ce qui peut être offert, mais toute la question est de déterminer les conditions de possibilité d'un tel don : est-ce que la personne peut donner de par son seul pouvoir ou est-ce un pouvoir reçu de l'appel d'autrui ? Il ne suffit pas de dire que la mort peut avoir un sens interpersonnel, encore faut-il déterminer la forme propre de cette inter-personnalité. Comme on l'a vu, la mort fonde la nécessité de penser la finitude de manière positive, puisqu'être mortel, c'est ne pas pouvoir être par soi seul. Cela signifie que le sens de sa vie ne peut pas dépendre que de soi : j'ai besoin d'autrui et autrui est constitué en besoin de moi.

Il est donc nécessaire de reprendre l'idée que de passive la mort peut devenir active dans le « mourir pour une personne » et non pour une valeur que je pose à l'horizon de mon action. Une telle perspective se trouve bien sûr au cœur de la pensée chrétienne pour laquelle la mort peut être le « me voici » du don de soi. Il est possible de mourir pour l'autre dans le don de soi, dans la mesure où notre peur de la mort se trouve assumée par la peur du Christ au

Mont des Oliviers[1]. La mort se donne alors comme un accomplissement de l'amour dans l'exil du moi, comme une substitution, puisqu'on meurt à la place de l'autre. Il s'agit de montrer que la fatalité de la mort peut être vaincue de l'intérieur par un tel amour absolu et que c'est en ce sens que l'amour est plus fort que la mort. Il ne s'agit plus de se considérer comme immortel ou de penser comme immortelle sa participation au développement de l'humanité, mais de comprendre que dans le don de soi et du soi la mort peut changer de sens. Pour le christianisme « mourir pour » ne veut certainement pas signifier le projet d'une volonté herculéenne qui prend tout sur ses épaules. Dans la substitution la mort demeure un abandon, mais un abandon qui se transfigure dans le don. Or, cela n'est accessible qu'à partir de la vie du Christ, qui se comprend à partir de sa mort, car en lui, et non en nous, il y a identité entre le *je* et la mission. Il s'agit d'une mort par amour : « Nul n'a plus grand amour que celui-ci ; déposer sa vie pour ses amis » (Jean, 15, 13). Cette mort d'amour est la mort du Fils par obéissance à la volonté du Père, or cette compassion surnaturelle de la Croix est ce qui pour le chrétien lui donne à comprendre que sa mort peut être une compassion, même si dans sa finitude elle est sans commune mesure avec celle du Christ. Enfin, la Résurrection du Seigneur est pour le chrétien ce qui fait de la mort l'entrée dans une vie surnaturelle, et c'est pourquoi il devient capable de vivre sa mort jusqu'au bout comme une expérience de la bonté du créateur. Le mystère est que par sa mort le Christ donne au mort la possibilité de vivre auprès de lui : « Qui croit

---

1. *Cf.* H. U. von Balthasar, *La Dramatique divine*, III, *L'action*, IV, D, 3. trad. fr. R. Givord et C. Dumont, Namur, Culture et Vérité, 1990, p. 452-467.

en moi, même s'il meurt vivra » (Jean 11, 25-26). La liberté
de l'homme est faite pour une grâce qu'elle ne peut se
donner et si l'homme n'est que ce qu'il a reçu, il n'est rien
que ce qu'il donne, y compris sa mort. Sans pouvoir
développer cette conception théologique de la substitution,
il suffit de dire à nouveau que le sens de la mort se trouve
dans l'Eucharistie, qui consiste à mourir avec le Christ
pour que le Christ vive en moi. De ce point de vue, la mort
se donne à comprendre comme une conversion de la vie
ordinaire dans laquelle nous sommes sans les autres et
sans Dieu, uniquement préoccupé de vivre pour soi. Le
chrétien est celui qui vit à partir de la passion du Christ et
qui se donne jusqu'à pouvoir donner sa mort : « Nul d'entre
nous ne vit pour soi-même, comme nul ne meurt pour
soi-même » (Épître aux Romains 14, 7). Sans confondre
philosophie et théologie, une telle conception de la substitution jusque dans la mort donne à penser une forme du
« mourir pour autrui » qui peut renouveler la réflexion
philosophique en décrivant un rapport libre d'existant à
existant.

Une telle substitution dans laquelle je meurs pour
l'autre, pour qu'il continue à vivre, ne relève plus véritablement d'un devoir, de la conscience d'un impératif, qui
s'imposerait à moi, mais dépend plutôt d'un consentement
propre à l'amour. Il semble difficile d'énoncer un « je dois
mourir pour l'autre » et encore moins un « tu dois mourir
pour l'autre », car ce serait contrevenir aux devoirs envers
soi, et seul l'amour peut donner lieu à un tel don de soi.
Certes, ma mort reste la mienne et la substitution dans la
vie humaine est toujours temporelle et provisoire. Soit
l'autre meurt et dans la substitution je préserve la place de
mon prochain pour qu'elle ne disparaisse pas, je la maintiens

vivante pour lui. Bien sûr, les morts ne reviendront pas, mais je maintiens malgré tout leur place comme la leur. Soit c'est moi qui meurs et je comprends ma mort comme l'acte de mourir à la place de l'autre, pour qu'il vive[1]. Il faut bien reconnaître que la substitution demeure un paradoxe, dans la mesure où chaque personne est insubstituable, mais c'est bien ce qui donne son prix à la substitution : non pas prendre la place de l'autre, mais lui préserver sa place jusque dans le mourir pour lui. Il est alors possible de penser la mort comme don, sans que ce soit un acte de puissance, mais un acte d'humilité. Or, tout acte de puissance affirme une image de soi, celle qu'on souhaite laisser aux générations futures, alors que l'acte d'humilité est celui d'une liberté finie qui se déploie à partir de ce qui se donne à elle et par laquelle l'identité personnelle ne se fige jamais en image, voire en idole, mais est toujours en devenir. Ne pas mourir pour soi, c'est comprendre dynamiquement l'identité personnelle comme responsabilité finie à partir d'un engagement dans le monde.

La mort ne doit donc pas être simplement une mort pour moi et tout le paradoxe du mourir pour autrui vient de ce qu'il est ce qu'il y a de plus propre, de plus mien, sans qu'il soit pour autant une qualité mienne, puisqu'il demeure un don, une dépossession et non une affirmation de soi. Toute la difficulté est de faire en sorte que son existence devienne transitive jusqu'au bout et que la mort pour la vérité, pour l'autre, comme risque de l'existence,

---

1. Il faut renvoyer ici à l'œuvre de Bernanos *Dialogues des Carmélites* avec la parole de sœur Constance : « On ne meurt pas chacun pour soi, mais les uns pour les autres, ou même les uns à la place des autres, qui sait ? » (Paris, Seuil, 1954, p. 79), ainsi qu'à l'analyse qu'en donne Balthasar dans *La dramatique divine I, Prolégomènes*, trad. fr. A. Monchoux, Paris/Namur, Culture et Vérité, 1984, p. 336-337.

devienne la marque de la plus haute liberté : « Elle (la violence) ne se produit que dans un monde où je peux mourir *par quelqu'un* et *pour quelqu'un*. Cela situe la mort dans un contexte nouveau et en modifie le concept, vidé du pathétique qui lui vient du fait d'être ma mort »[1]. Ainsi, « mourir pour » ne signifie pas que l'on souhaite mourir, mais que l'on accepte de vivre au risque de la mort en se donnant tout entier, ce qui, bien sûr, pour l'homme ne signifie jamais se donner en totalité ; si tout véritable engagement est sans réserve, dans l'amitié, dans la paternité, dans le mariage, pour la justice, aucun homme n'est pleinement à la hauteur de son engagement, aucun homme n'est un engagement infini, et pourtant dans ce « mourir pour » il y a bien une gloire, une dignité, du fini.

Levinas, dans *Le temps et l'autre*, souligne en quoi la mort est une absence de maîtrise et à quel point en elle l'intentionnalité est remise en cause dans son pouvoir. Or, justement, il montre que « mourir pour » est ce pouvoir qui s'ouvre dans la remise en cause du pouvoir de pouvoir. En effet, la perspective de la mort est un effondrement du pouvoir d'être soi dans lequel toutes les constructions de l'identité personnelle sont mises entre parenthèses. Il s'agit d'une réduction radicale qui n'ouvre pas sur un *je* vide, mais sur la relation première à l'autre. Levinas insiste sur le danger de l'héroïsme, de l'affirmation de soi jusqu'dans la mort, qui maintient dans une conception égologique de la mort et il montre la nécessité de donner sens à sa mort sans faire de cela l'une des possibilités du *je*, même dans le jeu de l'intersubjectivité. Pour se libérer d'une telle compréhension égologique de la mort, il convient de rompre avec toute doctrine de la sympathie dans laquelle l'épreuve

1. E. Levinas, *Totalité et infini*, *op. cit.*, p. 266.

de l'autre demeure relative à l'épreuve que je fais de moi et il est en même temps nécessaire de s'écarter de toute pensée de la personne pour laquelle c'est toujours le pouvoir de dire *je* qui se trouve au fondement de l'identité personnelle. La sympathie ne sera plus la sympathie avec le proche, mais celle avec le pauvre et le sujet ne sera plus celui qui est maître de lui-même par son pouvoir de réflexion, mais celui qui est otage et qui dans cette capture donne un autre sens à sa mort. Ici le sens ne vient pas de l'activité constituante de l'*ego*, ni de l'être-au-monde, mais de l'appel d'un visage, qui est entré en relation avec moi, qui est par lui-même appel et enseignement. Le visage est « un sens qui ne cache aucun autre sens »[1], et c'est pourquoi il oblige.

Le « mourir pour » repose pour Levinas sur une substitution plus passive que toute passivité, qui est sacrifice, c'est-à-dire dés-inter-essement[2]. Avec la substitution, il devient possible de penser une liberté qui n'est plus ontologique, qui ne relève plus de la persévérance dans son être, mais qui est une patience venant de l'autre. Cette distinction entre persévérance et patience contient en elle toute la rupture qui conduit à cette « difficile liberté » qu'est la substitution, car elle n'est pas une œuvre de la subjectivité. En effet, la substitution s'oppose radicalement à ce que Levinas décrit comme l'égoïsme des sujets libres en portant en elle une exigence qui vient de l'autre et qui conduit l'homme au-delà de ce qu'il peut pouvoir, au-delà

---

1. *Ibid.* p. 199. *Cf.* A. Clément, *Levinas et la question de l'infini*, *op. cit.*, 2022, p. 343.
2. Voir les analyses dans *Autrement qu'être ou au-delà de l'essence* sur la substitution qui constituent le cœur de l'ouvrage. Je renvoie au livre de D. Franck, *L'un-pour-l'autre. Levinas et la signification*, Paris, Puf, 2008.

des devoirs qu'il se donne à lui-même. Dès lors, « mourir pour » n'est pas un devoir d'un sujet écoutant en lui l'appel de la loi morale ; cette maxime n'est ni subjective, ni universalisable, et en réalité ce n'est pas du tout une maxime. L'acte de « mourir pour » n'est pas une propriété du moi et je ne peux pas l'étendre à autrui ; La proposition « tu dois mourir pour » est en elle-même immorale. En effet, ce n'est pas le moi en général qui peut « mourir pour », et c'est pourquoi il n'y a pas d'extension possible aux autres *je*, mais c'est *moi* en tant qu'élu, en tant qu'otage, selon une liberté portée par une responsabilité qui me déborde. Le *je* du « mourir pour » ne peut avoir de signification éthique que dans la réponse à un appel dans laquelle il ne peut pas tomber dans une catégorie des actes moraux. Il ne s'agit donc pas d'un acte neutre d'un sujet autonome que je pourrais revendiquer pour les autres sujets : je ne peux pas demander à un autre de ne pas mourir pour lui et *a fortiori* je ne peux pas lui demander de mourir pour moi, car ce serait bien une immoralité. Le « mourir pour » se présente alors comme « égologique » en un tout autre sens que précédemment, puisque cette fois il ne s'agit plus d'en faire un devoir absolu saisi dans une évidence rationnelle d'un sujet réfléchissant, mais de le décrire comme une exigence qui ne peut se dire qu'en première personne.

Il ne s'agit pas du tout d'une perspective consolatrice, qui escamoterait le tragique de l'existence, ni d'une conception utilitaire de la mort, qui n'est pas un simple moyen en vue d'une fin. Comme on vient de le voir, c'est parce qu'autrui nous affecte toujours déjà malgré nous que la mort peut prendre un sens de par sa transitivité. Si les philosophies de l'existence ont rendu le verbe vivre transitif, Levinas ajoute que le verbe mourir est alors lui-même transitif, puisqu'il s'agit en quelque sorte « d'exister sa mort ». La mort peut alors échapper à l'alternative ou du dernier acte de puissance ou de la pure déréliction, pour se comprendre comme l'événement même de la signification, puisqu'en elle le sujet se fait signe donné. En cela, elle serait une révélation de l'éthique par-delà toute obligation fondée sur des valeurs. Elle est bien un lieu paradoxal, dans la mesure où elle est la perte de toute possibilité et en même temps le moment de la plus haute identité, de l'ultime éclat du visage sur la figure du mort qui devient trace de l'infini. Levinas donne ainsi à penser un pouvoir mourir qui n'est pas une possibilité *a priori* du *je*, mais qui relève d'une destitution du soi dans une passivité, qui n'est pas l'autre de l'activité, dans un « pour autrui ». Ainsi, « mourir pour », c'est se faire trace, transmettre dans l'ignorance de ce que l'on transmet, de à qui on transmet, et de ce qui sera fait de ce que l'on transmet. Une telle ignorance n'est pas négative et laisse être l'avenir comme tel. Nul ne peut adopter un point de vue surplombant sur son existence, même le jour de sa mort et même sur sa propre mort : ma mort n'est la mienne que dans ce don aux autres qu'elle signifie et non dans sa volonté de laisser sa marque dans le monde. De ce point de vue, ma mort ne peut se comprendre comme le lieu de ma réification, de ma transformation en substantif, mais comme l'ultime don de moi aux autres, au-delà de tout héroïsme du *je*. En elle, je suis encore l'élu et l'otage et mourir pour moi, c'est rendre mon âme à l'autre. Il convient donc d'écarter toute compréhension de la mort comme étant simplement pour soi : « Ignorance de l'être et de la mort, qui ne saurait être ni une évasion, ni une lâcheté, ni une chute dans le quotidien ; ni le courage du suicide, encore intéressement, et où le sujet, par crainte de mourir ou par peur de l'*il y a*, tomberait plus sûrement sous leur domination »[1]. La critique

---

1. E. Levinas, *Autrement qu'être ou au-delà de l'essence*, Den Haag, Nijhoff, 1986, p. 224.

philosophique du suicide prend ici une signification très nouvelle, car il s'agit cette fois de voir dans le suicide encore une mort pour soi, qui s'oppose donc au « mourir pour autrui », qui est lui désintéressement, non-indifférence à autrui, bref qui n'est pas l'occasion d'un rassemblement de son être en une essence. C'est bien en cela que « l'être-pour-la-mort est patience ; non anticipation ; une durée malgré soi, modalité de l'obéissance : la temporalité du temps comme obéissance. Le sujet comme *l'un* discernable de l'autre, le sujet comme *étant* est pure abstraction si on le sépare de cette assignation »[1].

Déjà dans *Totalité et infini* Levinas montrait que « la solitude de la mort ne fait pas disparaître autrui »[2] et que « la mortalité est le phénomène concret originel », car « elle interdit de poser un pour soi qui ne soit pas déjà livré à autrui et qui, par conséquent, ne soit pas chose »[3], mais c'est dans *Autrement qu'être ou au-delà de l'essence* que Levinas décrit le sens de la mort comme sacrifice compris comme approche de celui dont on est responsable. Il faut alors reconnaître que dans la mort la vie ne se mesure plus par l'être et que malgré l'adversité de la mort elle peut s'accorder avec le « pour autrui ». Ainsi, la patience est l'accomplissement même de l'amour dans sa responsabilité pour le prochain et le « mourir pour » se comprend comme « l'inflexion de l'affectif comme tel »[4], un dés-inter-essement plus radical que toute sollicitude intentionnelle. Ainsi, dans ma mort même, comme destitution du *je* et de

1. E. Levinas, *Autrement qu'être ou au-delà de l'essence, op. cit.*, p. 68-69.
2. E. Levinas, *Totalité et Infini, op. cit.*, p. 260.
3. *Ibid.*, p. 262.
4. E. Levinas, *Entre nous. Essais sur le penser-à-l'autre*, Paris, Le livre de poche, 1991, p. 213.

ses pouvoirs, autrui est mon avenir : « Ce futur de la mort dans le présent de l'amour est probablement l'un des secrets originels de la temporalité elle-même et au-delà de toute métaphore »[1].

On est parti de l'extrême difficulté qu'il y a à donner un sens à sa mort, qui comme marque de la finitude humaine semble être le lieu d'une absence, d'une non-manifestation. Or, c'est en montrant la nécessité de comprendre non ontologiquement, mais métaphysiquement, la mort pour y voir un acte de substitution, dans la mesure où on meurt pour les autres, que l'on a été conduit à voir en elle une forme de gloire. En effet, comme la certitude la plus absolue est celle de mon obligation envers autrui, ma mort elle-même doit se comprendre à partir d'elle. Dès lors, notre essentiel inachèvement ne tient pas ici à la tâche infinie d'un sujet libre, mais à notre situation de répondant jusque dans notre mort, et c'est ici que notre finitude prend une signification positive comme existence par et pour autrui. Il est alors possible de penser une gloire du fini, qui n'est pas incompatible avec la gloire de l'infini décrite par Levinas. Autrement dit, le fini, dont la mort est la figure ultime, est également le lieu d'un arrachement à la quiétude de son intériorité. Je ne suis pas responsable de tout et de tous, et la responsabilité qui m'incombe dans l'être pour autrui est une responsabilité finie, moins héroïque, plus humble, plus humaine, qui ne s'adresse pas à l'humanité en général, mais à cette personne singulière et mortelle que je rencontre. La gloire est ce qui fait le poids, la valeur d'une personne ; elle est le rayonnement de sa sainteté. De ce point de vue, « mourir pour », c'est manifester une vérité qui n'est pas le dévoilement d'un devoir, qui

1. *Ibid.*, p. 214.

s'imposerait à l'autre dans une sorte de réciprocité entre vivants et morts, mais c'est un pur don, une libre manifestation de son être, qui invite l'autre à l'exercice de sa liberté. Tel est le paradoxe de la mort : celui qui ne peut plus s'exprimer se livre comme tel dans la finitude d'une remise de son être dans les mains des autres. Celui qui est dans l'impuissance radicale se donne. N'est-ce pas là la libre grandeur de l'homme, la gloire de son être fini ?

Le fini peut en effet manifester une vraie grandeur et ceux qui se donnent avec le plus d'abnégation ne sont pas toujours ceux qui posent les actes les plus notoires et les plus spectaculaires. La quotidienneté n'est donc pas nécessairement la perte dans l'anonymat du « on » et il peut y avoir dans le geste le plus quotidien, dans un simple mot, même dans le simple silence de celui qui ne rit pas avec les rieurs ou qui ne hurle pas avec les loups, l'expression la plus vraie de l'amour. Philosopher, c'est donc bien apprendre à mourir, mais cette fois à mourir à soi pour vivre pour l'autre, et c'est alors que sa propre mort peut prendre l'ultime signification d'une remise de mon âme à l'autre, qui dans ma mort même est mon avenir. Que l'homme meure chez lui où en martyre, il peut être hors de lui comme témoin de la vérité, et les cris de l'agonie sont à la fois cette extrême souffrance dans laquelle il est impossible de dire *je* et l'ultime parole qui appelle à être, qui envoie l'autre à son avenir, ce qui est la perfection de l'amour. Ma mort ne peut donc prendre de sens qu'en comprenant la relation interpersonnelle comme une relation de mortel à mortel, dans laquelle jusque dans ma mort je suis responsable de l'autre pour qu'il vive. Parler ici d'une gloire du fini signifie que la faiblesse, la pauvreté, la peur, le désespoir, la fatigue, ne sont pas des obstacles absolus à la manifestation de la perfection de l'amour. Sans reprendre toute la question du quiétisme, le « mourir pour autrui » peut donner à comprendre que l'amour n'a pas besoin d'être pur pour être parfait, qu'il n'a pas besoin d'être sans concupiscence. Plus encore, pour nous les hommes, il n'est parfait que dans notre finitude : il faut être pauvre pour donner, fatigué pour faire preuve de force, terrifié pour avoir le courage de s'exposer au monde, désespéré pour faire vivre en nous l'espoir. Si l'amour est plus fort que la mort, c'est dans sa faiblesse, et c'est pourquoi il ne s'agit pas de surmonter la mort dans un acte héroïque, mais au cœur de la peur et de la souffrance de donner sa mort dans l'espoir que l'autre vive. Là encore la manière de donner vaut plus que ce que l'on donne, dans la mesure où il ne s'agit pas tant de donner sa vie que de se donner dans ce don. La plus humble des morts est gloire de l'infini dans le fini quand elle est un « se donner », car le fini lui-même devient le lieu du don.

Le non-phénomène qu'est ma mort est alors le lieu de la plus haute phénoménalité, puisque « la mort n'est pas anéantissement, mais question nécessaire pour que cette relation avec l'infini ou temps se produise »[1]. Pour expliquer cela Levinas fait appel à Kant en interprétant l'idée kantienne que le combat pratique se poursuit au-delà de la mort comme une thèse non ontologique, celle d'un espoir qui « se passe dans le temps et (qui), dans le temps, va au-delà du temps »[2]. Cet espoir est ce qui porte la nature sociale du sens de ma mort, dans la mesure où seul un mortel peut être motivé par un tel espoir, qui s'exprime dans la finitude du désespoir et qui n'est pas un besoin de survivre, mais un besoin d'autrui. Dans l'espoir, je suis au

1. E. Levinas, *Dieu, la mort et le temps*, Paris, Grasset, 1993, p. 28.
2. *Ibid.*, p. 72.

cœur de la déréliction de ma mort en relation avec ce qui
ne se mesure pas en termes de probabilité, ou de
vraisemblance, et donc d'être (Même le but idéal inattei-
gnable se pense encore en termes d'être). Or, ce sens qui
ne relève pas de l'être est le sens éthique de la mort ; c'est
à partir de l'espérance comme origine du temps que la
mort peut être comprise, car elle est le pur amour de l'autre,
patience de l'Autre dans laquelle la mort de l'autre demeure
première par rapport à ma mort. Autrui me donne à moi-
même, il me donne de pouvoir mourir pour lui, et pas
seulement pour moi, dans l'espérance de l'inespéré[1].

Il y a encore quelque chose d'abstrait à considérer la
mort d'autrui comme l'impossibilité de l'empathie (Husserl)
et il convient de repartir de l'idée que la seule mort dont
je puisse faire l'expérience est la mort de l'autre, afin de
reprendre maintenant la question du deuil après sa mise
entre parenthèses, mais sans en faire d'emblée un lieu
d'affirmation de la famille (Hegel) ou d'affirmation de soi
(Freud, Ricœur). À la lumière du « pour autrui », le deuil
peut être considéré comme une responsabilité d'avant le
choix et la liberté. La vie est plus que la conservation de
son être, et cela jusque dans le deuil, qui sans rien me
dévoiler de mes devoirs m'oblige, me fait saisir cette
certitude apodictique que c'est à moi de répondre. Autrui
dans sa mort n'est pas un simple membre de l'humanité
envers lequel j'aurais des devoirs et il est d'abord celui
qui me touche. Il n'est pas une essence neutre, mais une
existence blessée jusqu'à la mort. La mort n'est pas alors
un acte de souveraineté du sujet, qui restaure son équilibre
après une perte, puisque l'autre demeure tourné vers moi,

---

1. *Cf.* J.-L. Chrétien, *L'inoubliable et l'inespéré*, Paris, Desclée de
Brouwer, 2000.

depuis son absence, absence irréductible au souvenir. Le deuil peut alors se comprendre comme la réponse à un appel du disparu ; une réponse qui est principe d'individuation et la prise en charge d'une vie commune. Ce n'est pas là se sacrifier au neutre, à l'impersonnel ou à l'idéal d'une cause, mais c'est l'un des lieux de l'accomplissement de soi comme personne avec d'autres personnes. Il ne s'agit pas d'un maximalisme de la responsabilité, qui consisterait à dire que l'on est responsable de tous, même des morts, mais de penser une responsabilité reçue et acceptée venant de la personne disparue et qui est ainsi plus celle d'un « nous » que celle d'un « je » ; une responsabilité finie mais commune.

C'est d'abord l'autre qui meurt, et ce qu'il vit au moment où il meurt je ne peux pas l'éprouver, cela m'est inaccessible directement, et en cela sa mort demeure radicalement la sienne, insubstituable, même si je peux l'accompagner, l'entourer. L'intersubjectivité montre qu'une personne ne se donne jamais seule, mais toujours avec d'autres personnes dans le monde de la vie. En conséquence, l'expérience du deuil, c'est l'expérience qu'avec la mort de l'autre un monde se ferme à moi, et c'est la fermeture de ce monde qu'il s'agit de penser. En effet, perdre ses grands-parents, ce n'est pas seulement perdre le monde de son enfance, ce n'est pas seulement perdre le lien avec un passé qui n'est plus, mais c'est perdre une relation qui était encore riche de possibilités inaccomplies. Le deuil est d'abord l'expérience qu'un monde a disparu d'une façon irrévocable : l'autre ne se donne plus comme une présence vivante, mais comme une représentation, même si je peux encore discerner des traces, et donc il n'est plus là pour moi comme l'origine d'un monde, comme l'ouvreur de possibilités inimaginables. Dans la rétention de ses dernières paroles il y a encore un lien intuitif avec lui, mais comme un dernier écho de celui qui est dans le silence à jamais. Le « encore présent » et le « définitivement absent » se donnent ensemble.

Telle est du moins l'expérience première de fuite du sens, ce qui ne veut pas dire que l'être aimé mort va totalement cesser d'être pour moi une origine du sens, une source de lumière[1]. En effet, l'autre était pour moi un lieu d'épiphanie du monde, une manière inimitable d'habiter la terre, une verticalité qui n'appartenait qu'à lui, le timbre unique de sa voix qui ouvrait un espace de rencontre, bref un style qui ouvrait un espace de liberté dans lequel je pouvais être comme fils, comme époux, comme ami, comme élève. Faut-il dire que cette faveur de l'amour qui me donnait la possibilité d'être moi-même disparaît avec la mort ou que cette relation se poursuit d'une autre manière ? Il est bien trop tôt pour répondre à cette question, mais c'est là qu'est la clé de la question du deuil. Si le deuil n'est pas d'une façon très énigmatique la poursuite de la relation d'amour, alors il demeure un mode de l'autonomie et l'affirmation que la vie sociale est ce qui advient à un sujet déjà constitué par lui-même et non ce qui le constitue. Il est alors au mieux une *Entfremdung*, un étrangement, comme dit Hegel, dans lequel je me confronte à d'autres sujets et d'autres communautés de sujets.

Contre une telle thèse il est possible de souligner que s'il y a une solitude du mourir, cela ne veut pas dire qu'il soit impossible de partager la souffrance de celui qui meurt :

---

1. M. Proust : « On dit quelque fois qu'il peut subsister quelque chose d'un être après sa mort, si cet être était un artiste et mit un peu de soi dans son œuvre. C'est peut-être de la même manière qu'une sorte de bouture prélevée sur un être et greffée au cœur d'un autre, continue à y poursuivre sa vie même quand l'être d'où elle avait été détachée a péri », *Albertine disparue*, Paris, Folio-Gallimard, 1990, p. 115.

ne pouvoir pleurer que sur soi serait une marque d'inhumanité plus grave que le non-accomplissement de mes devoirs liés à ma place dans le monde, et le deuil n'est pas seulement mon désespoir au spectacle du mourant, mais un lieu essentiel de ma présence à l'autre, car le deuil est la forme limite du dialogue, qui constitue ma véritable identité personnelle, celle qui est toujours en devenir. Pour la personne en deuil, la mort n'est pas un objet de spectacle et la souffrance éprouvée n'est pas réductible à « ma » souffrance, mais possède bien un caractère d'ouverture au prochain. Le deuil d'un enfant, né ou à naître, ne consiste pas à pleurer sur soi, sur la perte de son héritier, et c'est d'abord l'épreuve d'une autre perte qui fait l'essence du deuil : souffrir qu'un être qui avait la vie devant lui, une vie unique et insubstituable, ne puisse pas la vivre. Il ne s'agit donc pas pour des parents de pleurer simplement sur l'échec de leur projet, mais de souffrir par amour pour un enfant, qui était en lui-même une promesse et qui n'a pas pu éprouver, ou trop brièvement, la joie d'être. Nier la possibilité de pleurer avec l'autre, pour l'autre, telle la figure messianique de Rachel inconsolable pleurant ses enfants morts[1], c'est nier une dimension fondamentale du deuil, ce qui fait que le deuil dit quelque chose de notre humanité, celle qui est antérieure à notre appartenance sociale. Soutenir que l'on ne souffre que de son propre mal, c'est réduire abusivement le deuil à un enfermement sur soi au lieu de le comprendre comme un chemin vers l'autre.

Dans sa vraie nature, le deuil est une souffrance liée à l'amour : on aime l'autre pour lui-même, et c'est pourquoi

1. *Cf.* C. Chalier, *Les Matriarches, Sarah, Rebecca, Rachel et Léa*, Paris, Cerf, 2000, p. 222-223.

sa mort est inappropriable, elle me prend, plus que je n'ai prise sur elle ; en cela le deuil est infini, il n'aura jamais de fin, et être soi, c'est être en agonie jusqu'à sa propre mort, ce qui ne veut pas dire être sans espérance. Certes, il s'agit bien de continuer à vivre, mais jamais la blessure de la mort de l'aimé ne peut se refermer, et dans cette mesure il n'y a pas nécessairement à opposer la blessure infinie du deuil et le vouloir vivre. Si chaque personne est aussi l'ensemble de ses blessures, si elle est le poids de son amour pour ceux qui ne sont plus et qui lui sont toujours chers, il s'agit de savoir comment cette blessure du deuil est une dimension essentielle de sa personnalisation. Devenir moi-même est inséparable de la vie avec mes proches qui continuent à me porter même après leur mort.

Il peut sembler anachronique dans une analyse phénoménologique de faire appel à Saint Augustin, mais il reconduit la réflexion sur le deuil bien au-delà de la psychologie des sentiments, pour lui rendre sa signification métaphysique, c'est-à-dire pour comprendre le deuil comme une structure de l'existence. La mort de l'autre homme met notre être en question et nous retire l'évidence possible de notre être :

> Cette douleur enténèbre mon cœur, et partout je ne voyais que mort. La patrie m'était un supplice, la maison pater-nelle un étrange tourment, tout ce que j'avais partagé avec lui s'était tourné sans lui en tortures atroces. Mes yeux le réclamaient de tous les côtés, et on ne me le donnait pas, et je haïssais toutes choses, parce qu'elles ne l'avaient pas et ne pouvaient plus me dire : "Le voici, il va venir", comme quand il vivait et qu'il était absent. J'étais devenu moi-même pour moi une immense question (*factus eram ipse magne quaestio*)[1].

1. *Confessions* IV, IV, 9, Bibliothèque Augustinienne, t. 13, Paris, Institut d'Études augustiniennes, 1992, p. 421-423.

Cette description met en évidence la fuite du sens dans le deuil, et la souffrance du deuil, comme toute souffrance, peut aussi devenir le lieu d'un dégoût de vivre. En effet, avec le deuil de l'être aimé, je deviens pour moi-même une immense question, car cette mort ne trouve pas sa place dans mon intériorité, je ne peux pas lui donner un sens ; elle ne vient pas s'insérer simplement dans la suite des événements de mon existence et elle défait même le sens de toute chose. Encore une fois, la mort de l'autre n'est pas la mienne et il m'est impossible de me comprendre par rapport à elle de la même façon qu'avec l'idée de ma mort. Heidegger a bien montré que ma mort peut me reconduire à moi-même, à l'ouverture de mes possibilités, parce que le soi n'est possible que dans une temporalité finie, mais la mort de l'autre est d'abord une brisure de ma temporalité qui me fait éclater plus qu'elle ne me rassemble. Dans l'être en deuil, je suis par essence une question, car la mort de l'être aimé brise toute identité à soi en tant qu'elle est l'épreuve d'une fin qui n'est jamais un achèvement. Ainsi, le deuil est d'abord, comme le décrit saint Augustin, l'épreuve d'un échec, de l'interruption brutale d'un dialogue, qui en lui-même n'a pas de fin.

Saint Augustin décrit donc ici le premier temps du deuil[1] qui est cette pure épreuve de l'éloignement : l'être aimé est encore là, mais il s'éloigne ; je le retiens en toute chose, mais dans la radicalité de ce tout juste passé les choses ne l'annoncent plus : la chaise de son bureau n'est plus en attente de lui, la porte qui s'ouvre ne laisse plus espérer sa venue, dans le sommeil c'est en vain que ma main le cherche. Cette rétention du deuil est un moment essentiel qui atteste du maintien du lien intuitif avec l'être

---

1. La suite du livre IV des *Confessions* décrira les autres étapes du deuil pour le chrétien, même s'il ne faut pas trop formaliser ces moments.

aimé, qui n'est pas devenu une simple image, et l'image même que je vais garder de lui, et qui aura sa vie propre, demeurera dépendante de ce lien intuitif, et c'est pourquoi la relation à l'autre ne s'arrête pas avec la mort, mais se modifie.

S'il n'y avait pas le maintien du lien intuitif avec ceux qui sont morts dans la rétention de l'amour, la communauté des vivants et des morts ne serait pas constitutive de notre personnalité. Il faut donc préciser les modalités de cette « présence » du mort dans ma conscience, car avec la mort l'être aimé ne disparaît pas pour moi dans le néant, mais j'en fais une expérience toute nouvelle ; c'est la même personne qui est là, mais qui s'annonce autrement à moi. Si la souffrance terrible du deuil tient d'abord au fait qu'il est une omniprésence sur le mode de l'absence, comme l'a décrit saint Augustin, si elle est d'abord cette obsession de l'absence, cette épreuve du vide qui peut devenir un moment de perte de soi, dans la patience ce mode de donnée peut s'atténuer, sans jamais disparaître, pour laisser place à un autre mode de donnée : une absence sur le mode de la présence. L'être cher m'accompagne dans ma vie selon une forme énigmatique de présence difficilement pensable sur le fond de l'objectivité et que Proust a tenté de dire avec l'image de la greffe : l'être aimé n'est plus là en chair et en os, et pourtant la constitution commune du monde ne s'arrête pas avec sa mort. D'une certaine façon, il me donne encore d'être, il est encore mon avenir. Il faut tenter de décrire ce don des morts aux vivants qui leur donne un avenir, cette conversion du vide en un envoi dans le monde.

La mort de l'être aimé n'est pas que la sienne : avec lui quelque chose de moi meurt, avec moi quelque chose de lui continue à vivre[1]. Contre l'abstraction d'un sujet isolé, il s'agit de montrer que l'homme est un dialogue dont l'amour est la plus haute forme, et que c'est à partir de cette définition de l'homme comme dialogue qu'une intelligence du deuil est possible. Il y a une interpersonnalité des vivants et des morts, sans laquelle il n'y a ni filiation, ni tradition, ni histoire, qui sont les lieux où se construit notre identité personnelle. Certes, la souffrance du deuil peut donner lieu à un enfermement en soi, mais elle peut aussi se convertir en une révélation de l'essence relationnelle de l'homme : je suis ce que j'ai reçu et ce que je continue à recevoir de ceux qui sont morts. Autrement dit, le deuil est un événement crucial du développement de la personne, qui peut soit conduire à une fermeture, soit rendre possible une ouverture à la faveur de laquelle ceux qui meurent nous envoient. Répondre à la disparition de l'être aimé demande à ne pas demeurer bloqué dans la souffrance de la perte pour sortir de soi et pour entendre le « sens », c'est-à-dire « vers où », ensemble, nous sommes envoyés. Il y a une contemporanéité, un présent vivant, qui fait que le projet d'une communauté ne concerne pas que les vivants cherchant à revivifier l'esprit des morts. La mort d'un proche peut alors me reconduire à moi-même tout autrement que l'idée de ma propre mort, dans la mesure où elle est un lieu privilégié dans lequel je peux prendre conscience de ce « nous » de la communauté humaine, de cette solidarité

---

1. L. Andréas-Salomé en témoigne à propos de la mort de Rilke : « Il y a une part de notre amour qui reste enfermée dans le cercueil, celle que nous pleurons et dont la perte nous endeuille le plus ; et l'autre, qui continue à vivre et à réagir à tout ce qui arrive, en dialogue, une part qui semble toujours sur le point de redevenir réalité, parce qu'elle touche à ce qui nous réunit éternellement avec la vie et la mort », dans L. Andréas-Salomé, *Reiner Maria Rilke*, Paris, Maren Sell, 1989, p. 12.

essentielle des vivants et des morts, qui précède et rend possible tout projet personnel. Dans le deuil, je peux comprendre que ma responsabilité est certes celle que je me donne, mais que cet acte de répondre de soi s'enracine nécessairement dans une responsabilité qui m'a précédée : parce qu'on a répondu pour moi, je peux répondre de moi et répondre pour les autres. Cette responsabilité n'a donc pas quelque chose d'abstrait ou de juridique et elle ne peut se penser que comme une responsabilité mutuelle. Il ne s'agit pas d'une responsabilité collective qui me délivrerait de la mienne, mais bien d'une co-responsabilité qui rend la mienne toujours plus aiguë. Ce n'est donc pas la petite secte de ceux qui se serrent les coudes jusque dans la mort et au-delà de cette conception clanique de la responsabilité, qui n'est pas une réponse à l'universalisme abstrait, nous avons à penser une communauté dans laquelle je réponds des autres comme les autres répondent de moi. Ma responsabilité à l'égard des autres, les vivants et les morts, est insubstituable, et je ne peux que me comprendre comme irremplaçable, mais elle n'est pas « infinie », car pour répondre j'ai besoin que l'on ait répondu de moi et que l'on continue à le faire. S'il y a une responsabilité infinie, elle n'est pas celle du moi, mais celle du « nous », et nous témoignons les uns pour les autres dans un acte commun de celui qui porte et de celui qui est porté.

Dès lors, si le deuil est cette modalité de l'existence dans laquelle nous savons que nous existons entre la mort des autres et notre propre mort, il ne peut être réduit à la dimension accidentelle de la perte et il se dévoile comme la conscience d'une tâche essentielle et originairement interpersonnelle. Cela ne remet pas en cause le fait que le deuil soit d'abord une situation de l'existence dans laquelle je ne sais plus qui je suis : la perte d'un enfant brise le projet de vie des parents, leur vie perd la fin qui l'animait, et il ne s'agit pas simplement de se « reconstruire » en se donnant une fin de substitution et un ersatz d'identité. Ce modèle du bricolage masque le fait que l'événement du deuil transforme profondément notre être et que cette métamorphose est une dimension fondamentale de toute existence : on n'est homme qu'à le devenir et dans ce devenir le deuil a une place essentielle comme événement anarchique, qui rend inconsolable, et qui défait toutes les totalisations. Le deuil, même quand la mort est attendue, est un lieu de destitution, mais c'est aussi pourquoi, dans son caractère inconsolable, il peut devenir un lieu d'écoute. En effet, le deuil me met dans l'ignorance de ma place dans le monde : j'étais le fils, j'étais le père, j'étais le compagnon et maintenant j'erre dans le monde. Je ne suis plus qu'une question et j'ai perdu mon nom-titre, mon rôle. L'alternative est alors soit de m'endurcir, soit d'exister dans l'incertitude de ma place, en comprenant que je ne suis pas seulement l'histoire de ce que je fus, mais d'abord l'histoire de ce que j'ai encore à être à partir de ce qui m'a été confié. Ne plus savoir quelle est sa place est aussi ce qui peut me rendre un avenir, ce qui peut m'ouvrir à des possibilités d'existence que je ne pensais pas posséder. Il est donc impératif de ne plus réduire le deuil à un mode anormal de l'existence, non pour en faire un nouveau lieu de maîtrise, mais pour comprendre qu'en perdant pied je peux radicalement être reconduit à moi-même, à l'usage de ma liberté dans le monde, avec les autres, à la condition, comme disait saint Augustin, de revenir à cette certitude originaire d'aimer être et d'aimer l'être[1].

Husserl a mis en évidence ce statut d'héritier de la personne : prendre conscience de soi, c'est prendre

1. Cf. *La cité de Dieu*, XI, 26.

conscience que toute l'humanité passée nous confie une tâche, celle d'accomplir un peu plus l'humanité. Être soi, c'est recevoir et transmettre le sens, c'est entendre dans l'histoire un « tu dois », car ce n'est jamais seul que l'homme peut se porter vers la vérité. Il y a là une possibilité de ne pas réduire le deuil à la perte d'un bien particulier pour y voir un lieu de révélation de son devoir être. Le vécu d'un héritage n'est en cela pas totalement analogue aux autres vécus et la souffrance du deuil contient quelque chose de plus qu'une souffrance physique, car elle est à la fois la conscience d'une douleur et celle d'un devoir. Ainsi, les vécus d'héritage sont des vécus qui permettent d'appréhender un devoir, car ce sont des vécus d'appel et de mission, mais on a cherché à montrer, au-delà de Husserl, que ce vécu est toujours déjà interpersonnel, dans une responsabilité qui constitue la temporalité éthique.

Dans cette perspective, aimer une personne, c'est implicitement accepter de s'exposer à l'événement de sa disparition, et c'est pourquoi la maladie, y compris la simple dépression, a un pouvoir discriminant : elle fait fuir ceux qui n'aiment pas vraiment, ceux pour lesquels l'autre n'est qu'une connaissance et qui n'ont pas le courage d'une expérience du tragique. La lâcheté est incompatible avec l'amour et le deuil est aussi une épreuve de nudité : soit être celui qui fuit, soit être celui qui a le courage de l'amour en recevant une responsabilité, qui n'est pas seulement celle d'un survivant. L'acte d'enterrer est alors une relation avec l'être aimé dans laquelle je reçois de l'autre un ultime envoi : d'une certaine façon, le mort, qui n'est pas un simple cadavre, me dit « va », et le deuil est aussi un temps du « oui », un temps du merci à cet envoi, dans l'ignorance d'ailleurs de ce à quoi exactement on est envoyé. La mort des parents envoie à une responsabilité, et pas seulement parce que maintenant ils ne sont plus là pour répondre pour moi : dans la relation d'amour, quand elle existe, c'est l'amour lui-même, qui n'appartient ni aux parents ni aux enfants, qui envoie. L'amour n'est pas la qualité d'un sujet, mais l'esprit lui-même en acte, et c'est pourquoi dans le deuil je suis aussi cet amour qui continue à vivre. Si Freud décrit le deuil comme un lieu d'aversion, il est aussi possible de le comprendre philosophiquement comme un lieu de conversion dans lequel je peux aller au-delà de moi-même en consentant à ce qui m'est confié ; si je ne décide pas du don, je décide de le recevoir ou non, dans la conscience de ma propre mortalité. Le deuil n'est donc pas le simple passage d'un état à un autre état, mais il est d'abord l'acte de répondre de ce que je n'ai pas voulu par une nouvelle union avec l'être perdu, et en cela il est en quelque sorte l'acte commun du mort et du vivant.

Le deuil est ainsi un paradoxe, car dans l'amour il est à la fois épreuve de perte irrémédiable que rien ne pourra atténuer, et une épreuve d'union, d'une union qui est plus forte que la mort[1]. Le deuil est un consentement à la souffrance pour autrui, le fait de supporter la perte, parce que l'espérance est plus forte que la blessure. Quand on aime, on ne sort pas du deuil, mais on apprend du deuil lui-même à aimer autrement en continuant à recevoir de l'autre le pouvoir de se donner, car ce qui a été uni dans l'amour rien ne peut le défaire et la mort ne défait que les liens dans le monde et non ceux qui ouvrent un monde.

1. « Un deuil ne se borne pas, comme on le dit souvent, à envahir les sentiments ; il consiste plutôt en une fréquentation ininterrompue du disparu, comme si ce dernier devenait plus proche. Car la mort ne le rend pas seulement invisible : elle le rend aussi plus accessible à notre regard. Elle nous le vole, mais elle le complète également d'une manière inédite ». L. Andréas-Salomé, *Reiner Maria Rilke*, op. cit., p. 11.

Être par un autre ne s'arrête pas avec la mort, mais prend une autre signification en donnant la tâche de parler pour celui qui ne peut plus parler : nous avons à prendre en garde ceux qui nous ont donné d'être.

Celui qui perd pied dans le deuil peut aussi voir s'ouvrir en lui des voies inimaginables, parce qu'il peut découvrir qu'il n'est pas le propriétaire de son être. Chaque personne avance où son amour l'envoie, et c'est pourquoi dans le deuil le problème n'est plus de savoir si c'est ma mort ou la mort de l'autre qui est première : parce que la personne est un dialogue, ma mort et celle de l'autre sont inséparables, et il n'y a aucun sens à isoler l'une de l'autre, puisque ma mort n'est absolument propre que sur l'horizon de la mort de l'autre et que la mort de l'être aimé ne prend sens qu'à partir de ma mort. Seul le prochain meurt, tout autre être disparaît, et le deuil n'a de sens que dans la conscience de cette commune mortalité. S'il y a une solitude radicale de la mortalité, au sens que c'est à moi de répondre et de me rassembler à partir de la conscience de ma finitude, s'il est également vrai que la souffrance du mourant m'est en partie inaccessible, ces deux incommunicabilités sont la condition de la communication et la possibilité même de souffrir ensemble. Il est au plus haut point important de ne pas confondre ici solitude et isolement : la solitude du mourir ne veut pas dire qu'il n'y a que ma mort et elle est bien au contraire ce qui me fait comprendre que la mort de l'autre est ce qui importe le plus. Toute l'analyse vise à libérer de la pseudo-évidence d'une mort isolée par principe qui conduisait à un concept inexact de mort comme disparition d'une chose et à un concept non rigoureux de deuil comme acceptation de cette disparition et comme accident de l'existence. L'expérience du deuil comme expérience de la fuite du sens est aussi une reconnaissance que l'autre n'est pas seulement un objet maniable qui n'est plus disponible. Ce serait d'ailleurs plutôt l'absence de deuil qui serait la marque d'un rapport impropre à autrui comme simple fonctionnaire (le mari dont j'ai besoin, l'ami qui m'est utile, etc.) Dès lors, la compréhension de « l'être-avec » comme structure de l'existence est bien la clé pour une véritable intelligence du deuil, qui peut être compris comme une forme positive de la sollicitude : le deuil est une veille, mais une veille dans laquelle je ne suis pas seul, qui est l'acte commun du veilleur et du dormeur.

Le deuil n'a rien de spontané et la forme la plus habituelle de notre rapport à autrui est l'indifférence. Dans l'anonymat de la quotidienneté, les journaux m'apprennent que des individus périssent pendant que je bois mon café du matin, sans que cela donne lieu à la sollicitude du deuil. Le deuil est rare et difficile, car il est une forme de l'amour, l'ultime façon de rendre l'autre à lui-même en faisant en sorte que ce qu'il a apporté au monde comme possibilités ne disparaisse pas. Ainsi, l'ouverture propre au deuil con-siste à se faire non le conservateur de l'autre, mais le témoin : dans sa finitude et sa fragilité, il s'agit d'offrir à l'être cher qui est mort un espace de révélation. Cette veille n'est pas pour autant une idolâtrie du disparu comme enfermement dans le passé ; au-delà des formes ostentatoires de commémoration, il s'agit d'une façon plus pudique de demeurer à l'écoute de ce à quoi l'être aimé fut à l'écoute, de maintenir vivant ce qui fut l'intention implicite ou explicite de toute sa vie, bref de porter et de transmettre, à sa façon propre, la générosité de son être. Ainsi, être en deuil, c'est aussi répondre à des injonctions qui ne viennent pas de soi seul, et la souffrance du deuil peut être convertie en force de parole.

En conséquence, avant d'être un fait, le deuil est une possibilité, qui est l'horizon à partir duquel l'autre homme se donne même avant sa mort et qui est donc la condition de la rencontre. En effet, le vrai deuil est un deuil inachevable de par l'altérité de l'aimé : l'expérience du deuil est une expérience de l'absurde, parce que l'autre se donne comme irréductible aux possibilités déjà développées dont j'hérite. Témoigner de l'être aimé, c'est ne pas l'enfermer dans une image pour lui laisser son avenir : je suis son avenir sans jamais qu'il m'appartienne, et en même temps l'éclat de son visage continue à me donner le mien. L'ouverture du deuil, c'est alors transmettre cette participation à la vie commune que fut l'autre, c'est porter sa parole pour lui qui ne peut plus parler. Il y a un apaisement dans cette parole commune, et il ne s'agit pas tant de parler à sa place que de continuer à parler au monde avec lui : ma parole n'est jamais seulement la mienne, mais elle est toujours traversée par les paroles de ceux qui m'ont aimé, qui m'ont interpellé, qui m'ont questionné, qui m'ont répondu. On peut donc soutenir qu'accepter la mort d'autrui, ce n'est pas passer à un autre objet, et que c'est au contraire assumer une essentielle substitution dans laquelle, sans recouvrir sa parole par la mienne, je donne encore à sa parole son avenir.

La mort de l'ami dit une incomplétude[1] : nous avons discuté ensemble, fait des randonnées à ski ensemble, nous avons partagé des joies, des souffrances et des espérances communes et sa mort me prive de tout ce que nous avions encore à faire ensemble. Néanmoins, d'une certaine façon, avec sa mort l'autre se révèle à moi dans toute son humanité, c'est-à-dire toute sa fragilité. Sa mort révèle sa coappartenance aux autres hommes, elle révèle qu'il n'est pas le propriétaire de lui-même et que ce qu'il a semé, c'est aux autres de le faire maintenant fructifier. En retour, dans le deuil je peux prendre conscience que je ne suis que ce que

---

1. *Cf.* J.-Y. Lacoste, *Notes sur le temps*, Paris, Puf, 1990, p. 58.

j'ai reçu et que ce que je donne : paradoxalement, en me dépossédant de moi-même, le deuil me met en exil, il me fait aller au-delà de moi-même en me faisant découvrir l'essence relationnelle de mon existence. Si le sens de la mort de l'être aimé m'échappe, elle reconduit pourtant à l'urgence de ce que j'ai à être dans ma temporalité finie, elle me dévoile ma non-possession comme une tâche relationnelle. Le deuil est alors cette situation[1] concrète de l'existence qui est la pure expérience de l'être pour et par un autre : le caractère incompréhensible de la mort de l'être aimé me met en mouvement, car il requiert mon propre processus de personnalisation. La liberté finie de la personne consiste à se recevoir de ce qui n'est pas soi, et en cela, dans le deuil, je suis l'être aimé. La patience du deuil est cette veille qui ne veut pas posséder, elle est la façon de demeurer sensible à celui que l'on a aimé, et elle est difficile, car elle consiste à accepter de vivre au péril du monde, à accepter de se laisser mettre en question au plus intime de soi. Or, cette obéissance à l'injonction de l'être aimé qui n'est plus est ce qu'il ne faut surtout pas psychologiser, pour que le deuil puisse être un lieu de compréhension de la liberté humaine : l'homme n'est libre que par la grâce de l'autre ; même avec la mort il demeure une capacité de l'amour[2].

Donner à l'être aimé sa « propre » mort est ce qui dépend aussi de nous, avant tous les devoirs sociaux, dans cet exil qui n'est pas une errance : nous pouvons faire en

---

1. En prenant le terme de « situation » au sens de Levinas et non au sens de Sartre, car il ne s'agit pas de simplement penser la rencontre d'une contingence et d'une liberté.

2. « O Seigneur, donne à chacun sa propre mort/ La mort issue de cette vie/ Où il trouva l'amour, un sens et la détresse », R. M. Rilke, *Œuvres 2, Poésie*, trad. fr. L. Gaspar, A. Guerne, P. Jacottet et J. Legrand, Paris, Seuil, 1972, p. 115.

sorte que sa mort soit la sienne en transmettant ce qu'il y a d'irréductible dans sa vie. Dans l'horreur de la violence, il est tout à fait possible d'aller jusqu'à retirer à l'autre son mourir, et dans ce cas on le fait périr, on le liquide, on l'extermine. Tout à l'opposé, le deuil comme tâche d'amour donne à l'autre de pouvoir mourir en n'étant jamais réduit à un cadavre, en étant reconnu comme un membre de la communauté humaine en tant que personne unique par son existence même. Le deuil « donne » la mort, non en tuant une seconde fois l'autre, en s'en détournant intérieurement, mais en donnant à voir ce que sa mort issue de sa vie a d'unique, d'insubstituable : la souffrance n'est pas alors supprimée, mais elle prend un sens. Mourir, c'est porter la mort dans son essence, et le deuil atteste que même cette tâche ultime de la personne est une tâche interpersonnelle. L'expérience du deuil peut être le lieu d'une écoute de l'appel qui vient de l'être aimé lui-même : dans cette écoute difficile d'un devoir qui me concerne moi et moi seul, qui me singularise absolument, même si je ne peux le porter que dans une communauté, l'amour est plus fort que la mort.

Chapitre VI

LA SIGNIFIANCE INSIGNIFIABLE (MALDINEY)[1]

Si Levinas partait d'une réflexion sur le monde cassé afin de remettre en cause une conception purement idéaliste du sens, Maldiney prend souvent appui sur une analyse de la folie, sur cette situation dans laquelle l'homme est atteint jusqu'à son fondement. D'une certaine manière, il montre qu'il est nécessaire de passer par la considération de la folie, du non-sens, afin de comprendre que le sens du monde doit toujours être renvoyé à l'événement de la rencontre, qui seul brise l'enfermement en soi en ouvrant à ce que je n'attends pas. Reprenant ainsi un chemin parcouru par Merleau-Ponty dans la *Phénoménologie de la perception*, Maldiney montre que la psychose est une absence d'événement et cela paradoxalement éclaire sur l'irréductibilité du sens aux productions de la subjectivité, afin de mettre au jour comment il peut me transformer et me donner à être.

1. Ce chapitre est une version remaniée de « L'anthropologie au risque de la phénoménologie dans *Penser l'homme et la folie* » dans J. de Gramont et P. Grosos (dir.), *Henri Maldiney. Phénoménologie, psychiatrie, esthétique*, Rennes, Presses Universitaires de Rennes, 2014, p. 53-73.

Maldiney fait souvent appel à l'anthropologie dans ses analyses phénoménologiques et pourtant il a peu écrit sur le rapport entre phénoménologie et anthropologie. Par ce silence relatif, il demeure un vrai phénoménologue, qui ne cherche pas à légiférer *a priori* sur ce que doit être la phénoménologie comme méthode et il ne cède pas à la tentation fréquente d'une orthodoxie voulant prescrire le chemin du retour aux choses mêmes en oubliant que c'est l'objet lui-même qui définit la règle universelle de sa connaissance[1]. Tout au long de son œuvre, il ne cesse de décrire des phénomènes, et notamment des phénomènes en excès, dans lesquels la corrélation noético-noématique ne peut s'effectuer. Il veut ainsi rendre possible l'accès à une phénoménalité plus originaire, à une expérience plus sauvage[2], selon l'expression de Merleau-Ponty, qui se situe en deçà du processus d'objectivation. Or, c'est précisément selon cet horizon que la rencontre de la phénoménologie et de l'anthropologie trouve son sens. En effet, Maldiney cite de nombreuses études issues de la psychanalyse et de la psychiatrie ; il renvoie à diverses traditions et on peut interroger la signification d'un tel entrelacs. Il est possible de montrer qu'il ne s'agit pas d'une simple illustration, ni bien sûr de la volonté de fonder la phénoménologie sur l'anthropologie. Le propos de Maldiney demeure pleinement phénoménologique, dans la mesure où il s'agit d'aller au-delà de Husserl, et même de Heidegger dans *Être et*

---

1. *Cf.* E. Husserl, *Cartesianische Meditationen*, *op. cit.*, § 22.

2. H. Maldiney écrit lui-même : « C'est la sauvagerie de l'être qui surgit, qui est bouleversante ; ce n'est pas du tout, comme certains le disent, son absurdité qui nous bouleverse, mais au contraire sa signifiance. Nous découvrons par-là que la réalité, y compris la nôtre, est une signifiance insignifiable, comme le souligne Hugo von Hofmannsthal », *Rencontre et ouverture du réel*, texte édité dans J.-P. Charcosset (dir.), *Henri Maldiney : penser plus avant*, Chatou, La Transparence, 2012, p. 35.

temps, pour accéder à une description qui est au-delà de tout *a priori*. Si la philosophie de Maldiney n'était que la reconnaissance d'un *a priori* du pâtir, elle ne posséderait pas cette nouveauté qui fait qu'elle renouvelle le sens même de l'expérience. Comme il ne cesse de le répéter, l'expérience est ouverte et le réel est ce qui résiste à mon pouvoir d'anticipation.

Il y a là sans doute une situation très nouvelle en philosophie, puisque l'anthropologie philosophique est cette fois ce qui libère de la représentation traditionnelle de la personne comme animal rationnel pour la comprendre comme visage. Elle donne en effet à penser que l'homme n'est pas un étant subsistant et qu'il n'y a pas en lui d'élément permanent, pas même le pouvoir de dire « je », dans l'existence au risque du monde. En conséquence, le dialogue avec l'anthropologie ne retrouve pas la définition de l'homme comme animal rationnel ou social, qui bloque l'accès à la phénoménalité originaire, et la philosophie consiste à « Penser l'homme et la folie ». Dans ce titre d'une œuvre majeure de Maldiney, le « et » n'indique pas une juxtaposition, mais un lien eidétique. En cela, Maldiney ne partage pas le souci anthropologique d'apporter de nouvelles définitions de l'homme, et la définition de l'homme comme « animal capable de folie » serait un simple non-sens. Ce sont plutôt les modes d'être de l'homme qu'il s'agit de décrire, le « comment » de son être en vie, et sur ce point il est nécessaire de montrer pourquoi il n'est pas possible de faire l'économie de l'anthropologie.

Pour bien comprendre la position complexe de Maldiney, il est nécessaire de la situer en premier lieu par rapport à celle de Husserl qui, dans la conférence de 1931 intitulée *Phénoménologie et anthropologie*, explique notamment la nécessité de la question par une « affinité intime (*innere Affinität*) »[1] entre anthropologie et phénoménologie transcendantale liée à un parallélisme. Cependant, cette affinité est également une séparation radicale dont le philosophe doit avoir conscience pour être vraiment philosophe. À ce titre, le véritable adversaire de la philosophie consciente de son Idée n'est pas l'anthropologie, comme discipline séparée relevant des sciences positives de l'étant, mais bien l'anthropologisme, dans la mesure où celui-ci est un ennemi intérieur qu'elle ne doit jamais cesser de combattre pour être elle-même. Husserl décrit donc avant tout le combat de la philosophie contre elle-même en comprenant que « la connaissance simplement empirique, inductive-classificatrice-descriptive, n'est pas encore science au sens prégnant »[2]. En effet, en philosophie tout dépend de la méthode mise en œuvre dès le départ, et tout échec tient à un « faux départ », pour reprendre une expression de Maldiney à propos de Hegel. L'anthropologisme tient donc au fait d'avoir manqué la réduction phénoménologique, qui seule reconduit au monde lui-même, par-delà les constructions, les images du monde. Pour Husserl, c'est la réduction qui donne sa tâche à la phénoménologie, celle d'une « étude systématique de la subjectivité transcendantale pour savoir comment elle confère sens et validité au monde objectif en soi »[3]. Sans elle, il est impossible de questionner le monde en tant que monde, or c'est justement cette question en direction du

---

1. E. Husserl, « Phänomenologie und Anthropologie », dans *Aufsätze und Vorträge (1922-1937)*, éd. T. Nenon, H. R. Sepp, Dordrecht-Boston-London, Kluwer, 1989, p. 181 ; trad. fr. D. Franck dans *Notes sur Heidegger*, Paris, Minuit, 1993, p. 73.

2. *Ibid.*, p. 166 ; trad. fr. p. 59.

3. *Ibid.*, p. 176 ; trad. fr. p. 68.

monde qui, par principe, fait défaut à l'anthropologie, qui présuppose le monde[1]. Ainsi, la réduction fixe l'avenir de la philosophie, qui permet de juger les défaillances de la philosophie présente, notamment pour Husserl l'anthropologisme de Scheler, et les progrès des philosophies passées vers l'authentique réflexion transcendantale. Pour résumer, l'anthropologisme est donc l'abîme dans lequel chute tout empirisme quand il n'est pas l'empirisme renouvelé et élargi de la philosophie transcendantale.

En outre, le reproche constant adressé par Husserl à Kant est celui d'anthropologisme, c'est-à-dire d'une compréhension encore inauthentique de l'*a priori*. Kant représenterait une psychologisation de l'*a priori* et une naturalisation du sujet transcendantal, et ce relativisme anthropologique de l'*a priori* serait lié au refus de l'intuition eidétique[2]. Autrement dit, l'intention de Husserl est d'effectuer la critique de tout anthropologisme qui prétend fonder les lois catégoriales sur la nature de l'esprit humain[3]. Ainsi, « une décision de principe entre anthropologie et transcendantalisme doit donc être possible qui surmonte toutes les figures historiques de la philosophie et de

1. *Ibid.*, p. 179 ; trad. fr. p. 72 : « Il est aussitôt clair que toute doctrine de l'homme, empirique ou apriorique, présuppose le monde existant ou susceptible d'exister ».

2. Il est possible d'ajouter que ce reproche n'est pas propre à Husserl, dans la mesure où le projet kantien de philosophie transcendantale visait lui aussi à dépasser l'anthropologisme relativiste de Hume.

3. *Cf.* D. Pradelle, *Par-delà la révolution copernicienne*, *op. cit.* Les limites de l'intuition catégoriale ne sont pas celles de la représentation propre et d'une manière générale ne dépendent pas de la nature des facultés de représentation d'un sujet fini. Dominique Pradelle montre en quoi Husserl veut critiquer l'anthropologisme kantien qui serait lié au geste copernicien lui-même qui fonde les structures *a priori* de l'objet apparaissant sur les structures invariantes du sujet connaissant.

l'anthropologie »[1]. L'anthropologisme est ainsi ce contresens
qui conduit à attribuer à une réalité mondaine une fonction
transcendantale et toute l'intention de Husserl est bien de
dépsychologiser le « je pur ». Sur ce point jamais Maldiney
ne voudra revenir en deçà de cette critique radicale fonda-
trice de la phénoménologie, qui établit une indépendance
de principe de la science eidétique par rapport à toutes les
sciences du fait[2]. Le parallélisme évoqué plus haut n'empêche pas qu'une anthropologie, même eidétique, demeure
dérivée, car elle est une ontologie régionale par rapport à
l'analyse des structures de la conscience pure[3]. Toute
lecture anthropologique de la phénoménologie serait ce
« faux départ », qui commet l'erreur de comprendre la
réduction comme une limitation par abstraction isolant
une part du monde[4]. Maldiney hérite donc directement de
cette désubjectivisation de la conscience effectuée par
Husserl, et quand il fait appel à l'anthropologie, ce n'est
pas pour dégager des invariants de la connaissance et de
l'existence. Le « transpossible » et le « transpassible », les
deux concepts fondamentaux de la phénoménologie de
Maldiney, ne peuvent pas être compris comme des formes
a priori du sujet fini et donc comme des présupposés

1. E. Husserl, « Phänomenologie und Anthropologie », *op. cit.*,
p. 165 ; trad. fr. *Notes sur Heidegger, op. cit.*, p. 58.
2. En outre, ce sont les sciences du fait qui deviennent sciences dans
leur relation aux sciences eidétiques formelles et matérielles : « Toute
tentative de commencer naïvement par une phénoménologie qui serait
une science de faits, *avant* d'avoir développé la théorie phénoménologique
des essences, serait un non-sens »., *Ideen 1, op. cit.*, p. 119 ; trad. fr.
J.-F. Lavigne, p. 189 (trad. fr. P. Ricœur, p. 205).
3. Cf. *Ideen 1*, § 76.
4. *Cf.* E. Husserl, *Cartesianische Meditationen, op. cit.*, § 14. Il ne
peut donc y avoir d'orientation anthropologique finale de Husserl et la
lecture de H. Blumenberg passe en partie à côté du projet de Husserl en
mésinterprétant de façon anthropologique l'analyse du monde de la vie.

anthropologiques. Il faut en conséquence reconnaître qu'il n'y a aucun retour au réalisme dans la philosophie de Maldiney et qu'il n'y a aucune remise en cause de la désanthropologisation de l'*ego* pur, qui est précisément ce qui ouvre un avenir à la phénoménologie. L'histoire de la phénoménologie peut être lue comme celle de son détachement vis-à-vis de l'anthropologie, même philosophique, et cette rupture est peut-être contre toute apparence ce qui peut à nouveau ouvrir un dialogue entre phénoménologie et anthropologie dans le cadre d'une ontologie régionale. La thèse selon laquelle c'est l'essence de l'objet qui détermine sa phénoménalité, et non la nature du sujet connaissant, Maldiney ne cessera de la porter, y compris dans son intérêt pour l'anthropologie.

Heidegger effectue une critique élargie de l'anthropologie qui n'a pas échappé à Maldiney dont les analyses ne semblent pas tomber sous l'objection du § 10 d'*Être et temps*. Déjà, contrairement à bien des lectures, Maldiney ne confond pas l'analytique existentiale avec une anthropologie et tous ses textes soulignent que la primauté du *Dasein* est bien ce qui distingue l'analytique existentiale de toute anthropologie, dans la mesure où il ne s'agit pas d'étudier un étant particulier qu'est l'homme, mais d'analyser le questionner, qui n'est pas une possibilité parmi d'autres du *Dasein*, mais qui se donne comme une détermination d'être du *Dasein*. En effet, le *Dasein* n'est en rien un étant dont la primauté par rapport aux autres étants tiendrait à la capacité de réflexion. Autrement dit, il s'agit d'éviter ce faux départ anthropologique réduisant le *Dasein* à un sujet qui se connaissant lui-même aurait la capacité de connaître les autres choses, puisque, bien au contraire, c'est en comprenant l'être que le *Dasein* se comprend. L'*anthropologische Missdeutung*, cette mauvaise interprétation anthropologique, selon l'expression des *Beiträge zur Philosophie*[1], consiste à poser la question de l'être à partir de la question de l'homme au lieu de comprendre l'homme par rapport à l'être[2].

Dans le § 10 d'*Être et temps*, « Délimitation de l'analytique du *Dasein* par rapport à l'anthropologie, la psychologie et la biologie », Heidegger montre comment la métaphysique du *Dasein* a l'intention de mettre fin à ce qu'il reste d'anthropologie dans la philosophie, y compris dans le personnalisme, qui, tout en comprenant la personne comme acte, laisse indéterminé le mode d'être de la personne. Pour cela Heidegger s'en prend à l'anthropologie antico-chrétienne qui bloque tout accès à l'être du *Dasein*. Néanmoins, que ce soit l'anthropologie traditionnelle ou l'anthropologie moderne, ce qui la caractérise c'est son indécision[3]. L'analytique existentiale est donc le préalable à toute anthropologie et peut seule donner le sens de l'anthropologie, qui en elle-même ne peut pas élucider le sens d'être de l'homme qui se trouve dans l'ouvert (*Offenheit*). En cela, dans son intérêt même pour l'anthropologie, Maldiney maintient l'idée que l'analytique existentiale doit « dépasser la tâche particulière d'une anthropologie apriorique existentiale »[4]. Il reprend vraiment la radicalité de ce projet et ne développe pas du tout ce que Heidegger

1. M. Heidegger, *Beiträge zur Philosophie*, Gesamtausgabe, t. 65, Frankfurt am Main, Klostermann, 1989, p. 87-88 et 491.

2. *Cf.* E. Levinas, *En découvrant l'existence avec Husserl et Heidegger*, *op. cit.*, 1974, p. 93.

3. *Cf.* M. Heidegger, *Sein und Zeit*, § 10, Tübingen, Niemeyer, 1986, p. 49 ; trad. fr. E. Martineau, *Être et Temps*, Paris, Authentica, 1985, p. 58.

4. *Ibid.*, § 39, p. 183 ; trad. fr. p. 142. Le § 41 précise bien à nouveau que l'analyse du souci n'est en rien une « anthropologie concrète » (*ibid.* p. 194 ; trad. fr. p. 149) et le § 42 ajoute : « L'analytique existentiale ne vise point une fondation ontologique de l'anthropologie, son but est fondamental-ontologique » (*ibid.* p. 200 ; trad.fr. p. 152).

nomme une « anthropologie existentiale thématique »
décrivant « les possibilités existentielles factices en leurs
traits capitaux » comme dans une philosophie des visions
du monde qui voudrait dépasser la simple typologie[1].

En effet, l'ouvrage de Maldiney *Penser l'homme et la
folie* ne tombe pas sous la critique de Heidegger qui, dans
l'*Introduction à la métaphysique*, dénonce tous ces livres
qui portent le titre « qu'est-ce que l'homme ? » et qui
n'interrogent pas l'homme, qui présupposant une réponse
n'accèdent pas à l'homme comme question et donc à la
question « qui est l'homme ? »[2]. Contre la méprise
anthropologique, Maldiney cherche à décrire lui aussi en
quoi l'homme provient de l'expérience de l'être et donc
il ne s'agit pas pour lui d'envisager l'homme comme une
chose avec des propriétés qui détermineraient après coup
son mode d'être.[3] Cette mise au point est importante pour
montrer en quoi Maldiney ne propose pas simplement une
nouvelle forme d'anthropologie philosophique au sens que
Scheler a pu donner à ce projet[4]. Il refuse de tomber dans
ce que Heidegger nomme « l'imprécision » de l'anthropologie philosophique, qui tient à ce qu'elle est une sorte
de synthèse de toutes les disciplines étudiant l'homme
comme étant particulier, sans une compréhension de ce

1. *Ibid.*, § 60 p. 301 ; trad. fr. p. 214-215. Heidegger renvoie à Jaspers
et à sa *Psychologie des visions du monde*, Berlin, Springer, 1925.

2. *Cf.* M. Heidegger, *Introduction à la métaphysique*, trad. fr. G. Kahn,
Paris, Gallimard, 1967, p. 149-150.

3. Le *Dasein* n'est pas un mode particulier de la vie qui serait comprise
comme un concept plus englobant, car la vie ne se comprend qu'à partir
du vivant que nous sommes.

4. *Cf.* M. Heidegger, *Kant und das Problem der Metaphysik*, Frankfurt-
am-Main, 4ᵉ éd. 1973, p. 203 ; trad. fr. A. de Waehlens et W. Biemel,
Kant et le problème de la métaphysique, Paris, Gallimard, 1953, p. 266 :
« Aujourd'hui, l'anthropologie ne cherche pas seulement la vérité
concernant l'homme mais prétend décider du sens de toute vérité ».

que signifie « être homme »[1]. Ainsi, Maldiney prend appui sur cette « nuance » décisive énoncée dans les *Concepts fondamentaux de la métaphysique* :

> Qui est le dépositaire de ce savoir (de ce qu'est l'homme)? De prime abord et véritablement pas l'anthropologie, justement, ni la psychologie, ni la caractérologie, etc., mais bien l'histoire entière de l'être humain. Et celle-ci n'est pas l'historiographie biographique, elle n'est pas l'historiographie en général, mais elle est cette tradition originelle qui se trouve dans tout agir humain en tant que tel – que cet agir soit ou non consigné et amplement relaté. Le *Dasein* humain porte toujours en lui-même la vérité sur soi[2].

L'étude de la folie ne relève donc pas d'une anthropologie ou d'une « philosophie de la civilisation (*Kultur-philosophie*) »[3], car la folie n'est intelligible qu'à partir de l'analyse du *Dasein* comme être au loin[4]. En effet, Maldiney décrit cette folie « à la lumière de l'analyse existentielle », donc à partir de l'être de l'homme, et en cela il évite cette méprise anthropologique contre laquelle déjà Binswanger mettait en garde dans sa préface aux

---

1. Cf. M. Heidegger, *Kant und das Problem der Metaphysik, op. cit.*, p. 205 ; trad. fr. *Kant et le problème de la métaphysique, op. cit.*, p. 268.

2. M. Heidegger, *Die Grundbegriffe der Metaphysik. Welt-Endlichkeit-Einsamkeit, Gesamtausgabe* 29/30, Frankfurt am Main, Klostermann, 1983, p. 407 ; trad. fr. D. Panis, *Les concepts fondamentaux de la métaphysique. Monde-Finitude-Solitude*, Paris, Gallimard, 1992, p. 407.

3. *Ibid.*, p. 236 ; trad. fr. p. 237.

4. « Pensons au cas extrême de la folie, là où peut régner le plus haut état de conscience, et nous disons pourtant : cet homme est extra-vagant (*ver-rückt*), détraqué (*verschoben*), il est au loin et pourtant là », *ibid.* p. 95 ; trad. fr. p. 102.

Grundformen und Erkenntnis menschlichen Daseins[1]. Or, dans ce « à la lumière de » se situe la ligne de crête sur laquelle Maldiney tente de cheminer, sans simplement répéter, avec quelques modifications, l'analytique existentiale de Heidegger et sans renvoi à une anthropologie philosophique qui laisserait de côté l'interrogation propre du philosopher.

Maldiney ne cherche donc pas à inverser l'égologie de Husserl et il maintient que de même qu'on accède au rêve à partir de la veille, on comprend la folie à partir de la normalité. En cela, il est impossible de dire qu'on est plus à soi dans la folie que dans l'existence normale, néanmoins, pour se comprendre comme existant, il est nécessaire de « penser la folie », pour que l'existence humaine, avec son style propre, puisse être mise en question et interrogée. Encore une fois, le philosophe ne s'intéresse pas à la folie par simple curiosité, mais parce que d'une certaine façon elle fait office de réduction phénoménologique : elle met entre parenthèses les identités construites pour laisser apparaître les structures de l'existence. L'étude de la folie est donc bien dans l'œuvre de Maldiney une méthode, même si elle n'est pas la seule, pour pouvoir être confronté à la chose même. La folie est en quelque sorte l'humanité mise à nue ; elle est cette existence dans laquelle il n'est pas possible de se donner un masque, de choisir son personnage, et donc dans laquelle l'homme apparaît « en personne ». Il est donc bien nécessaire de « penser la folie »

---

1. L. Binswanger, *Ausgewählte Werke*, t. 2, *Grundformen und Erkenntnis menschlichen Daseins*, éd. M. Herzog et H.-J. Braun, Heidelberg, Asanger, 1993, p. 4 *sq.* Bien sûr Heidegger était lui-même très conscient de cette possibilité de mésinterprétation anthropologique d'*Être et temps* à cause d'un vocabulaire facilement psychologisable, notamment celui de la tonalité.

pour remettre en cause la définition de l'homme comme animal rationnel, puis comme sujet unique source du sens.

L'intérêt de Maldiney pour les psychoses ne correspond pas au souci de faire appel à une science des faits, mais répond à une exigence phénoménologique, qui remet en cause le partage réalisé par Husserl au § 7 des *Idées directrices pour une phénoménologie pure* livre 1 entre la science des faits et la science de l'essence. C'est pourquoi la folie ne se trouve pas décrite dans son œuvre sous la forme négative de l'absence à soi, mais comme une crise de l'existence, et donc comme une expression dans laquelle un accès s'ouvre vers les structures de l'existence. Or, à partir de l'élucidation du sens phénoménologique de la raison effectué par Husserl[1], la raison ne peut plus être comprise comme une faculté psychique et l'accès à la raison a lieu à partir des essences noématiques. En effet, si la raison prend ce sens élargi par lequel elle désigne tous les actes de validation ou d'attestation, alors perdre la raison, ce n'est plus perdre une qualité psychique, mais c'est perdre un accès à l'être. Ainsi, le monde inquiétant de la folie peut se laisser décrire comme un monde fermé, privé, dans lequel aucun sens nouveau ne peut se constituer. Selon cette nouvelle perspective, devenir fou, c'est être déplacé, selon l'étymologie de *verrückt* étudiée par Binswanger[2], et ce déplacement est en lui-même révélateur

---

1. *Cf.* D. Pradelle, *Par-delà la révolution copernicienne, op. cit.*, chapitre VI.

2. L. Binswanger, « *Über Phänomenologie* », *Ausgewählte Werke* III, Heidelberg, Asanger, 1994, p. 37 ; trad. fr. J. Verdeaux et R. Kuhn, « De la phénoménologie », dans *Introduction à l'analyse existentielle*, Paris, Minuit, 1971, p. 82 ; *Cf.* les analyses de M. Coulomb dans « Phénoménologie du Nous et Psychopathologie de l'isolement. La nostrité selon Ludwig Binswanger », *Le Cercle herméneutique* 11-12, 2009.

de l'existence. Maldiney poursuit donc ce qui était déjà la méthode même de Binswanger :

> Ce qu'il nous était possible de montrer ici n'était que ceci : à savoir, que chaque observation phénoménologique d'un événement psychopathologique, au lieu de partir sur les espèces et les genres des fonctions psycho-pathologiques, se dirige droit vers l'essence de la personne malade en nous la faisant intuitionner[1].

Certes, dans cette conversion du regard, la perspective de Binswanger est différente de celle de Maldiney, puisqu'il s'agit de savoir comment, dans la psychiatrie, il est possible d'être attentif à l'être-homme du malade, et c'est cela qui le conduit au-delà de l'anthropologie vers l'analyse existentielle. Maldiney fait en quelque sorte le chemin inverse (mais néanmoins indissociable de celui de Binswanger), puisqu'il ne cherche pas à fonder la psychiatrie, mais à montrer que les existentiaux ne sont pas saisissables en dehors des situations concrètes, et c'est ainsi qu'il s'agit notamment de « saisir dans l'existence psychotique l'existential humain qui la rend possible »[2]. Sans un tel passage par les psychoses et par ce que la psychiatrie peut en dire une phénoménologie de la personne malade demeurerait bien abstraite et il semblerait difficile de saisir un *eidos*. D'une manière plus large encore, une science eidétique générale de la personne telle que Husserl a pu l'envisager, parce qu'elle opère dans l'imagination pure d'un *ego* maître de lui-même, ne peut pas prendre en considération la rupture du rapport à l'être qu'est la psychose et passe donc à côté d'une possibilité fondamentale de l'existence. Etudier les psychoses ouvre donc la phénoménologie à son avenir

---

1. *Ibid.*, p. 106.
2. H. Maldiney, *Penser l'homme et la folie*, Grenoble, Millon, 1991, p. 5.

en l'ouvrant à des modes effectifs de l'être-à-soi et de l'être-au-monde, ce qui doit permettre de ne pas restreindre le sens noématique de la personne à son sens idéal.

La méthode de Maldiney est donc pleinement phénoménologique, mais elle refuse de trancher d'emblée entre deux chemins :

> Ce vocabulaire relève tantôt de la phénoménologie husserlienne, tantôt de la *Daseinanalyse* qui a son fondement dans l'analytique existentiale. Il s'agit donc de deux méthodes différentes. Mais plutôt que d'en faire la théorie générale, nous tentons de saisir leur différence en examinant comment les voies ouvertes par chacune à l'expérience psychiatrique s'articulent aux divers plans de l'expérience psychotique, qui ont tous en commun d'être des lieux d'existence[1].

Ce texte est tout à fait exemplaire du style de phénoménologie qui se refuse à construire *a priori* une doctrine phénoménologique et qui ne veut partir que des phénomènes, de leur complexité, et de leur description. En effet, c'est en partant des phénomènes eux-mêmes qu'il est possible de comprendre comment, d'une part, les sciences du fait deviennent des sciences de l'essence en donnant à voir les structures de l'existence, et comment, d'autre part, les sciences de l'essence deviennent attentives à la discontinuité, la rupture, la nouveauté et ne se ferment pas à l'événement par une réduction trop forte, qui ne laisse qu'un sujet inaltérable, car sans monde, ou encore un « je » immortel, car unique origine du sens. Ainsi, quand Maldiney dit par exemple que « la possibilité de la psychose mélancolique ressortit directement à ce que Husserl nomme

---

1. H. Maldiney, *Penser l'homme et la folie*, *op. cit.*, p. 13.

Lebenswelt »[1], il s'agit bien de remettre en cause la séparation de l'empirique et du transcendantal posée par Kant dans l'introduction de la *Critique de la raison pure*[2]. En effet, Maldiney refuse de s'en tenir à une philosophie de la raison pure simplement spéculative et qui n'entretient pas de lien avec un donné irréductible comme les sentiments, qui ne peuvent pas être enfermés dans le statut d'une source empirique de la connaissance. Encore une fois, tout ce travail de réinterprétation vient briser l'opposition simple du fait et de l'essence par une nouvelle compréhension de la sensibilité, puisque les sentiments dans leur signification originaire ne sont ni un pur donné empirique, ni un pur élément subjectif, mais une modalité de l'ouverture au monde qui permet aux étants d'apparaître. Le sentiment devient donc une modalité de la présence (l'ouvert), qui n'est pas à confondre avec ce qui – dans et par cette présence – est présent. Maldiney est ainsi tout à fait conscient d'hériter de Husserl et de Heidegger cette possibilité de « désanthropologiser » l'existant, ce qui en réalité ouvre un nouveau chemin entre phénoménologie et anthropologie.

Maldiney ne cherche donc pas à fonder la psychiatrie, si on entend par fonder la détermination des méthodes de la psychiatrie, et il ne se contente pas non plus de faire de la psychiatrie un simple réservoir d'exemples pour l'analyse eidétique, mais il met en œuvre, sans jamais la thématiser pour elle-même, une sorte de méthode en zigzag (*Zickzack*),

---

1. *Ibid.*, p. 24.
2. « La philosophie transcendantale est une philosophie de la raison pure simplement spéculative. Car tout ce qui est pratique, en tant qu'il contient des mobiles, entretient une relation avec des sentiments qui relèvent de sources empiriques de la connaissance », E. Kant, *Critique de la raison pure*, trad. fr. A. Renaut, GF-Flammarion, 2006, 3ᵉ éd., p. 113.

pour reprendre une expression de Husserl[1], qui rend possible
une vraie rencontre entre phénoménologie et anthropologie,
sans fusion ni confusion des champs de recherche. Encore
une fois, ce cercle, qui n'est pas vicieux, entre phénoménologie et anthropologie, n'est pas vraiment pris pour
thème par Maldiney, qui fait plutôt entrer son lecteur dans
ce cercle d'une phénoménologie attachée aux objets eux-
mêmes. Ce n'est qu'à partir de la description, notamment
de la mélancolie, que ce rapport peut être pensé, car alors
il n'est pas déterminé *a priori* et on ne retombe pas non
plus dans l'empirisme. Il est ainsi possible d'avancer que
Maldiney défend deux thèses. En faisant référence, dans
Penser l'homme et la folie[2], à la célèbre analyse de l'ani-
malité par Heidegger dans *Les concepts fondamentaux de
la métaphysique*, il montre qu'il y a là un lieu privilégié
pour éviter le danger de la confusion entre philosophie et
anthropologie. Sans la philosophie, l'anthropologie ne
peut pas différencier les étants et tombe inévitablement
dans tous les préjugés et projections anthropomorphiques[3].
En retour, sans l'appel aux autres traditions[4], sans

1. *Krisis*, p. 69 ; trad. fr. p. 68. Husserl dit à propos du cercle entre
l'analyse du présent de la science et l'analyse historique : « Il ne nous
reste qu'une solution, c'est aller et venir en "zigzag" ; les deux aspects
de ce mouvement doivent s'aider l'un l'autre ». *Cf.* également *Logique
formelle et logique transcendantale* § 44 et *Recherches logiques* II, § 6,
appendice 1.

2. H. Maldiney, *Penser l'homme et la folie*, *op. cit.*, p. 194 *sq.*

3. Pour le lézard la roche n'est pas comme pour l'homme un état
qui prend place dans une classification et il y a un être propre de l'animal
que Heidegger nomme l'accaparement (*Benommenheit*). L'animal est
absorbé à lui-même et l'obnubilation est la structure essentielle de son
mode d'être, et donc il n'assiste pas à la révélation de l'être.

4. Par exemple la culture japonaise et la spiritualité Zen, voir
H. Maldiney, *Penser l'homme et la folie*, *op. cit.*, p. 200. Dans une même
étude, Maldiney peut renvoyer à la psychanalyse, à l'art abstrait, à la

l'anthropologie, l'esthétique ou la linguistique, la philosophie se maintiendrait dans un accès trop étroit à
l'expérience, et c'est la possibilité d'un accès à l'originaire,
au phénomène, qui se trouverait mise en cause. De ce point
de vue, la pensée ne peut relever de la seule activité du
sujet et l'amour de la vérité doit vivre d'une communication
avec l'altérité, sans laquelle le réel demeure une abstraction
idéalisante. Ainsi, la phénoménologie peut se confronter
à d'autres disciplines, aux sciences humaines en général,
non pas pour y chercher une explication mondaine de
l'existence humaine, qui présupposerait un concept non-
interrogé d'homme, mais pour que le regard du phénoménologue puisse trouver un lieu où « l'exister » se laisse
questionner. C'est à cette question que Maldiney tente de
répondre : où l'exister en tant que tel se donne-t-il à voir ?

Dans un entretien, Maldiney reprend cette thèse centrale
selon laquelle l'exister pur, c'est-à-dire comme pur et
simple verbe, est une exposition à l'altérité en répondant
à la question « Pourquoi un philosophe peut-il s'intéresser
aux maladies mentales ? » :

> Parce que les structures de l'existence y sont en question.
> J'avais fait surtout cela à partir de mes rencontres avec
> l'œuvre de Binswanger, c'est-à-dire de la *Daseinanalyse*,
> après avoir un peu pratiqué l'étude de la psychanalyse.
> Mais alors là, on rentre dans le domaine des psychoses,
> qui est beaucoup plus instructif que celui des névroses,
> parce que l'existence est plus menacée, elle est en même
> temps plus présente. Un malade psychotique diffère d'un

mystique rhénane et à la pensée indienne, ce qui est une façon d'effectuer
la variation, voir par exemple « Érotisme et création artistique », dans
Lumière et vie 97, tome XIX, mars-mai 1970, p. 57-71.

malade névrotique ou d'un homme dit normal : il ne triche pas[1].

Nous retrouvons ici ce double mouvement propre à la recherche de la vérité. D'un côté, « c'est seulement sur le fond des structures humaines communes – et pour autant que l'essence de l'homme est existence, sortie à soi – que nous pouvons comprendre l'autre, malade ou sain »[2]. Notamment, l'analyse de la temporalité originaire, avec l'impression originaire et la rétention, est ce qui permet de comprendre que dans la temporalité mélancolique le présent n'a pas d'autre « extase que l'exclamation de la plainte »[3]. C'est donc bien sur le fond commun des structures universelles de la conscience temporelle qu'il devient possible de différencier les modes de la temporalité. De même, l'analytique existentiale permet de bien comprendre la mélancolie comme un mode de l'être au monde, sans y voir pour autant une *Grundstimmung* révélatrice de la transcendance du *Dasein* comme l'angoisse ou l'ennui : « le mélancolique psychotique existe un là auquel il est livré sans dépassement possible »[4]. De cette façon, il est possible de décrire une temporalisation et une spatialisation bloquées, autrement dit un véritable « échouage » de l'existence. Dès lors, on peut également ici procéder négativement en se demandant ce que ne fait pas Maldiney dans cette confrontation de la phénoménologie avec l'étude des psychoses. Il est clair que dans les très nombreuses analyses de Maldiney sur la mélancolie, il ne s'agit pas

---

1. Entretien réalisé par M. Guillot, revue *Conférence* n°12, printemps 2001, p. 371.

2. H. Maldiney, *Penser l'homme et la folie*, *op. cit.*, p. 10-11.

3. *Ibid.*, p. 47.

4. *Ibid.*, p. 54.

d'éclairer les descriptions scientifiques par un appel à la philosophie, comme le fait par exemple Tellenbach en citant Kierkegaard[1]. Il ne s'agit pas plus de développer une phénoménologie appliquée à une situation particulière de façon à rendre concrètes des analyses d'abord abstraites, comme si la phénoménologie avait besoin d'une illustration. Bien évidemment, il n'est en aucun cas question de tenter une justification empirique de la phénoménologie. Enfin, Maldiney ne cherche pas à développer une phénoménologie uniquement régionale, car cela contredirait à la définition même de la phénoménologie comme ontologie. En conséquence, d'une façon ou d'une autre, la description de la mélancolie, même dans son caractère régional, doit reconduire aux lois pures de la phénoménalité.

Dans cette nouvelle voie de la phénoménologie, la « climatique dépressive » en son « échouage » donne également à comprendre qui est l'homme à partir du mode de l'échec, c'est-à-dire à partir de l'incapacité à être auprès de soi et auprès des autres. Il y a ainsi une question en retour vers le moi à partir de la compréhension de cet enfer qu'est l'enfermement en soi dans lequel le moi est une forme vide de contenu. En effet, le « délaissement » propre à la mélancolie ouvre un accès à l'être en vie propre de l'homme. La méthode tient donc bien à ce double mouvement en zigzag, puisque la philosophie de la présence permet de dire en quoi la vie mélancolique est une « présence en échec »[2], mais, en retour, la vie mélancolique n'est pas une simple illustration arbitraire, mais une situation concrète dans laquelle la présence se donne à comprendre. L'équilibre

---

1. *Cf.* H. Tellenbach, *La mélancolie*, trad. fr. L. Claude, D. Macher, A. de Saint-sauveur, C. Rogowski, Paris, Puf, 1979.

2. H. Maldiney, *Penser l'homme et la folie, op. cit.*, p. 47.

propre à la pensée de Maldiney consiste ainsi à tenter de
mettre en rapport phénoménologie et anthropologie sans
écraser l'une sous l'autre, et cela dans une sorte de philosophie dialogale dans laquelle le sens se donne à voir à
partir de cette confrontation. En cela, montrer que pour le
mélancolique « être c'est subir l'être »[1] est ce qui autorise
à élucider le présent comme ce qui s'ouvre au renouvellement
de lui-même : présence et présence en échec s'élucident
de façon réciproque. Si l'homme est ce dont il se préoccupe,
il est important de décrire également le moi exclu de la
possibilité d'être là. Cependant, en retour, cette description
est précisément ce qui permet d'élucider la présence :

> L'existence est intégration et nouveauté au péril de la
> faille entre soi et soi dont le franchissement consiste à
> décider de soi-même. Chacun ne fonde son ipséité qu'à
> conquérir son altérité[2].

Maldiney ne cesse de le mettre en évidence, la description
du ressentir propre à la mélancolie révèle la dimension
pathique de l'existence, qui ne relève pas de la constitution
des objets de l'expérience par un sujet, mais d'une rencontre.
Autrement dit, il y a une pensée passive, mais dans un sens
très nouveau, qui n'a pas de point commun avec la réception
des idées en l'âme. L'esprit de l'homme n'est pas un mor-
ceau de cire recevant passivement les formes, mais il se
reçoit de la forme de ce qui se donne, en lui répondant dès
cette première communication qu'est le sentir. Dans toute
cette philosophie de la passivité décrivant l'homme comme
un répondant dès le sentir, l'essence de la pensée demeure
une hétéro-affection, et en cela Maldiney donne à comprendre une intentionnalité qui n'est pas une mainmise de

---

1. H. Maldiney, *Penser l'homme et la folie*, *op. cit.*, p. 54.
2. *Ibid.*, p. 71.

la conscience sur l'altérité. Or, sans l'étude de la mélancolie, il ne serait pas possible d'accéder à cette « révélation aurorale » qu'est cette présence avant toute objectivation. Paradoxalement une telle expérience originaire préalable à la mise en forme d'un donné par un sujet à partir de ses capacités *a priori* n'est vraiment accessible qu'en revenant à cette situation de l'existence dans laquelle rien n'arrive plus, car tout est déjà fixé. La psychose est cette situation de l'existence dans laquelle il n'y a plus que des représentations figées et aucune possibilité pour un événement d'avoir lieu. Il y a donc bien là une règle de méthode : pour décrire l'existence, il est nécessaire de la comprendre selon le comment de son échec, c'est-à-dire à partir de cette situation dans laquelle le pouvoir constituant du sujet se trouve suspendu, réduit, et dans laquelle la plainte mélancolique est le dernier ressac de sa manifestation, comme disait Binswanger.

Dans la mélancolie, l'existence est donc véritablement en question, et c'est pourquoi sa compréhension appartient de plein droit à la réflexion philosophique. Maldiney peut écrire :

> Ne tenant plus en avant de soi l'existence mélancolique est un échec de la présence à fonder le fond. Elle le subit sous la forme d'un passé absolu qui n'est pas celui du présent d'une histoire[1].

Dès lors, l'existence est ce qui « assume le fond, dont l'issue en elle dépend de son départ. […] Son rapport au fond est transpassibilité »[2]. Autrement dit, il est nécessaire de décrire le lieu où la transcendance défaille pour pouvoir élucider la transpossibilité et la transpassibilité. Nous

1. *Ibid.*, p. 81.
2. *Ibid.*, p. 81.

trouvons bien là, à nouveau, un cercle vertueux, y compris dans le rapport à Heidegger, car si les existentiaux permettent de comprendre l'existence mélancolique, l'analyse de la transcendance en échec donne à voir une présence antérieure au projet et au souci, même si on peut discuter de l'usage du terme de présence, qui porte en lui l'idée d'une maîtrise, pour dire ce qui induit une passivité. Ainsi, la compréhension de la mélancolie est un impératif philosophique : « Il faut nous concentrer sur la dépression telle qu'en elle-même et en indiquer les traits fondamentaux »[1]. Il s'agit bien d'une exigence incontournable pour comprendre de façon renouvelée les rapports entre vie et histoire. Il *faut* comprendre cette impossibilité pure d'être « saisi du monde dans le vif de l'instant », selon l'expression de Tal Coat[2], car sans cela il n'y aura pas d'accès à l'exister pur.

Si l'analyse heideggérienne de la transcendance conduit à élucider le vide encombré de la dépression en le dépsychologisant[3], l'étude de la dépression donne à identifier certaines philosophies comme dépressives dans un refoulement de l'existence, et Heidegger lui-même n'échappe pas à un tel jugement à propos de la décision résolue[4]. La

---

1. H. Maldiney, *Penser l'homme et la folie, op. cit.*, p. 103.

2. Citée par H. Maldiney dans *L'art, l'éclair de l'être*, Paris, Cerf, 2012, p. 325.

3. « Ce qui justement caractérise la dépression, ce n'est pas le vide que croit le dépressif. Le vide qu'il accuse est une espèce de vide encombré et qui, précisément, l'oppresse », H. Maldiney, *Penser l'homme et la folie, op. cit.*, p. 113.

4. « La proclamation nietzschéenne de l'*amor fati*, si elle est une illustration du destin, est aussi une défense contre la dépression de Nietzsche, si marquée dans sa rencontre avec l'œuvre de Schopenhauer. Mais la pensée de Heidegger à l'époque de *Sein und Zeit*, faisant de sa nécessité facticielle sa vertu, n'est-elle pas aussi une pensée dépressive surmontée ? », H. Maldiney, *Penser l'homme et la folie, op. cit.*, p. 112.

dépression est ainsi élevée au statut d'un critère de distinction entre les philosophies, selon qu'elles permettent ou
non de tenir compte de la dimension de l'événement.

La méthode propre de Maldiney est bien sûr indissociable
de sa philosophie de l'événement, dans la mesure où c'est
cette dimension de l'événement qui risque d'être manquée
hors du dialogue entre phénoménologie et anthropologie.
Dans *Regard Parole Espace* le dernier texte remet en cause
la compréhension objectivante du sentir afin de mettre en
évidence une expérience plus originaire, celle de la
dimension pathique du ressentir, ce que Maldiney nomme
la communication symbiotique avec les choses : « La main
éprouve la chose (par exemple le noyau de silex, l'arbre
ou la liane) d'après les directions selon lesquelles elle cède
ou résiste »[1]. L'impression originaire n'est plus ici ce qui
doit être mis en forme par l'activité constituante de la
conscience, mais ce qui surgit dans une rencontre. Dès
lors, si la main articule la chose, c'est sur le fond de ce
surgissement dans lequel elle me résiste et se signifie. Sans
développer les célèbres analyses sur le pathique, il suffit
d'indiquer ici que le lieu du sens est d'abord celui de la
rencontre avant d'être celui de la réflexion du sujet sur
lui-même. Or, pour décrire la rencontre comme lieu du
sens, puisque la phénoménologie ne peut être selon
Maldiney que la compréhension de l'étonnement devant
le jaillissement des choses, il est nécessaire de partir de
l'absence de cette dimension pathique. Ainsi, à partir de
la description phénoménologique des situations de perte,
il devient possible de défendre une autre compréhension
de la sensation, qui n'est plus une synthèse, mais un « se
sentir avec le monde » de l'ordre de la rencontre. En deçà

---

1. H. Maldiney, *Regard Parole Espace*, Paris, Cerf, 2012, p. 395.

de ce qui est donné selon la *Zuhandenheit* et la *Vorhandenheit*, il y a l'entrée en présence au sens de l'*Anwesenheit* décrite par Heidegger dans les *Problèmes fondamentaux de la phénoménologie*. Il s'agit alors de décrire une passivité qui n'est pas l'enfermement dans l'immanence, qui n'est pas l'autre de l'activité, mais qui comme ouverture est réceptivité[1] ou plus précisément attente de cette pure grâce du surgissement des choses.

Telle est l'une des thèses majeures de Maldiney : il y a une attente qui n'est pas de l'ordre du projet, mais de l'accueil et de l'ouvert, et qui n'admet « aucun *a priori* »[2]. Justement, la mélancolie s'installe du fait de l'impossibilité d'une telle ouverture. On voit ici très concrètement comment se situe historiquement Maldiney : son intention n'est pas du tout de revaloriser l'anthropologie, le regard de l'observateur contre celui du philosophe, à partir du soi-disant constat d'un échec de la métaphysique. L'anthropologie elle-même ne saurait être un simple ersatz lié à une pénurie de métaphysique. Maldiney maintient donc l'idée, née avec la philosophie kantienne, que la découverte de la subjectivité transcendantale est ce qui met fin à l'anthropologie philosophique, mais en étant conduit tout à fait au-delà de Kant par un dépassement de l'idée de forme *a priori* de la sensibilité, qui fait du donné une production de la conscience et qui bloque tout accès à l'expérience originaire de la rencontre, ou de la non-rencontre de la dépression. Afin de décrire cette expérience originaire, Maldiney fait appel à la pensée heideggérienne de l'*Ereignis*,

1. Le terme de réceptivité, même s'il est parfois employé par H. Maldiney, reconduit encore à une philosophie de la conscience constituante qu'il s'agit justement de remettre en cause. J.-L. Chrétien a attiré mon attention sur ce point.

2. H. Maldiney, *Penser l'homme et la folie*, *op. cit.*, p. 114.

qui permet de décrire l'événement comme appropriation. En effet, avec cette nouvelle conception de la présence, il est possible d'accéder à cet appropriement de l'homme et de l'être. Or, en décrivant un appropriement plus initial que celui qui a lieu avec le pouvoir de synthèse de la conscience, Maldiney montre que ressentir, c'est déjà agir et que la main comprend précisément en agissant. Mais encore une fois, cela ne peut être mis en lumière qu'à partir de cette situation concrète dans laquelle l'homme ne peut pas réagir, ne parvient pas à s'ajuster à ce qui se donne et dans laquelle la main ne peut pas avoir la lucidité de l'action.

Il y a là une situation historique tout à fait singulière, qui possède également une dimension historiale : Maldiney est en quelque sorte la rencontre entre une phénoménologie qui découvre la vie de la subjectivité jusque dans les crises liées à son essence temporelle, puisque la crise est la vie même de la temporalisation dans toutes ses dimensions, et une anthropologie qui, avec les travaux de Weizäcker, Strauss, Binswanger et bien d'autres, se fait philosophie, en devenant attentive, au-delà de toute classification, à la dimension de l'événement. Cependant, la philosophie de Maldiney n'est en rien une « synthèse » de l'anthropologie et de la phénoménologie, mais bien le lieu de leur rencontre dans une pensée de l'événement dans sa dimension irréductible à toute détermination *a priori*. Autrement dit, au-delà de la construction d'invariants anthropologiques soit par la philosophie (le psychologisme transcendantal), soit par l'anthropologie elle-même, Maldiney veut réconcilier la raison et la vie en montrant que « l'existence est de soi discontinue, elle est constituée de moments critiques qui sont autant de failles, de déchirure d'elle-même, où elle est mise en demeure de disparaître ou de renaître »[1]. Maldiney ajoute : « Avant d'être approprié au monde, il (l'existant) l'est à l'événement »[2]. Ainsi, la phénoménologie montre que la crise est la vie du sujet, sa veille, son pouvoir de discernement et de résolution, mais l'analyse de la psychose montre en quoi ce pouvoir ne peut avoir lieu hors de l'événement-avènement en décrivant que la crise non surmontée bloque la possibilité de toute crise :

> Là où la transformation ne suit pas, l'être en crise, enfermé dans le champ de la crise, cesse d'être ouvert à l'événement. Rien ne le montre mieux que la schizophrénie[3].

Tout cela conduit à avancer la thèse que cette authentique philosophie de l'événement, qui ne se contente pas de réécrire *Être et temps*, peut montrer que l'événement n'est pas ce que nous projetons et que le sens doit être compris dans sa dimension de rencontre ou encore dans sa dimension responsive (et non plus seulement solipsiste) dans cette confrontation de la phénoménologie et de l'anthropologie. Sans l'anthropologie, la phénoménologie pourrait-elle dévoiler cette dimension de l'expérience plus originaire que le projet et qui est la source de la vie du sens, pourrait-elle accéder à l'*eidos* de la personne insérée dans des histoires ? Psychiatrie et philosophie se répondent pour décrire le « procès de l'existence » : l'homme devient en tant que quelque chose lui arrive sous la forme d'un don

---

1. H. Maldiney, *Penser l'homme et la folie*, *op. cit.*, p. 122.

2. *Ibid.*, p. 123.

3. *Ibid.*, p. 133. On peut noter que dans l'usage même de son vocabulaire Maldiney travaille sur l'ambivalence du terme événement, qui est parfois pris au sens habituel de ce qui arrive et parfois selon sa signification d'*Ereignis*. Il en va de même des catégories de propre et d'étranger, qui sont parfois des formes psychiques, parfois des modalités de l'être au monde.

vital, néanmoins ce don peut aussi être un poison et dans ce cas l'homme est destiné par contrainte et ne peut pas avoir de soi. Ainsi, dès l'étude de la vie pulsionnelle se rencontrent philosophie et anthropologie : sans la compréhension de la présence comme transcendance, il est impossible d'élucider le sens de la pulsion en tant que « chacune s'ouvre à son propre jour en tournant vers l'autre sa face aveugle »[1], mais, en retour, une confirmation par l'anthropologie est nécessaire pour donner à voir cette corrélation d'une pulsion avec une autre pulsion[2]. Ici se confirme que l'appel à la psychiatrie répond à une exigence descriptive propre à la phénoménologie ; il n'est pas arbitraire et il ne fait pas tomber la philosophie dans l'anecdotique de l'existence. Il s'agit bien de comprendre la psychiatrie et l'anthropologie en général comme un lieu de contact avec les formes concrètes de l'existence sans lesquelles la phénoménologie n'accède pas aux choses mêmes.

Dans le cadre de cette nouvelle compréhension responsive du sens, Maldiney reprend à Binswanger l'idée que le pulsionnel relève déjà de l'histoire intérieure de la vie et que les deux modes d'existence fondamentaux sont l'histoire et le destin. Certes, il s'agit également de poursuivre l'idée husserlienne que l'histoire est celle du sens, celle de sa formation, de sa sédimentation et de sa réactivation, mais Binswanger ajoute précisément cette thèse qu'il ne faut pas enfermer la vie du sens dans un sujet isolé. Pour cela, Maldiney doit montrer qu'antérieurement au

---

1. *Ibid.*, p. 45.
2. Sans aller jusqu'à dire comme Maldiney qu'une pulsion ne se comprend qu'en se tournant vers une autre pulsion, Husserl envisageait déjà une communauté pulsionnelle.

sens intentionnel lié au pouvoir de synthèse de la conscience, il y a une vie plus originaire dans laquelle le sens ne dépend pas des visées du sujet, mais de cette rencontre entre la liberté de décision et la contrainte de l'événement. Dès lors, pour Maldiney, la psychiatrie au risque de la phéno-ménologie devient une psychiatrie qui, dans la description des situations particulières, tente d'éviter les constructions[1].

Ainsi, l'existence se donne à voir comme prise entre un double mouvement de restriction et d'expansion, et en cela l'homme n'est pas dans l'espace, il est de l'espace, il est un style de spatialisation. L'ouverture et la profondeur sont alors des catégories de cette spatialisation et le style lui-même reçoit une signification existentiale en étant compris comme le moment concret de notre ouverture aux choses. Ce style est le ton de notre rencontre avec le monde. On voit ici que, d'une façon très paradoxale, l'appel à l'anthropologie est ce qui permet d'établir qu'il n'y a pas de substance de l'homme et que chaque personne, avec son style propre, est l'histoire de sa rencontre avec le monde. On ne devient soi qu'à s'arracher à ce que l'on était pour se laisser transformer et singulariser par la rencontre qui est le principe d'individuation, parce qu'elle peut aussi être un lieu de perte quand l'histoire devient destin. Une existence ouverte, qui ne se comprend pas à partir de la seule réflexivité du sujet, est également une existence risquée et finie, et Maldiney libère de cette

---

1. H. Maldiney, *Penser l'homme et la folie*, *op. cit.*, p. 269 : « Comment comprendre cette situation ? Un événement n'affecte l'existant que comme un événement de l'existence. On ne saurait le reconstruire à l'aide de concepts. Il n'équivaut pas à une construction de concepts dans l'intuition. L'universalisation et la concrétisation qu'une telle construction suppose ne sont pas données en description phéno-ménologique ».

abstraction d'un sujet pouvant tout surmonter en mettant en lumière que la folie n'est pas une simple modification intentionnelle de la normalité. En conséquence, l'anthropologie, lue phénoménologiquement, conduit à réfuter la thèse d'une identité qui serait toujours sauve, car un invariant demeurerait à l'abri de toute crise. Avec l'anthropologie, Maldiney peut en effet décrire des éléments bouleversants qui déstabilisent l'ancrage dans le monde, pour mettre en évidence que l'événement est le bouleversement lui-même[1]. De ce point de vue, l'anthropologie ne se réduit pas à un recueil de faits, mais elle ouvre un accès à la phénoménalité, elle donne des yeux pour voir en permettant de retrouver, notamment dans la métamorphose existentielle du délire, le moment du subir (qui n'est pas seulement une contrainte) dans toute expérience sans lequel la décision ne peut pas avoir lieu. Il faut être affecté par une altérité pour se décider de façon effective.

En décrivant la psychose comme une absence d'événements[2], Maldiney ne psychologise pas l'existant, il n'adopte pas une méthode régressive-constructive, mais, au contraire, il maintient l'exigence d'intuitivité tout en affrontant la facticité. Encore une fois, c'est la permanence de l'*ego* qui se trouve mise en cause, en montrant que l'événement est antérieur à l'*ego* et que l'*ego* surgit d'une

---

1. *Ibid.*, p. 271 : « Un bouleversement est celui qui déstabilise sans retour cet ancrage. Celui qu'il atteint ne peut plus reprendre fond. C'est ce qui arrive au patient de Strauss, témoin de ce dés-être. Ce dés-être est éprouvé dans un rapport à soi, dans ce *sich-umwillen* (être à dessein de soi) qui constitue l'existence. Or l'existence ainsi comprise est à la fois le plus universel et le plus personnel ».

2. *Ibid.*, p. 277 : « Dans la psychose il n'y a plus d'événements. La mise en demeure de la présence se résout en déchirure : la transformation ne suit pas. Le devenir autre à l'avancée de soi a été remplacé par l'irruption en soi de l'altérité pure ».

ipséité déjà à l'œuvre. En conséquence, contre une conception continuiste de la mémoire, des vécus peuvent devenir inaccessibles, peuvent ne pas pouvoir être réactivés. Si la centration égoïque est par essence fonctionnelle, elle peut échouer. On voit ainsi que si Husserl dénonce le repli de l'apriorité sur l'innéité comme un anthropologisme[1], Maldiney refuse une conception de l'*a priori* qui interdit de comprendre le moi comme exposé à l'événement. D'un côté, Maldiney conserve l'exigence husserlienne de l'intuition catégoriale, selon laquelle ce n'est pas la nature du sujet connaissant, mais l'essence de l'objet, qui détermine son mode de donnée, et, d'un autre côté, il montre comment cette donnée peut ne pas pouvoir être reçue.

Dans cette nouvelle perspective sur le monde, la raison n'est pas une faculté psychique, mais elle englobe tous les actes de compréhension, et c'est pourquoi ici l'étude de cas ne donne pas lieu à un processus d'abstraction et de généralisation et n'enferme donc pas la phénoménologie dans la facticité. Ainsi comprise, l'anthropologie conduit les phénoménologues à montrer que l'alternative de l'existence constitutive de l'histoire intérieure de la vie est l'alternative de la *Stimmung* de la confiance et de celle de l'angoisse. Contre la philosophie de l'*a priori*, il n'y a donc pas d'accès direct à soi, parce que l'expérience de l'altérité n'est pas seulement l'expérience que les choses échappent à mes prises, mais l'épreuve que ce qui se donne peut me bloquer, et cela n'est compréhensible qu'en décrivant la transcendance en échec. Maldiney peut écrire :

> Dans la situation psychiatrique ou psychanalytique ou psychologique, comme dans toute situation humaine,

---

1. *Cf.* de nouveau D. Pradelle, *Par-delà la révolution copernicienne*, *op. cit.*, 2012.

nous nous apprenons nous-mêmes, parce que nous y faisons l'épreuve non seulement de notre rapport à l'autre, mais de la coexistence d'une double altérité. Nous nous apprenons à travers notre réponse à l'appel de l'autre et à travers la réponse de l'autre à notre interpellation, mais non pas dans un exact partage[1].

La description de la transcendance en échec est donc bien ce qui rend possible de voir l'impossibilité de séparer l'être à dessein de soi et l'être au monde[2]. Or, en fonction de cette intuition eidétique, Maldiney peut énoncer de façon prescriptive ce que doit être la psychiatrie :

L'immanence réciproque du comprendre et de l'existence signifie à la psychiatrie l'esprit de sa méthode : percer jusqu'aux possibilités de ce qui est à comprendre, à savoir : malade ou sain, un existant. Il n'est tel, à la différence d'un simple vivant, que par son pouvoir-être. Seule est authentique la compréhension qui s'articule aux structures de l'existence comme transcendance, fût-ce une transcendance en échec[3].

La philosophie de Maldiney propose donc bien un renversement de la perspective habituelle par cette mise en évidence que « la pathologie nous éclaire »[4] sur l'exister en tant que tel, car elle dévoile cette endurance originaire de l'altérité, qui n'est pas une capacité *a priori* du sujet, et qui peut conduire tout aussi bien à se blinder dans la psychose qu'à répondre patiemment à l'appel du monde.

---

1. H. Maldiney, *Penser l'homme et la folie*, *op. cit.*, p. 299.
2. *Ibid.*, p. 307 : « Être à dessein de soi, être au monde s'articulent intérieurement l'un à l'autre, en chiasme, dans une seule et même transcendance. Si celle-ci est en défaut, les deux défaillent ensemble. Ainsi en va-t-il dans la schizophrénie ».
3. *Ibid.*, p. 311.
4. *Ibid.*, p. 313.

En effet, il était nécessaire de remonter à l'impossible ouverture pour que la transpassibilité se donne à voir comme une « ouverture, ab-solue de tout projet »[1]. En conséquence, l'appel à l'anthropologie n'est pas dans la pensée de Maldiney un renoncement à la philosophie, car l'anthropologie donne le lieu à partir duquel comprendre qu'être soi, c'est endurer l'événement et être mis en demeure de répondre de l'instant éclaté. Une distinction de Maldiney permet de signifier encore une fois cette confrontation de la philosophie et de l'anthropologie dans la compréhension de l'exister : la philosophie prend fond dans l'anthropologie, mais l'anthropologie n'est pas pour autant son fondement, car c'est elle qui prescrit à l'anthropologie sa tâche. Ainsi, la personne dans son sens de *prosôpon*, de visage éclairant, se trouve au cœur de cette confrontation, comme si chacune des deux voies, isolée de l'autre, manquait le *prosôpon* en manquant la transcendance et ne pouvait alors proposer que des représentations. Comprendre la co-appartenance de la personne et de l'événement est l'unique chemin pour saisir qu'on est soi qu'à se laisser transformer[2], et cela n'est possible qu'à suivre cette ligne de crête sur laquelle Maldiney nous invite à cheminer.

---

1. H. Maldiney, *Penser l'homme et la folie, op. cit.*, p. 425.
2. Sur cette question du moi dans la philosophie de Maldiney qu'il me soit permis de renvoyer à mon ouvrage, *L'intériorité d'exil*, Paris, Cerf, 2008, p. 293-313 et p. 333-356.

CHAPITRE VII

LA PATIENCE FURTIVE
ET LE RETRAIT DU SENS (CHRÉTIEN)[1]

Le 4 août 1942, dans le camp de Westerbork en Hollande, alors qu'elle a tout perdu, que toutes les tentatives d'échapper à ses bourreaux ont échoué, mais en se sentant, en dépit de toute cette violence, paisible et joyeuse, sœur Thérèse-Bénédicte de la Croix peut écrire ces derniers mots : « Nous (sa sœur et elle) commençons seulement un peu à expérimenter comment on peut vivre purement à partir de l'intériorité »[2]. Cette ultime parole de la philosophe et théologienne ne peut se comprendre que si l'on voit dans la prière l'acte fondateur de cette intériorité fondée en Dieu qui seul demeure, intériorité de grâce et d'exode, qui ne peut posséder de commune mesure avec une intériorité reposant sur un simple acte de réflexion du sujet. C'est précisément quand on a tout perdu, y compris ce à quoi on tient le plus, y compris le « moi » dans toutes ses

1. Je renvoie à la version anglaise légèrement différente de ce texte « Inner Distance and Surreptitious Patience According to Jean-Louis Chrétien », E. Boublil A. Calcagno (ed.), *Rethinking Interiority : phaenomenological approaches*, Albany (NY), Suny Press, 2023, p. 103-116.

2. É. Stein, *Correspondance* II, 1933-1942, trad. fr. C. Rastouin, Paris, Ad Solem-Cerf-Éditions du Carmel, 2012, p. 715.

dimensions sociales, intellectuelles et même personnelles, que peut s'ouvrir une intériorité dans laquelle celui auquel s'adresse cette prière, à savoir Dieu, en devient constitutif. Elle n'est plus l'endurance, même épurée, de celui qui ne compte que sur lui-même et elle se dévoile, au contraire, comme une nudité intérieure vivant d'une autre parole que la sienne. Dans cette figure de l'intériorité, qui se déploie dans le christianisme, se trouve le ferment permettant de renouveler la compréhension philosophique de l'intériorité, en l'arrachant au mythe d'une intériorité séparée de l'extériorité, plus radicalement que n'ont pu sans doute le faire Nietzsche, Heidegger ou Wittgenstein, car cette fois elle est considérée depuis un ailleurs de cette séparation et non simplement depuis son refus. En effet, cette nouvelle et pourtant ancienne compréhension de l'intériorité qui nous est donnée à penser n'est pas un havre de paix que l'on imagine trouver, bien naïvement peut-être, dans un faceà-face avec soi, dans un chez soi douillet, ni l'une de ses nombreuses ombres, mais elle est plutôt une dépossession sans retour issue d'une rencontre.

Ce qui s'offre au regard à partir du témoignage d'Édith Stein est une intériorité libérée de toute anthropologie, qui se trouve bien au-delà de la subjectivité moderne en tant que capacité de se représenter ou comme faisant de la représentation l'unique mode de la relation à soi, et, en même temps, il s'agit d'un sens de l'intériorité bien antérieur aux métaphysiques de la subjectivité, quand elles sont réduites à l'idée d'une considération de l'homme à partir de l'homme et en vue de l'homme. Bien évidemment, il ne s'agit pas de faire comme si les philosophies de la subjectivité n'avaient pas fait époque et comme si elles étaient homogènes, mais de parvenir à concevoir dans le présent historique qui est le nôtre une ipséité qui ne repose pas sur l'idée d'un sujet créateur de lui-même, ou encore sur une volonté pure, si l'on entend la volonté de façon moderne comme une capacité *a priori* de se vouloir soi-même. Il est en effet envisageable de chercher dans les grandes figures du passé une possibilité de penser au-delà du sujet, sans se préoccuper de faire de son présent l'aboutissement d'une téléologie, ni même le résultat d'une généalogie, dont on peut se demander parfois si elle n'est pas une téléologie inavouable. En effet, ce n'est pas le passé qui fait signe vers le présent, et c'est plutôt à partir du présent qu'il est possible, dans une écoute du passé, de voir un avenir s'ouvrir, qui n'était pas anticipable, même s'il est sans doute préparé. Pour le dire autrement, l'inter-rogation philosophique peut être une question en retour trouvant dans le passé une pensée relevant d'un tout autre champ que celui d'une intériorité définie par sa capacité de tout produire réflexivement en représentations, jusqu'au monde comme monde qui devient une image. Même s'il s'agit également d'éviter le piège de construire une moder-nité fictive de manière à la dépasser plus facilement.

Déjà Hegel, dans *La phénoménologie de l'esprit*, montrait qu'il est nécessaire de sortir de soi afin d'être soi et il mettait ainsi un terme à la fausse évidence d'une intériorité close et purement réflexive opposée au monde. Avant bien d'autres, il a pu mettre en évidence dans les pages sur le stoïcisme que la temporalité de l'intériorité fermée sur elle-même ne peut être que celle de l'ennui et que c'est toujours de soi que l'on s'ennuie. Dans le vide de l'ennui, il n'y a plus qu'un temps abstrait dans lequel rien ne se passe, dans lequel la vie n'est plus négativité. Hegel pointe ainsi les contradictions d'une figure de l'intériorité dont il convient de sans cesse se libérer pour

accéder à une intériorité vivante. Comment faire en sorte
que l'intériorité ne soit pas une négation de la vie ? On
peut alors penser que si la conscience malheureuse est
l'épreuve d'une scission, celle de la vie qui toujours lui
échappe, c'est également parce qu'elle veut faire de la
maîtrise de soi l'acte fondateur de son intériorité. Au-delà
de Hegel, il est alors possible de défendre l'idée que
l'intériorité véritable consiste à être dedans-dehors, qu'elle
est un « lointain intérieur », qui requiert une autre forme
de patience que la persévérance d'une volonté. La vraie
patience ne serait plus une capacité *a priori* du sujet, l'une
de ses manières d'exercer sa puissance sur le monde, mais
elle serait à comprendre comme un affect fondamental
dans lequel l'intériorité ne se fige pas en représentation de
soi, pour ne jamais cesser d'être à l'écoute du monde et
des autres, à l'écoute des phénomènes dans leur diversité
irréductible à tout pouvoir d'une conscience constituante.
La patience, avant d'être celle du sujet qui constitue ou
bien co-constitue laborieusement le sens du monde dans
une tâche infinie d'élucidation, est d'abord celle du répondant, qui n'existe qu'à répondre à l'événement du sens,
qui est l'acte fondateur de son intériorité. La patience n'est
plus alors la calme sérénité du sage, qui n'est véritablement
touché par rien, parce qu'il s'est mis hors d'atteinte du
monde, ou du moins qui s'imagine tel, et elle doit au
contraire se dévoiler dans sa dimension exposée, chaotique,
voire anarchique, ou encore furtive et discrète, dans la
mesure où elle n'impose rien aux phénomènes. Une telle
endurance de l'altérité est ce qui empêche l'intériorité de
se fermer, de s'endurcir, de devenir inactive, afin d'être
toujours reconduite à son avoir-à-être. Dès lors, la patience
n'est pas simplement une tonalité de plus et en libérant la
notion de tonalité de toute dimension psychologique ou

anthropologique, comme a pu le faire Heidegger, la patience se laisse comprendre en tant que tonalité fondamentale, celle qui fonde le rapport de l'homme à l'être et de l'être à l'homme. Avec elle, il ne s'agit plus d'accéder à la vérité de l'être depuis des existentiaux propres au *Dasein*, dans la mesure où la patience en son essence est le renoncement à toute maîtrise de la phénoménalité dans l'effort de correspondre à l'être. Elle est cette attente non-intentionnelle, qui laisse à l'aurore le temps d'avoir lieu et depuis cette naissance du monde à l'homme, l'homme peut naître à lui-même.

Une telle correspondance est la source de la véritable sérénité, celle qui est compatible avec le fait d'être dépossédé de son monde, de se voir chassé de sa place dans le monde, et d'être également dépossédé de soi, de ses manuscrits pour l'écrivain, jusqu'au pouvoir de dire « je ». Encore une fois, la nature de l'intériorité change en fonction de l'acte qui la fonde. Si un tel acte est le « je », on considérera ce pouvoir de dire « je » comme ce qui résiste par principe à toutes les destructions, même dans les plus grands malheurs. Si cet acte est une réponse à un appel, l'intériorité est alors ce qui est reçu. On peut ajouter que dans ces deux compréhensions de l'intériorité, il est possible de dépasser cette représentation d'une intériorité séparée de l'extériorité, soit par l'analyse intentionnelle, soit par l'analyse de la transcendance, mais que bien sûr le sens d'une telle remise en cause ne sera pas le même. De plus, selon ces deux perspectives, il est aussi possible de défendre la thèse d'une inséparabilité des questions théoriques (l'essence de l'intériorité) et des questions éthiques (le devoir-être), cependant elles se séparent sur le point de savoir ce qui est premier entre le théorique et l'éthique, et sur la signification du devoir-être qui est soit l'endurance de tâches infinies, soit une responsabilité que le répondant reçoit et porte dans sa finitude. Selon la première voie, qui est déjà celle d'une non-séparation de l'intérieur et de l'extérieur, du théorique et de l'éthique, il est nécessaire d'être reconduit au phénomène de l'intériorité en deçà de toutes ses représentations, et c'est tout le travail de Husserl, qui n'a cessé de montrer en quoi il s'agit de parvenir à s'éloigner de toute forme de psychologie, qui a tendance à isoler l'âme, à l'enfermer en elle-même, à la couper du monde. Le « je » transcendantal, selon une thèse constante de Husserl, de *L'idée de la phénoménologie* en 1907 (où il parle encore de la *cogitatio* pure par rapport à la *cogitatio* psychologique) aux *Méditations cartésiennes* en 1929, face aux incompréhensions dont sa pensée fut l'objet, y compris de la part de ses élèves, n'est justement pas cette intériorité psychologique n'étant elle-même qu'une représentation constituée[1]. Cette idée d'un travail toujours à reprendre d'une réduction à l'intériorité pure par rapport à tout enkystement de la conscience en elle-même se

---

1. Cf. *Zur phänomenologischen Reduktion*, *op. cit.*, p. 275-276; trad. fr. J.-F. Pestureau, *De la réduction phénoménologique*, *op. cit.*, p. 250 : « Si avec une telle argumentation, je tombe dans l'absurdité, me réduis à mon âme isolée, enkystée pour elle-même, et confonds le monde lui-même avec ma « représentation de monde », avec mes façons diverses et changeantes de m'emparer de l'être du monde, alors la vie humaine en tant que vivre de façon pratique au sein du monde deviendrait même apparence vide, et je conclurais par ces mots : "je suis en moi et auprès de mon psychisme, tout agir est une fiction interne". Tout cela est absurde, et le réalisme critique l'est aussi (et pas du tout simplement une mauvaise théorie) qui entend atteindre une extériorité par déduction depuis l'intériorité close ». Sur les rapports complexes et ambigus de la phénoménologie transcendantale à la psychologie phénoménologique, voir les textes de D. Fisette, P.-J. Renaudie et A. Togni dans J. Farges et D. Pradelle (dir.), *Husserl. Phénoménologie et fondements des sciences*, Paris, Hermann, 2019.

trouvait déjà, sous une tout autre forme, dans le § 355 du *Gai savoir*, dans lequel Nietzsche montre que ce qui nous est le plus proche, notre intériorité, n'est pas du tout ce qui serait le plus simple à connaître et que la connaissance de soi, loin d'être un point de départ simple et clair de la connaissance, doit se comprendre plutôt comme un point d'aboutissement, puisqu'il n'est possible d'approcher de soi qu'en découvrant sa propre altérité, sa propre étrangeté, son lointain, dans l'épreuve de la transcendance. Ainsi, l'intériorité n'est pas ce à quoi nous aurions immédiatement accès, fut-ce par une réduction eidétique et transcendantale, car elle est une manière de prendre part au monde. C'est là que s'ouvre la deuxième voie envisagée : s'il n'y a sans doute que moi qui puisse répondre à la question « Qui suis-je ? », cette question ne peut pas m'être posée par moi seul, et dès lors, c'est par la parole d'autrui, par la parole du monde, que la connaissance de soi trouve l'acte qui la fonde, sans que ce soit une reconnaissance, sans que ce soit une simple reconnaissance de moi-même par moi-même, y compris celle passant par l'altérité. En conséquence, le lointain intérieur est ce que l'autre et le monde me donnent en requérant ma propre parole ; c'est alors un avenir qui m'est donné et l'intériorité n'est plus un espace bien délimité, rassurant, bien connu, dépourvu de toute inquiétude. Elle est alors animée par une patience qui n'exige pas de se reconnaître en toute chose, qui ne m'impose pas de toujours ramener l'extérieur à l'intérieur, le lointain au proche, l'inconnu au connu. L'alternative existentielle, telle qu'il est possible de la formuler avec Nietzsche, est alors la suivante : ou bien l'instinct de crainte est le fondement de la connaissance de soi et cela conduit à s'enfermer par son impatience dans le bunker d'une intériorité close, ou bien la connaissance de soi trouve sa source dans une confiance dans le monde et dans les autres permettant une patience ouverte à leur manifestation.

Dans cet autre chemin vers l'intérieur, celui qui passe par le dehors, le plus intime de moi-même n'est pas un « je pur », aussi vide qu'évident, assurant l'unité de mon flux de conscience actuel et potentiel et doit plutôt se comprendre comme un avenir pur, celui que j'ai à être à partir de ce qui me convoque, et par lequel je peux devenir tout autre sans devenir un autre selon un cercle existentiel : c'est à partir de son histoire que l'on peut s'ouvrir à l'inimaginable de soi et pourtant seul un avenir pur fait que je peux avoir une histoire. Il est juste possible de sauter dans ce cercle par lequel toujours une parole précède la mienne et la rend possible, ce qui fait que je n'ai ni le premier mot, ni le dernier, puisque ma propre parole donne la parole à d'autres. Dans cette essence dialogique de l'intériorité, l'intériorité patiente n'est plus celle que je gagne contre le monde dans une endurance qui permettrait de résister aux violences. Il faut même dire qu'enfermé en moi-même, sans dehors qui me donne d'être, je perdrais toute intériorité, et il n'y a peut-être pas de plus radicale aliénation que d'être isolé avec soi-même. En conséquence, l'intériorité peut disparaître de deux manières : soit à cause de la violence du monde, qui peut m'empêcher de dire « je », qui peut me retirer tout sol sur lequel je pourrais habiter, me reconnaître et me construire une identité, mais elle est également dans un grand péril par un pur enfermement en soi, par ce processus d'abstraction dans lequel je m'isole du monde et finalement aussi de moi-même en me confondant avec ma représentation de moi-même. Ainsi, l'intériorité peut disparaître soit par excès de monde, soit par défaut de monde, ou encore par défaut de soi ou excès de soi. Dans ces deux situations la proximité qui vit de la distance a disparu, le proche ne vibre plus du lointain, la présence de l'absence.

Chrétien, depuis *La lueur du secret*[1], n'a cessé de décrire l'attente patiente d'une autre intériorité, d'une intériorité qui déborde mes prises et mes calculs et qui vit de la proximité du lointain, c'est-à-dire d'une confiance dans laquelle l'autre se donne comme inépuisable. Dans cette intériorité « il m'est d'emblée donné plus que je ne puis recevoir »[2], et c'est pourquoi elle ne peut jamais se fermer sur elle-même et n'existe que dans la rencontre, qui est l'acte qui la fonde. Dans cette rupture totale de perspective par rapport aux philosophies de la subjectivité, l'intériorité est le mouvement même d'approche, qui est aussi un « se laisser approcher ». Dès lors, l'espace intérieur est un espace de rencontre, un espace de dialogue et non un espace de représentation, et il n'y a pas de voie conduisant à cette intériorité, car elle est elle-même le chemin. Mon intériorité se trouve là où elle se laisse atteindre, blesser ; elle ne peut être qu'excentrique et ne s'unifie plus à partir d'un « je » posé comme centre de la vie intérieure. C'est même précisément par la mise entre parenthèses de toute représentation d'une centration égologique et d'une île de la conscience que cette intériorité de rencontre se dévoile comme n'étant pas une capacité *a priori* toujours déjà là. Ma propre capacité à me laisser rencontrer est, en effet, déjà un don de l'autre qui m'excède. Dès lors, n'accède à l'intériorité proprement humaine que celui qui a compris qu'il ne possède rien qu'il n'ait reçu, y compris donc son intériorité. C'est toujours l'autre qui me donne la possibilité

1. J.-L. Chrétien, *La lueur du secret*, Paris, L'Herne, 1985.

2. J.-L. Chrétien, *L'effroi du beau*, Paris, Cerf, 1987, 2ᵉ éd. 2008, p. 13.

de m'ouvrir à lui, de l'écouter, d'agir avec lui et il y a là une temporalisation originaire, qui n'est plus le simple développement de ce qui était déjà là, car l'autre me rend autre que je n'étais avant de le rencontrer, et c'est de l'ordre de l'irréversible. L'appel de mon nom est une parole première et je ne sais qui je suis qu'à sans cesse reprendre le sens de cette parole. Ainsi, mon intériorité déborde les possibles de ma solitude, parce qu'elle se fonde dans un acte de dépossession.

Dans cette élucidation phénoménologique de l'espace intérieur, la patience est à la fois la présence de l'homme à ce qui est et la présence à l'homme de ce qui est, ce qui suppose la suspension de notre impatience en tant que style habituel de notre existence. On peut même dire que le temps de la patience est le seul temps réel, le seul temps qui ne soit pas représentation[1] et déterminé à partir d'autre chose que lui, et c'est pourquoi il ne peut être celui de l'instantanéité et doit se comprendre comme celui du cheminement, comme celui de l'attente pleine d'espérance d'un lointain qui n'est pas celui de l'étant. L'être d'une personne ne se révèle jamais immédiatement, mais avec un long rapport avec elle dans lequel elle témoigne d'elle-même de qui elle est et à travers lequel nous apprenons

---

1. On pourrait dire que cette patience dont le lointain est constitutif est antimoderne (ou encore à la fois pré- et postmoderne), si la modernité est l'époque de la représentation nous permettant d'être au courant de tout, de chaque rumeur du monde, dans une immédiateté de la communication faisant qu'il n'y a plus de jour de repos, ni même de nuit ; cette « réactivité », nom contemporain de l'impatience, est la marque de cette absence de lointain extérieur comme intérieur et donc de notre aliénation comme de notre bavardage. Cette instantanéité de la communication n'a donc rien de commun avec l'instant de l'événement, puisque tout est là et rien n'est présent ; tous les messages sont transmis et rien n'est dit, ni écouté.

aussi qui nous sommes. Dès lors, la patience de l'écoute
confiante est celle qui ne fixe pas à l'avance ce qui peut
s'approcher de soi, celle qui n'installe pas un bunker sur
le sable de notre peur, et par laquelle je peux me laisser
surprendre par ce que je n'attendais pas. Chrétien parle
alors d'une « patience furtive », toute en retrait et en
retenue, une patience qui advient sans rendez-vous que
l'on fixe à l'autre et à soi-même, une patience hospitalière
dans le « tremblement de l'imminence »[1].

Selon Chrétien, les philosophies de la présence « rendent
inaccessibles de telles questions et vivent de les oublier »[2]
et il n'est vraiment possible de penser une intériorité
patiente vivant du lointain qu'à partir de l'idée d'une
identité brisée par ce qui lui donne la parole. Dès lors, la
transparence est impossible pour une telle intériorité, mais
cette obscurité ne doit pas être comprise comme une
privation de lumière, car elle vit d'un secret confié et donné,
qui se trouve au cœur de la manifestation et ne pouvant
être résorbé par un travail infini d'élucidation. On comprend
alors qu'une nouvelle pensée de l'intériorité ne peut se
développer qu'à partir d'une lecture critique de l'histoire
de la métaphysique comme lieu d'une affirmation du projet
angélique de transparence, qui a fini par réduire la
philosophie à l'anthropologie définie comme la compréhension du monde par et pour l'homme. Pour Chrétien,
il s'agit plus de découdre que de détruire, afin de mettre
au jour les apories et parfois les impasses d'une pensée de
l'intériorité fondée sur le seul acte du sujet, mais toujours
dans le but positif de montrer que l'âme répondante est
plus originaire que l'*ego*-fondement de la connaissance,

---

1. J.-L. Chrétien, *Promesses furtives*, Paris, Minuit, 2004, p. 23.
2. J.-L. Chrétien, *La voix nue*, *op. cit.*, p. 7.

même quand il se comprend comme corps vivant. Préférant d'ailleurs le vocabulaire de l'intimité à celui de l'intériorité, trop lié à la philosophie de la subjectivité, il veut éviter le dualisme de l'intériorité et de l'extériorité comme le monisme d'une fusion parfaite, et c'est pourquoi il ne cesse de défendre l'idée que l'âme n'est nue que dans le dialogue, « mais que sa nudité n'y forme pas un spectacle (car) c'est en parlant et en écoutant qu'elle se met à nu et vraiment s'expose »[1]. Ainsi, l'intériorité est ce qui s'expose, c'est-à-dire se manifeste et se risque, mais elle n'est pas ce qui s'exhibe. Chrétien fait alors appel à l'idée de « nudité intérieure » développée par Bérulle dans ses *Opuscules de piété*, afin de développer la thèse d'une intériorité ne relevant pas de notre agir et qui n'est pas immédiate. Une telle nudité intérieure n'est pas un dépouillement me réduisant à ce que je suis par moi seul et se laisse comprendre comme un être à découvert et sans voile sous le regard de l'autre.

Non seulement l'intériorité patiente a sa fêlure possible, mais en outre cette fragilité est même le sol sur lequel nous pouvons tenir debout à travers le monde[2]. L'acte fondant une telle intériorité n'est pas alors celui d'un sujet s'assurant de soi dans le maintien ferme de ses décisions, mais est l'acte d'un homme fragile et temporel devant sans cesse repenser le sens de ses décisions : « Répondre de ses actes, ce n'est pas avoir à les porter, mais avoir à s'y comprendre, ce n'est pas avoir à les reconnaître, mais avoir à s'y reconnaître »[3]. Il s'agit alors de penser une autre constance que celle de l'habitude ou celle de la décision irréversible,

---

1. J.-L. Chrétien, *La voix nue*, *op. cit.*, p. 44.
2. *Cf.* J.-L. Chrétien, *Fragilité*, *op. cit.*.
3. J.-L. Chrétien, *La voix nue*, *op. cit.*, p. 69.

et, dans cette autre constance, le sens d'une décision est toujours à décider ; c'est une intériorité critique, toujours exposée au risque de la chute, et c'est ce que Chrétien nomme « la lumineuse insécurité de la promesse »[1]. L'oubli de la fragilité est alors l'oubli de l'intériorité, car c'est à partir de notre fragilité qu'il nous est possible de répondre de soi et du monde. Il n'y a d'ipséité véritable que dans un bon usage de ses chutes et de ses tentations, et c'est dans cette patience venant de l'espérance que l'homme possède une intériorité en étant le voyageur, le pèlerin, l'exilé. Il est alors le cheminot habitant le monde en titubant, mais en avançant, au lieu de se pétrifier dans une représentation de soi par principe orgueilleuse, car elle consiste à parler de soi à partir de soi et en vue de soi. Il faut même dire que le refus de l'intériorité et le refus de l'extériorité sont inséparables : à l'intériorité vide de l'impatience répond l'indifférence à l'extériorité, réduite alors à une image conçue. L'intériorité véritable ne peut donc pas se fonder dans la coïncidence d'un acte pur et intemporel, et c'est dans la patience d'apprendre par l'épreuve que je peux m'ouvrir à une autre existence dans laquelle je suis mis en demeure d'être par ce qui m'excède. L'intériorité patiente est ainsi une autre figure de la passivité, qui échappe à l'horizon *a priori* des possibles, puisque c'est ce qui se manifeste qui m'ouvre la possibilité d'y répondre en personne. C'est bien l'être, l'autre ou Dieu, qui me donnent la possibilité de m'intérioriser et ici l'un des plus grands dangers vient de moi-même, de ma peur et même de ma peur de la peur, qui me conduit à vouloir me soustraire au péril, à m'éviter de rencontrer et d'être rencontré. En plaçant ainsi mon intériorité dans une maîtrise

1. *Ibid.*, p. 80.

vide, tautologique et hors du monde, je me suis mis hors d'atteinte. Chrétien n'a cessé d'opposer l'autarcique et illusoire abri d'une citadelle intérieure et une intériorité de confiance vivant de péril et non de sécurité[1].

L'intériorisation n'est donc pas cette totalisation continue de soi, notamment de son passé, que les philosophies du sujet ont voulu décrire, et le « lointain intérieur », selon l'expression volontairement oxymorique du poète Henri Michaux, est également l'impossibilité de se réunir, de combler toutes les failles de son existence ; il s'agit de consentir à une présence à soi sans coïncidence. Suspendre tout projet vain de totalisation, c'est pouvoir se souvenir de ce que j'ai à être et à faire en se remémorant ce qui seul est proprement inoubliable : « Ce qu'il y a de plus intime en l'esprit est de pouvoir se tourner vers ce qui lui est encore plus intime que lui-même, ce qu'il y a de plus élevé en lui est de pouvoir se tourner vers ce qui le dépasse »[2]. La vraie patience est d'attendre l'inespéré, qui dépasse nos anticipations et qui dans sa soudaineté, dans sa nouveauté radicale, toujours nous surprend. Toute l'œuvre philosophique de Chrétien est de faire de l'intériorité une question au-delà de la pseudo-évidence de la présence à soi en montrant qu'elle ne saurait être un objet questionné, car elle est l'acte même de la question ; ce qui signifie que la question est l'acte même de l'intériorité et que, du coup, il y a par essence une dimension inchoative de l'expérience intérieure. Selon cette nouvelle perspective, l'intériorité

---

1. Bien évidemment, pour Nietzsche également, selon une formule célèbre, vivre, c'est être en danger, néanmoins si l'auteur de *L'Antéchrist* est un penseur du lointain, son opposition du lointain et du prochain lui interdit toute idée d'un lointain intérieur.

2. J.-L. Chrétien, *L'inoubliable et l'inespéré*, Paris, DDB, 1991, p. 126.

n'est pas autre chose que la patience de notre réponse et elle devient le lieu de la manifestation de ce à quoi elle répond. Ce qui excède toute attente fonde la patience furtive et cet excès de l'immémorial et de l'inespéré est à la fois ce qui écartèle notre présent et ce qui lui donne sa véritable épaisseur ; une épaisseur bien plus décisive que celle issue de la rétention et du ressouvenir. L'intériorité n'est donc pas d'abord le lieu d'une maîtrise du sens par une subjectivité passive et active par laquelle la présence serait lourde d'un passé, mais sans avenir, et elle est, au contraire, le lieu de l'événement du sens dans l'épreuve d'une altérité, qui n'est pas surmontée, mais rencontrée.

L'appel et la réponse développe également l'idée que tout homme vit selon un « lointain intérieur » qu'il ne peut pas ouvrir par lui seul et qui dépend d'un appel impossible à anticiper ou à prévenir. Dès lors, l'inouï seul donne vraiment la parole et même excède d'emblée toute possibilité de répondre et de correspondre, ce qui rend notre parole balbutiante. Telle est la véritable voix intérieure : celle qui ne se constitue pas elle-même, mais qui toujours répond. Les philosophies de la subjectivité ont le plus souvent oublié cet excès sur moi de ce qui m'appelle ainsi que l'idée que l'appel ouvre en moi l'espace de son écoute et ainsi fonde mon intériorité. Il n'est donc possible de considérer le lointain intérieur qu'en remettant en cause la thèse selon laquelle « toute altérité intérieure résulte d'une intime altération »[1] et que finalement nous ne dialoguons qu'avec nous. Contre une telle thèse, la tâche phénoménologique est de montrer en quoi la véritable intériorité est celle qui s'ouvre à ce qu'elle ne peut contenir et que le retour à soi suppose de se fermer aux bruits du

---

1. J.-L. Chrétien, *L'appel et la réponse*, Paris, Minuit, 1992, p. 68.

monde, tout en s'éloignant également de notre incessant bavardage intérieur, afin de se retirer dans une intériorité qui est nôtre en étant altérée par l'infini, par l'être, par Dieu. Or, « cette écoute veut la patience » et une patience qui est autre chose qu'un endurcissement face à la fureur du monde, qui est plus que le maintien de ses résolutions, dans la mesure où elle est cette attente sans projet ni souci ouverte par l'inouï lui-même. Dès lors, si l'intériorité est une intériorisation, il ne s'agit plus de l'*Erinnerung* de *La Phénoménologie de l'esprit* de Hegel, ce n'est pas la récupération d'une partie de son passé comme un autre que celui que je fus. Chrétien peut ainsi montrer que l'appel de l'inouï est la véritable voix intérieure, car cet appel est plus intime à ma voix que ma voix elle-même : « Ce qui est intérieur à ma voix est ce à quoi ma voix en parlant répond et n'entend qu'en répondant. Il n'y a de voix intérieure que dans l'extase de la voix qui résonne dans le monde »[1]. À une autre intériorisation correspond une autre extériorisation, qui est cette fois pleinement responsive, et dans laquelle vivre, c'est vraiment être au-dehors. On ne peut être dedans qu'en étant dehors, dans l'écoute et la réponse, et Chrétien a pu mettre en évidence que la réponse n'est pas chronologiquement seconde par rapport à l'écoute, puisque l'appel de l'inouï n'est véritablement entendu que dans la réponse. En conséquence, la vraie patience, celle qui est constitutive de notre intériorité, est celle qui, depuis notre finitude, est ouverte à une présence sans image et sans représentation, à une proximité qui ne se figera jamais en possession, à une exposition à l'insaisissable.

Une telle patience vivant selon le lointain intérieur est un acte de l'homme tout entier et donc également de son

---

1. J.-L. Chrétien, *L'appel et la réponse*, op. cit., p. 95.

corps, qui se trouve engagé dans la réponse. Dans son œuvre, Chrétien ne cesse de défendre l'idée qu'il ne saurait y avoir d'extériorité entre mon corps et tout ce que je fais en tant qu'homme, être de parole et de pensée[1]. Ainsi, le corps est aussi le répondant de l'appel de l'origine, et c'est également dans notre existence corporelle qu'il s'agit de ne pas se décourager, de persévérer dans l'écoute et la réponse, car c'est l'effort de notre être tout entier qui va à la rencontre du monde. Nous pensons avec notre corps, dans un corps à corps, et c'est pour cela que nous fatiguons et que la patience, comme existential, est nécessaire. Il ne s'agit donc plus d'une patience issue d'une volonté, de nos projets, et sédimentée en habitude de résistance et elle doit se comprendre comme une patience furtive renouvelée par l'être. Cette patience est alors une attente de l'inouï, de l'inattendu, de l'inimaginable, de ce qui arrive comme un voleur dans la nuit, selon l'expression biblique, et qui fonde une autre façon d'être soi : « On n'est irremplaçable que dans l'ignorance de sa place et dans la patience requise pour soutenir cette indispensable nescience. C'est là, et seulement là, où je réponds, que ma parole devient proprement mienne, d'une propriété traversée par l'autre, et par là seulement insubstituable, une propriété de transit et d'exode »[2]. Dans cette intériorité qui ne résorbe plus l'altérité et l'étrangeté, afin de demeurer ouverte à la brûlure de l'être, il y a une lutte permanente avec soi pour ne pas fixer à ce qui se donne des conditions *a priori* de manifestation. On ne peut se libérer d'une intériorisation que par une autre intériorisation vivant cette fois du recueillement : « Le recueillement est un acte de présence : présence à

1. *Cf.* J.-L. Chrétien, *De la fatigue*, Paris, Minuit, 1996.
2. *Ibid.*, p. 155.

soi, certes, mais plus encore présence du soi, qui puisse être atteint, rejoint, touché, saisi »[1]. L'intériorité se laisse alors comprendre comme un acte de dilatation, néanmoins l'alternative existentielle demeure celle de la dilatation illusoire de l'orgueil ou de la dilatation comme élargissement, par libération, dans l'accueil de l'excès de ce qui se donne à soi. Une intériorité dont le recueillement est l'acte fondateur est donc bien d'essence distincte par rapport à une intériorité dont l'acte fondateur est la récupération de la différence dans l'identité.

Cette patience du recueillement est indissociable d'une compassion par laquelle nous partageons la souffrance de l'autre, sans pouvoir l'en libérer, en ne faisant souvent que l'accompagner devant l'insupportable. L'intériorité patiente est également une intériorité compatissante, à la condition de libérer l'empathie de toute compréhension subjective pour y voir la modalité du recueillement de la souffrance d'autrui ; ce qui confirme l'impossibilité d'un abri reculé, ou d'une arrière-boutique, où l'homme serait enfin seul avec lui-même et n'aurait plus à écouter la souffrance de son prochain[2]. La souffrance d'autrui, parce qu'elle n'est pas la mienne, ouvre mon espace intérieur, depuis lequel je vais tenter de lui répondre à partir de ma finitude. Dans cette intériorité compatissante, la vie intérieure devient sacrifice ; elle est offrande de soi, offrande de son temps, de son écoute, de son action. Ainsi, la compassion est également ce qui brise toutes les représentations de l'intériorité comme clôture d'une subjectivité sur elle-même, pour la comprendre non seulement comme ouverte, mais comme un abîme, c'est-à-dire selon un horizon dont

---

1. J.-L. Chrétien, *Pour reprendre et perdre haleine*, Paris, Bayard, 2009, p. 99.

2. *Cf.* J.-L. Chrétien, *L'espace intérieur*, Paris, Minuit, 2014, p. 98.

je ne suis pas l'ouvreur. C'est en ce sens que Chrétien conclut son étude de la question du temple intérieur de la Bible à saint Augustin : « Vivre activement l'espace intime qui est celui de notre esprit comme "temple", et son centre comme un autel, c'est là une des plus hautes pensées de la dignité humaine, laquelle ne peut se renverser en culte de soi »[1]. Selon cette spatialisation originaire, la patience n'est pas l'une des qualités possibles de l'intériorité, qu'elle pourrait développer ou non, et elle se donne au contraire à voir comme « la stature de l'esprit »[2] en étant à la fois une endurance du monde et une espérance animant cette endurance et ne pouvant se déployer qu'à travers elle. Elle ne nous délivre pas des souffrances du monde, mais elle nous invite à les porter sans nous laisser emporter et enfermer par elles. La compassion n'est peut-être pas autre chose qu'une endurance se fondant sur un acte d'espérance, et c'est pourquoi elle est ce qui dans le retour à soi peut nous préserver du culte de soi, qui est la chute de toute pensée de l'intériorité.

Toute intériorité est une intériorisation, mais tout dépend de son mode et de son objet : soit elle résorbe l'autre en soi et ne travaille que pour la gloire du moi, y compris dans la mauvaise compassion, soit elle laisse l'autre ouvrir son propre espace intérieur d'où elle pourra lui répondre et en répondre. Au-delà de l'opposition trop simple de l'amour du prochain et de l'amour du lointain telle qu'on peut la trouver dans la pensée de Nietzsche, il n'y a d'intériorité patiente que dans l'humilité de se tenir en présence du prochain comme altérité irréductible à soi. Cela signifie que nous ne recevons une intériorité que par une force qui s'oppose en nous à la dispersion, à la

1. *Ibid.*, p. 128.
2. *Ibid.*, p. 132.

distraction, à toutes les formes de l'aliénation et que cette force est reçue de ce qui est rencontré, ce qui constitue notre être en dette infinie. Précisément, dans la compassion la souffrance de l'autre n'est pas la simple cause occasionnelle du déploiement de ma force, mais dans son accueil je reçois une force que je ne possédais pas avant. Ainsi, ne pas fuir la souffrance de l'autre, c'est également pouvoir apprendre à modifier son propre rapport à la souffrance, de s'y unifier au lieu de s'y disperser et Chrétien peut dire que « la croissance de la joie va donc toujours de pair avec la traversée des souffrances et la patience de l'effort »[1]. La compassion est bien ce qui dilate l'esprit de l'homme jusqu'à l'amour du prochain[2].

Toute l'œuvre de Chrétien met en lumière que l'intériorité peut se penser sans la subjectivité et que cette figure de l'intériorité dont la patience est le mode d'être se comprend comme bien antérieure à la philosophie du sujet et ne constitue pas du tout sa préhistoire. Elle est également ce qui survivra à la disparition des philosophies du sujet et de ses multiples rejetons. Il ne s'agit pas là d'un simple fait historique, mais d'une nécessité d'essence, puisqu'une intériorité qui n'est qu'une force d'absorption finit par être remplie de tout et par perdre toute forme dans un anonymat radical. En effet, cette époque de la pensée, qui a identifié personne et sujet, conduit à une dépersonnalisation liée au vide d'une vie dont l'acte fondateur est la représentation et non la réponse. À l'inverse, l'intériorité patiente est celle par laquelle l'homme surmonte l'impossibilité qu'il a de s'unifier lui-même en en faisant le sol de sa bienveillance et de son action. Elle se fonde, dans son devenir constant, sur le seul acte qui ne passe

---

1. J.-L. Chrétien, *L'espace intérieur*, *op. cit.*, p. 227.
2. *Cf.* J.-L. Chrétien, *La joie spacieuse*, Paris, Minuit, 2007, p. 81.

pas, celui de la réponse, alors que toutes les représentations, même les plus élevées, passent. Ainsi, la véritable intériorisation ne vient pas combler en moi un manque d'être et elle me conduit bien au-delà de ce que j'imaginais pouvoir être à partir de ma réflexion sur moi-même. De ce point de vue, les secours donnés à autrui sont ce qui nous apprend à supporter nos maux et la violence du monde justement parce que nous ne sommes plus alors des représentants mais des répondants, ce qui fut également l'ultime enseignement d'Édith Stein par la consolation qu'elle tenta d'apporter dans le camp de Westerbork. L'intériorisation n'est pas d'abord un acte théorique, mais est un combat contre le mal, qui se réalise par l'œuvre de nos mains, depuis l'appel du prochain ouvrant cet espace intérieur de la responsabilité. Elle consiste à « habiter l'espérance », c'est-à-dire à « habiter en cheminant, et même en titubant, tombant et se relevant sans cesse, toujours et encore fragile, dans une lumière que l'on n'a pas et que l'on n'est pas, mais à laquelle l'on appartient désormais par le fil ténu et ferme à la fois de notre regard spirituel, qui nous "ancre" dans le ciel »[1].

---

1. J.-L. Chrétien, *Fragilité*, *op. cit.*, p. 194.

CHAPITRE VIII

LE CORPS ET L'APPEL DU SENS (CHRÉTIEN)[1]

Avant toute détermination éthique de l'existence, le corps est le mode d'être de l'homme dans sa fragilité et être pour l'homme ce n'est pas accomplir une essence déjà là au moyen du corps, voire parfois en dépit de lui, mais c'est apprendre par l'épreuve, par une épreuve du monde par laquelle on est pris corps et âme. Le corps n'est donc pas en phénoménologie un phénomène parmi d'autres, mais il est le phénomène le plus difficile et celui sans lequel le sens demeure une simple représentation de l'esprit et non la donation des choses-mêmes à un existant. Tout ce qui relève de la dimension agonique de l'existence humaine (la nudité, la fatigue, la faim, la tentation, l'angoisse, la maladie, etc.) est en quelque sorte le corps lui-même, sa manière de répondre, ou de ne pas pouvoir répondre, à ce qui l'affecte. Le corps nous apprend que notre exposition au monde est le seul vrai sol de notre existence et que nous ne sommes pas autocréateurs dans la mesure même où nous existons pour autre chose que nous. Ainsi le corps

---

1. Ce texte est la version française modifiée de « The Body of the Response », dans *Fragility and Transcendence. Essais on the Thought of Jean-Louis Chrétien*, éd. J. Bloechl, Rowman et Littlefield, 2023, p. 45-61.

n'est ni une chose, ni une idée, et la vie du corps est dans son exposition à ce qui n'est pas lui, dans sa capacité à être là où il est appelé, y compris dans le retrait de la pudeur. Dès lors, le corps n'est pleinement corps que quand il se donne et c'est là qu'il voit en agissant, que ce soit dans la maternité, la paternité, la filialité, la sororité, la fraternité, ou encore la vie conjugale et l'amitié. Répondre du sens du monde est également un acte du corps, car encore une fois le sens ne vient pas que de l'activité de la subjectivité, mais également de ce qui la blesse inoubliablement. La question du sens est alors indissociable de celle de l'ipséité : l'*ego* n'est pas la seule source du sens et par mon corps c'est aussi ce qui s'ouvre à moi qui est l'origine du sens, tout en me donnant d'exister dans ma réponse. Le sens ne dépend donc pas d'abord d'un contexte linguistique, mais d'un acte de parole. En effet, le propre du corps humain n'est pas de répondre de lui seul à lui seul et sa tâche est bien de donner la parole à ce qui est d'abord muet. Il est en lui-même une sortie du solipsisme, car à travers notre corps le sens du monde est reçu et devient alors parole. Or, si l'homme répond du sens du monde aussi par son corps, on comprend que cette parole lui coûte et n'est jamais indolore ; elle le transforme. Ainsi, la personne humaine n'est pas substance, elle n'a pas en elle tout ce qu'il lui faut pour subsister et elle tient sa force d'autre chose qu'elle. Ce que l'idéalisme abstrait et le réalisme ont toujours manqué, c'est justement cette obliquité de la phénoménalité : l'être ne se donne jamais directement, mais toujours obliquement et son secret ne saurait être aboli par notre parole. Ainsi le corps est parole avant d'être *Körper* ou *Leib* et l'existence charnelle est bien une patience dans laquelle notre intériorité est une proximité qui ne sera jamais possession.

Chrétien n'a cessé de montrer que c'est également par le corps que nous sommes un dialogue et pourtant il n'a jamais voulu écrire une « phénoménologie du corps », car d'une part cela lui semblait trop prétentieux et, d'autre part, le corps n'est pas un phénomène parmi d'autres, mais est ce qui donne accès au phénomène ; il est une condition de la phénoménalisation elle-même. Avec sa philosophie du corps répondant, Chrétien s'inscrit dans la voie ouverte par Husserl, qui s'est prolongée avec Merleau-Ponty, et plus récemment avec Franck et Marion. Dans cette voie, le corps n'est ni un obstacle, ni un simple moyen de la perception et de l'expression de soi, mais il devient le lieu même de la rencontre du monde, même si cette rencontre est encore comprise par Husserl comme une centration depuis le corps vivant, alors qu'ensuite elle sera décrite comme un excentrement originaire. En effet, la question du corps se trouve au cœur de toutes les analyses philosophiques qui veulent dépasser la philosophie du sujet, c'est-à-dire celle de la représentation, afin de retrouver l'excès de ce qui se donne, l'irréductibilité du phénomène par rapport aux conditions *a priori* de la subjectivité. Le corps est ici le lieu d'une rencontre avec le monde, d'une écoute de mon prochain et d'une confrontation avec Dieu comme dans le combat de Jacob avec l'ange. Il est celui d'une subjectivité exposée et même blessée par ce qu'elle rencontre, mais qui ne prend vraiment conscience d'elle-même qu'à partir de cette blessure.

Avec toute la rigueur du phénoménologue qui ne veut pas poser un vêtement de mots sur les choses et qui souhaite au contraire être à l'écoute de cette première parole venue des choses, Chrétien décrit le phénomène pur du corps comme le lieu de notre réponse à l'appel, ce qui veut dire également le lieu de notre écoute, puisque, selon une thèse qu'il développe à sa façon propre, l'appel ne peut être entendu que dans notre réponse toujours fragile et balbutiante. Le corps, selon cette historicité propre, est la réalité de notre présence avant toute représentation. Contre toute pensée de survol figeant le monde et le moi dans un face-à-face extérieur, Chrétien élucide notre présence comme un corps à corps dans lequel l'homme répond par tout son corps à ce qui l'affecte, et cela dans une réponse toujours en commencement. Ainsi, l'insuffisance de notre réponse n'est pas un échec de la parole, mais est la modalité même d'une parole cherchant à dire l'excès de ce qui se donne et qui ne peut que le transmettre et le partager. L'être n'est pas donné à posséder, mais à dire. Cela montre qu'une philosophie du corps n'est vraiment possible que si elle est aussi une philosophie de la parole, car c'est par elle que nous sommes présents en chair et en os au monde, à autrui et à Dieu. Autrement dit, notre corps ne devient corps qu'en étant parole et toute incorporation est un acte de parole. Le corps se fait corps dans la réponse qu'il donne à une première parole à nous adressée, tel le père se redressant et enveloppant de ses deux mains ouvertes le fils prodigue revenant vers lui dans le tableau de Rembrandt. En cela, notre corps n'est pas seulement ce à travers quoi nous allons à l'aventure dans le monde selon un vagabondage finalement indifférent à ce qui est rencontré, car tout se trouve mis sur le même plan. Au-delà de ce que Chrétien nomme souvent une conception « esthétique » du corps, dans laquelle il ne serait que l'instrument extérieur d'une « répétition » stérile de la rencontre de celui qui est « prêt à tout », le corps est le lieu d'un événement, qui nous transforme à jamais, qui ouvre à un avenir et met fin à une époque.

Chrétien l'énonce dans *Rétrospection*[1] : cette réponse du corps, qui remet en cause tout projet de transparence lié à la définition de l'homme par la seule réflexion, ne peut s'élucider qu'en portant les promesses des philosophies du passé, mais également celles de « la pensée et la parole religieuses et mystiques »[2]. Il y a là une méthode phéno-ménologique qui permet de mettre entre parenthèses le projet d'une parfaite connaissance de soi et d'une totale maîtrise de soi, en interrogeant des pensées déployant une intelligence de l'intériorité bien antérieure aux philosophies de la subjectivité. Il ne s'agit pas là d'un laborieux projet doxographique, auquel se réduit parfois la philosophie actuelle, et il s'agit d'interroger en retour les pensées du corps depuis l'Antiquité comme autant de possibilités essentielles permettant d'approcher du phénomène et d'élucider une autre compréhension de la phénoménalité que celle qui se trouve issue d'une réduction eidétique et transcendantale[3]. Chrétien reprend ainsi et transforme sensiblement une méthode héritée de Heidegger : la philosophie est un cercle vertueux entre une élucidation du phénomène, sans laquelle aucune histoire n'est possible, et une histoire sans laquelle le phénomène dans sa pluralité irréductible ne peut être mis en lumière. Chrétien est

1. J.-L. Chrétien, *L'inoubliable et l'inespéré*, Paris, Desclée de Brouwer, nouvelle édition augmentée 2000.

2. *Ibid.*, p. 177.

3. Le style propre de Chrétien est de mettre en œuvre avec toute la rigueur possible la méthode phénoménologique de la réduction ouvrant à une vue de ce qui n'avait pas encore été vu, mais en purifiant son texte de tout l'échafaudage méthodologique, qui risque de finir par rendre invisible le phénomène et toute la richesse des lois eidétiques. Il s'agit donc volontairement d'une écriture plus haute de la phénoménologie dans laquelle le travail de donner la parole à l'expérience d'abord muette rend bien la parole aux choses-mêmes.

particulièrement attentif à ce que chaque figure possède d'irréductible, mais le terme de « figure » est sans doute ici inadapté, car il n'y a aucun projet d'une téléologie, ni même d'une téléologie douce sous la forme d'une généalogie. Il s'agit de voir dans ces conceptions de l'ipséité engageant l'âme et le corps la possibilité de penser au-delà du sujet, sans chercher à faire de son présent historique la mesure du passé et sans méconnaître non plus l'historicité de la pensée. Voulant échapper ainsi aussi bien à une téléologie de l'histoire, à l'historicisme et à une compréhension anhistorique de la philosophie, Chrétien s'est efforcé de montrer que l'écoute des promesses du passé est précisément ce qui permet de voir s'ouvrir dans le présent un avenir qui n'était pas anticipable. Nous ne pouvons naître à nous-mêmes comme philosophe qu'en découvrant dans le passé une pensée plus ancienne et plus nouvelle, qui devient notre événement, celui par lequel nous devenons une promesse. Nous ne vivons pas que des promesses que nous nous faisons à nous-mêmes, mais également des promesses du passé qui nous envoient. Par cette « méthode », il est justement possible d'éviter toute position prétentieuse de survol conduisant à des anthologies ou à des panoramas dans laquelle le passé devient figé et n'est plus lourd d'une promesse à nous adressée, puisqu'il n'est plus qu'un chapitre de manuel. Dans ce rapport au passé, condition de l'accès au phénomène, l'humilité, qui n'a rien de l'abaissement volontaire, devient la condition de toute philosophie, et c'est avec crainte et tremblement que nous pouvons parler des philosophes du passé et que nous recevons la possibilité de parler à partir d'eux. C'est pourquoi il est nécessaire de dénoncer les profanations de l'intériorité qui ont voulu voir en elle un lieu de transparence, de maîtrise, de création de soi par soi, afin de lui restituer son identité excentrique et de retrouver une patience de l'âme et du corps par laquelle notre parole est attentive au cœur des choses. Chrétien précise lui-même ses deux règles de méthode : « La première porte sur le caractère polyphonique de l'histoire intellectuelle et spirituelle, contre l'uniformité surplombante d'un prétendu "esprit du temps" (*Zeitgeist*), toujours présent en notre époque sous des noms renouvelés »[1]. La deuxième règle de la méthode est d'éviter les grandes thèses simplificatrices (Nietzsche ou Foucault) en histoire qui nivèlent la complexité de l'expérience humaine alors que « plusieurs paradigmes coexistent toujours »[2]. La méthode commande de décrire ce qui a lieu sans écraser la pluralité des paradigmes sous un seul, car c'est la condition même d'un accès à l'objet de la question. Ces deux règles de méthode permettent de mieux poser la question du corps, sans l'enfermer dans une perspective unilatérale.

Avec *De la fatigue* (1996), puis *Corps à corps, À l'écoute de l'œuvre d'art* (1997), Chrétien déploie ces possibilités du corps répondant, notamment en envisageant d'autres formes de réponse que verbales. Il s'agit de penser l'historicité de notre réponse ainsi que celle du corps lui-même en décrivant le « comment » de cette réponse du corps. Dans cette phénoménologie, il est possible de montrer que le corps humain ne répond pas de lui seul et à lui seul, puisque « sa tâche et sa dignité sont de parler pour tout ce qui ne parle pas, d'être le lieu où le monde transforme sa lumière en chant »[3]. Ainsi, suivant l'exigence

---

1. J.-L. Chrétien, *L'espace intérieur, op. cit.*, 2014, p. 249.
2. *Ibid.*, p. 251.
3. J.-L. Chrétien, *L'inoubliable et l'inespéré*, p. 181.

phénoménologique d'un retour aux choses mêmes, Chrétien ne part pas d'une abstraction comme le corps biologique, le corps pulsionnel ou toute forme de corps représenté, mais s'attache à l'expérience même du corps, qui possède sa structure unitaire avant sa division avec les multiples disciplines étudiant le corps. L'expérience première du corps, celle qui rend possible toutes les autres, est celle du corps répondant, celui qui rend visible le monde tout en rendant visible l'âme qui l'anime, une âme qui est vraiment principe de vie et qui n'est pas cette simple unité réale purement mondaine qu'elle devient quand elle n'est plus qu'une auto-objectivation de l'*ego* transcendantal. Tant que c'est la réflexivité du « je pur » qui est le vécu portant le sens ultime du psychisme, il n'y a aucune vraie place pour l'âme. Le corps est alors le lieu dans lequel deux invisibles se rencontrent, deux excès se touchent et co-naissent : « Cette manifestation dont le corps n'est pas l'instrument mais le lieu a dans sa clarté même son secret, le secret qu'elle livre sans le trahir, et qu'elle expose sans le développer, celui de sa perpétuelle naissance »[1]. Le regard d'autrui est ce qui se donne à voir et est ce qui pourtant m'échappe dès que je veux le saisir, faisant l'objet d'une apprésentation et non d'une présentation : il est perçu comme non-perçu.

Chrétien peut alors développer l'idée que la laideur du corps tient avant tout au fait qu'il soit déserté par l'esprit, à l'impudeur qui fait qu'on l'exhibe tel un objet de spectacle et qu'en montrant tout il ne montre plus rien, car il ne manifeste plus aucune réserve de l'être. Contre cette transformation de l'homme en objet qui ne cesse de s'accentuer dans le monde actuel, l'enjeu est de montrer

1. J.-L. Chrétien, *La voix nue*, *op. cit.*, p. 14.

que le corps répondant est celui de la pudeur en ce qu'il se manifeste tout en se réservant : « Que je sois mon corps n'est pas pour nous convertible : je suis mon corps, mais mon corps n'est pas moi. Le montre la pudeur, qui naît de cette unité sans confusion ni séparation »[1]. Il ajoute :

> C'est parce que je suis mon corps qu'un regard porté sur lui peut me troubler ou me faire honte, me faire honte de moi-même et non pas de lui comme d'une autre substance, m'atteindre en mon être même. C'est parce qu'il n'est pas moi que ce trouble est précisément honte, puisque ce regard saisit quelque chose de moi et y assigne sans esquive possible mon être total que pourtant je n'y reconnais pas[2].

Mon corps peut me trahir, mais il ne peut pas me livrer en toute transparence, et c'est pourquoi il n'est lui-même qu'en étant répondant et non en devenant pour l'âme un objet d'adoration. L'idolâtrie actuelle du corps-spectacle, mis en scène de toutes les manières possibles, participe d'un oubli du corps bien plus radical que ce qui a pu avoir lieu dans les époques passées. Ce n'est pas le moindre paradoxe de notre époque que le culte du corps soit à ce point lié à l'oubli de son être dans un rapport purement esthétique à son corps, négligeant les autres stades sur le chemin de la vie, pour parler avec Kierkegaard. Dans un tel culte, le corps proposé à l'admiration du plus grand nombre n'a plus rien d'humain, et n'est plus qu'une machine remplissant toujours mieux sa fonction[3]. Le corps n'est corps qu'en renonçant à être un pur objet de spectacle afin d'être redécouvert à l'état naissant, c'est-à-dire en faisant

1. *Ibid.*, p. 20.
2. *Ibid.*
3. *Cf.* J.-L. Chrétien, *De la fatigue, op. cit.*, 1996, p. 17.

naître le monde par un regard, un geste de la main, une marche ouvrant l'espace du paysage, une attitude rendant possible l'espace d'une rencontre, un visage ouvert autorisant une parole à nous envoyée. Mais ce corps répondant n'est pas un corps maître de lui-même et se saisissant lui-même dans une plénitude de manifestation, mais il est le corps fini et vulnérable s'exposant au monde et aux autres. L'oubli du corps n'est pas autre chose que la méconnaissance de sa vulnérabilité, qui est également une inattention à son historicité. Notre corps porte non seulement les blessures du temps, celles de l'âge, mais également toutes les blessures qui ont marqué notre existence, et c'est aussi à travers ces blessures, et non en dépit d'elles, que nous faisons naître le monde, que nous accueillons autrui. S'il est naturel de se lever pour recevoir quelqu'un, bien au-delà de la politesse, celui qui se lève, ou s'il ne peut se lever celui qui tourne son visage vers nous, nous ouvre un espace de présence dans lequel nous pouvons exister. Ainsi, il peut y avoir une beauté du corps qui n'est pas la beauté dans un corps et qui tient à un rayonnement de la bonté inscrit dans le corps lui-même. La chair se fait verbe sans perdre son histoire, mais au contraire à travers toute cette histoire qui participe à son état naissant.

Avec la question de la fatigue, Chrétien met en évidence l'impossibilité de distinguer une fatigue du corps et une fatigue de l'âme et il montre qu'il ne s'agit pas d'une question marginale, puisqu'elle engage notre rapport même à l'être. Considérer toute l'humanité de la fatigue est ce qui permet d'élucider le caractère charnel de notre réponse, avec son obscurité et sa fragilité. Une philosophie du corps qui ne tiendrait pas compte de la fatigue risquerait de demeurer bien abstraite, c'est-à-dire distraite par rapport à l'expérience et notamment celle du temps. Qu'est-ce qu'un temps dans lequel l'homme ne fatiguerait pas ? Une phénoménologie du corps cherchant à élucider l'être du corps ne peut pas le faire directement, comme si le corps était une simple chose sensible. Il y a une phénoménalité propre du corps humain, qui ne peut pas prendre modèle sur la perception sensible comme le pensait encore Husserl, et c'est pourquoi il est nécessaire d'interroger la situation concrète de la fatigue dans laquelle le corps endure et ainsi se donne à voir et à être. Il y a un lien d'essence entre « corporéité et fatigabilité »[1] et il est donc impossible de penser le corps sans la fatigue, ni vraiment la fatigue sans le corps. À partir de ces deux lois eidétiques, l'impossibilité de penser le corps sans la fatigue et la fatigue sans le temps, il est possible à Chrétien d'étudier les différentes figures de la fatigue, avec la pensée du corps qui s'y trouve liée, de façon à montrer ce que chacune apporte à la description du phénomène du corps. Toute la question est alors de savoir s'il s'agit de multiples essences du corps (le corps grec, le corps chrétien) ou si on peut parler d'une essence multiple du corps. Quoi qu'il en soit, ces questions ne se posent qu'à la condition d'échapper à l'abstraction d'un dualisme, y compris dans les philosophies de l'existence, dans lequel il y aurait toujours une extériorité radicale entre mon ipséité et mon corps qui permettrait par exemple à mon esprit de passer dans un corps augmenté sans que rien ne change dans mon esprit. Il faut vraiment n'avoir jamais pensé philosophiquement l'humain pour tomber dans le transhumanisme et ses fantasmes. D'une manière plus générale, aucune recherche empirique ne peut donner

---

1. J.-L. Chrétien, *De la fatigue*, *op. cit.*, p. 11.

accès à l'être du corps, car c'est toujours tenir le corps comme une simple chose parmi les choses. Chrétien précise alors la seule voie possible d'une interrogation de l'être du corps : « De l'appel de l'origine, le corps toujours est le répondant, et peut-être plus encore la réponse, avec le surcroît de toute réponse »[1]. Mais cela ne peut être compris qu'en passant par le clair-obscur de la fatigue, c'est-à-dire le fait que « l'usage du monde nous use »[2] et que c'est à travers cette finitude que nous rencontrons le monde et les autres. Or, s'il y a une première fois où nous voyons une paire de ciseaux, il n'y a pas de première fatigue et exister, c'est toujours déjà avoir expérimenté la fatigue, avant même de dire « je ». Il s'agit alors d'élucider la signification transcendantale de la fatigue comme condition de possibilité de toute épreuve, même celle du don. Pour l'homme, même l'amour inlassable n'est pas sans fatigue et cette fatigue participe de l'amour de lui-même. C'est ainsi que le corps répond, sans jamais être séparé de l'âme, et cela même quand il n'en peut plus, quand l'homme est touché dans son pouvoir. Cette fatigue possède une facticité irréductible et il ne dépend pas de moi de décider depuis la hauteur de ma conscience du sens de ce pâtir. Être incarné, c'est disposer d'une liberté qui n'est pas infinie, mais finie, et la méconnaissance de cette finitude est également ce qui conduit à manquer ce que cela signifie exister comme corps.

Le corps n'est répondant que parce que nous pensons avec notre corps, ce qui est le propre de l'homme, et que cet acte de penser, comme tout passage de la puissance à l'acte, fatigue. Ainsi, « la fatigue fonde donc la condition

1. J.-L. Chrétien, *De la fatigue, op. cit.*, p. 15.
2. *Ibid.*, p. 19.

incarnée de l'homme »[1] et c'est ce que montre la philosophie grecque en opposant l'humain et le divin. Sa signification est donc non physiologique, mais transcendantale, car elle est une dimension essentielle de la pensée. Ainsi, il ne s'agit pas seulement de désirer répondre du monde et au monde, il faut également accepter le coût d'une telle réponse, la peine qu'elle suppose. Le problème n'est pas seulement d'accepter la finitude humaine, mais c'est surtout d'accepter de se fatiguer par amour et de faire alors du corps souffrant un mode de l'ouverture au monde. L'amour peut à la fois et sans contradiction être fatigant et inlassable ; il est fini et il peut tout, parce qu'il est porté par ce qu'il porte. En conséquence, le corps répondant ne tient pas sa force seulement de lui-même, et c'est pourquoi il ne cherche pas à la préserver, à en faire un usage économique ; sa force est reçue et plus on la donne, plus on la gagne. C'est pourquoi également la fatigue ne justifie pas de se reposer sur ses œuvres, car notre force vient de ce que nous avons à faire et à être. Encore une fois, mon corps est là où il répond et seule cette tension vers ce qui est mon avenir peut m'apporter un vrai repos. Ce repos est dans l'acte de répondre âme et corps et non par nos réponses passées, tel le montagnard qui ne trouve son repos que dans la marche par laquelle le monde s'ouvre à lui. Bien évidemment, tout dépend de l'intention qui anime la réponse et le corps répondant est toujours exposé au risque de n'être qu'un répondeur. C'est notamment ce qui se passe quand nous cherchons à nous occuper les mains, quand nous cherchons à combler le vide de notre être par un activisme qui consiste à tout faire, mais avec indifférence. On ne peut vraiment pas répondre du monde et d'autrui pour « tuer le temps »,

---

1. *Ibid.*, p. 58-59.

pour surmonter l'ennui de soi, et tout ce qui est issu de cela ne sera jamais bon.

Dans cette philosophie du corps, il s'agit de ne pas minimiser la misère du monde et cette insertion du temps dans le corps par le travail, néanmoins le projet est bien de distinguer deux styles d'existence et donc deux compréhensions du corps : l'existence fatiguée qui ne cesse de se préserver et l'existence qui ne compte pas ses forces, car elle puise à une autre source que soi. Tout en décrivant les différentes figures du nihilisme qui manquent l'essence de la fatigue, Chrétien cherche à montrer que si la fatigue est dans le rapport à l'être, elle n'est pas une fatigue d'être originelle. Dès lors, la fatigue nous détruit d'une manière ou d'une autre quand elle n'est pas portée par l'amour et seul l'amour permet de traverser toutes les fatigues sans se perdre. Une telle thèse s'oppose frontalement à l'une des thèses les plus fortes de la modernité sur le corps, à savoir celle de Nietzsche, en ce qu'elle est également une pensée de la fatigue, du nihilisme, sous la forme du christianisme, du bouddhisme ou encore de la démocratie ou du romantisme. Pour Nietzsche, on ne peut se libérer de la fatigue qu'en se maintenant dans la pensée de l'éternel retour, dans le « oui » au monde, ce qui rend possible une certaine constance dans notre réponse. On n'est délivré d'un poids que par un autre poids, et c'est pourquoi l'éternel retour est le poids le plus lourd, celui qui ouvre un nouveau rapport au corps et au temps. Bien sûr, il reste à savoir si cette réponse peut être seulement celle d'un corps qui est pluralité de pulsions, de forces, d'âmes ; si elle est seulement l'acte de s'incorporer toute chose par la volonté de puissance. La confrontation avec Nietzsche est décisive pour Chrétien, non seulement parce que cette conception de la vie est celle de toute une époque de la pensée, mais également parce qu'il s'agit toujours de passer d'une pensée de l'incorporation à une autre. Si Nietzsche peut penser qu'Ariane est fatiguée de sa compassion, c'est peut-être qu'il n'a pas su prendre la mesure de sa compassion, de la *caritas* qui l'anime, ayant réduit la *caritas* à une simple norme morale ; c'est aussi parce qu'il n'a vu dans la compassion qu'une manière de priver l'autre des épreuves qui pourraient le faire grandir[1]. D'une certaine façon, Nietzsche est celui qu'il faut dépasser pour envisager vraiment le corps répondant et dès lors retrouver une âme plus jeune et plus vivante que ce qui avait déclaré sa vieillesse et sa mort.

Chrétien peut alors montrer que seul l'amour est infatigable, car il ne consiste pas à surmonter la finitude, la fragilité et l'obscurité de notre existence charnelle, mais à les transfigurer de manière à ce que ces trois dimensions participent à notre réponse. Être aimé est ce qui me convoque à mon être le plus propre plus réellement que toute réflexion ou que tout être-pour-la-mort, car cet appel ne m'assigne pas de place. Chrétien peut écrire dans un passage qui condense toute sa philosophie de l'existence :

> Devenir irremplaçable pour l'autre, ce n'est pas prendre possession d'une place que je puisse moi-même connaître et situer dans un système de possibilités, c'est bien plutôt être dépossédé de la place et du rôle qu'à moi-même je m'assignais. On n'est irremplaçable que dans l'ignorance de sa place, et dans la patience requise pour soutenir cette

1. Nietzsche est aussi cependant le penseur d'une compassion véritable, d'une compassion des forts, comme le souligne M. Henry dans *Généalogie de la psychanalyse* (Paris, Puf, « Épiméthée, 1985), p. 326, note 79.

> indépassable nescience. C'est là, et seulement là, où je
> réponds, que ma parole devient proprement mienne,
> d'une propriété traversée par l'autre, et par là seulement
> insubstituable, une propriété de transit et d'exode[1].

Au-delà de l'analyse du propre selon Husserl et selon
Heidegger et même au-delà de l'asymétrie selon Levinas,
Chrétien reprend une autre voie de l'analyse de l'ipséité
issue de la Bible et développée, entre autres, par saint
Augustin et Kierkegaard, selon laquelle l'autre en m'aimant
me donne la possibilité de me révéler. Ainsi, l'autre en
m'aimant fait tomber sur moi-même une lumière qui ne
peut pas venir de moi-même et qui me déloge des places
auxquelles j'ai pu m'identifier, pour me donner à comprendre
que je ne suis moi-même que dans ma réponse à cet appel,
sans que je puisse m'assurer d'une place par un statut
social, patrimonial, etc. Tout ce qui assure le « je » d'une
certaine stabilité, d'une identification dans un espace déjà
là, le dénature en lui faisant perdre la capacité à répondre
présent, dans un instant qui ne fait pas nombre avec les
autres, à l'espace ouvert par celui qui m'aime. Cet amour
me convoque à moi-même et c'est encore une façon de lui
répondre que de le refuser. Ainsi, Chrétien met en évidence
qu'un amour dont je serais l'origine ne peut que fatiguer
et que seul l'amour qui ne fait que passer par moi est
infatigable en sa transitivité. Si l'amour peut tout, ce n'est
pas que l'homme ait vaincu toute finitude, mais qu'il puise
à une autre source que soi. C'est ainsi que des formes les
plus humbles, les plus quotidiennes, les plus discrètes de
l'amour peuvent être les plus hautes, et c'est ainsi que l'on
voit des personnes prendre soin jusqu'au bout, à travers
leur épuisement, de ceux qu'elles aiment. Cet amour

1. J.-L. Chrétien, *De la fatigue, op. cit.*, p. 153.

n'élimine pas la souffrance, la fatigue, mais il permet de renaître chaque jour et de ne pas tomber dans le désespoir.

Il y a une obscurité de notre réponse dans l'ignorance de notre place, dans la mesure où nous ne savons jamais très bien ce que nous devons faire, ce que nous devons être, néanmoins dans cette transfiguration de la fatigue par l'amour, il y a au moins une chose qui se donne dans une évidence sans reste, c'est que c'est à nous de faire quelque chose. Or, c'est une telle convocation première qui peut conduire au dévouement comme aux plus grandes violences. Quoi qu'il en soit, la fatigue peut être autre chose qu'une limitation et une obscurité dans le chemin vers la contemplation, et c'est pourquoi Chrétien présente la fatigue chrétienne comme n'étant plus un obstacle au cheminement et comme étant en elle-même un lieu de lumière et le chemin lui-même, celui qui conduit de Babylone à Jérusalem. Quand elle devient le chemin, et donc quand le corps participe à notre réponse, la fatigue n'est plus ce désespoir d'être enfermé en soi et de ne pouvoir être la vérité. Cela souligne à nouveau qu'il n'y a pas d'accès direct à la vérité et qu'il s'agit de renoncer au rêve mortel d'être une totalité close. Dès lors, le chemin de la fatigue est également celui dans lequel je me délivre peu à peu de ma non-vérité pour comprendre que le moi n'est que la réponse toujours inquiète et balbutiante à ce qui le requiert. Mais ce corps en lequel l'amour peut être infatigable n'est pas un corps isolé et l'homme n'est jamais seul sur ce chemin ; c'est collectivement que les hommes répondent à travers leur finitude. Toute philosophie du corps est aussi une philosophie du temps et le temps de ce cheminement n'est pas le temps toujours à nouveau repris et totalisé par un « je » de la réflexion ; il n'est pas non plus l'éternel retour comme intensification de la vie et il est plutôt le

« temps requis et offert »[1], celui de la vraie patience, qui consiste à ne répondre à autrui qu'à partir de son écoute, en essayant, à chaque instant, de lui répondre à partir de sa propre parole. Ce n'est plus l'endurance de celui qui se maintient dans sa place contre vents et marées, mais il s'agit de la persévérance inquiète de celui qui s'étonne de renaître à chaque rencontre. Le corps est ainsi ce qui apporte à notre existence cette dimension d'exposition, de blessure, sans laquelle nous ne serions pas vraiment en vie, c'est-à-dire en chemin vers la vérité qui ne cesse de nous transformer.

Avec *Corps à Corps. À l'écoute de l'œuvre d'art*, Chrétien poursuit son analyse phénoménologique du corps répondant et témoignant de l'esprit en mettant en lumière quels actes du corps peuvent répondre à la présence d'un corps. La main du peintre et la voix du poète sont des actes de présence nous faisant vivre dans l'inquiétude joyeuse de l'être. Pour cela, il est nécessaire de quitter l'attitude de survol de l'esthétique et de l'histoire de l'art, qui parlent toujours de l'extérieur des œuvres d'art, c'est-à-dire à leur place, et cherchent toujours à faire des inventaires. Fidèle au refus platonicien de toute esthétique rationnelle, il s'agit, selon la méthode phénoménologique, de mettre en parenthèses tous ces discours sur les œuvres afin de revenir à la « brûlure du visible »[2] et d'être capable d'en témoigner au lieu de la noyer dans nos mots. Chrétien reprend, dans cette analyse du corps à corps, la lutte de Jacob avec l'ange, afin de montrer que « nul n'est jamais plus fort que lorsqu'il laisse place ainsi à ce qui le dépasse, sans consentir pourtant

---

1. J.-L. Chrétien, *De la fatigue, op. cit.*, p. 166.
2. J.-L. Chrétien, *Corps à corps. À l'écoute de l'œuvre d'art*, Paris, Éditions de Minuit, 1997, p. 9.

à s'en séparer, mais en le suivant et le poursuivant d'un pas claudicant »[1]. S'il y a des victoires qui sont des défaites, il y a des défaites qui sont des victoires, quand elles sont l'accueil de ce qui nous excède. Dès lors, ce lien nous lie plus que toute autre chose et si nous n'en avons pas décidé, il décide de nous. Il y a donc des blessures qui sont des bénédictions et pour faire acte de présence il est nécessaire de renoncer à prendre les armes afin de se défendre de toute blessure de la vérité. Celui qui se construit un bunker intérieur est faible dans sa force et finit par être privé de toute véritable intimité et finalement d'un véritable corps. Nos mains se perdent en devenant poings et elles s'accomplissent dans l'accueil de ce qui les excède. L'homme n'est au monde et ne peut voir le monde que par elles. L'étude sur le silence dans la peinture permet à Chrétien d'avancer que la vraie parole ne prend pas la parole, mais reçoit cette parole d'une écoute qui est à la fois une patience et une obéissance au sens étymologique. Si la question du silence est l'un des fils conducteurs de son œuvre, il explique ici que le silence donne à écouter le chant de l'âme, cette musique silencieuse, qui, certes inaudible, peut pourtant être écoutée avec ses mains. Le corps écoute et répond bien au-delà de l'audible dans une présence tout entière à une parole première :

> Dès qu'il y eut de la peinture, l'homme traduisit en formes son écoute du silence du monde. Car toute écoute répond, et c'est avec ses mains que le peintre répond, nous donnant à son tour à écouter. La peinture nous fait habiter le silence, celui du monde, un silence musical[2].

1. *Ibid.*, p. 14.
2. *Ibid.*, p. 63.

Ainsi, la peinture ne représente pas des corps et, bien au contraire, elle est ce qui nous apprend ce qu'est le corps à corps de l'écoute, elle nous apprend à être un corps répondant par lequel l'âme ne parle pas à la place du monde, mais « habite » le monde en obéissant à cette première parole, en étant attentif à l'offrande du monde. Notre parole, et c'est ce qu'enseigne le corps, n'est possible que par un événement précédant nos propres possibilités. En conséquence, le silence de la peinture n'est pas celui de l'échec ou de l'esseulement, le silence du taiseux s'enfermant diaboliquement en lui, mais est le silence tout bruissant d'une autre parole. Ce « oui » au monde dont la peinture est le chemin est ce qui nous délivre de la permanente tentation d'un « non ».

Notre voix n'est jamais autant la nôtre que quand elle participe au chœur des hommes louant l'offrande du monde et ainsi par notre corps notre voix devient nôtre non parce qu'elle serait individuée par une quelconque matière, mais parce qu'elle est engagée dans une écoute et une réponse qui sont à la fois ce qu'il y a de plus singulier et de plus collectif. Or, si le corps répondant est indissociable d'une communauté des corps, cette appartenance n'est pas une identité supplémentaire qui viendrait s'ajouter à une identité déjà là. En effet, cette communauté des corps, qui est bien plus qu'une intercorporalité, est ce qui fait notre identité même, celle qui n'est jamais substance pour demeurer verbe. Notre corps répondant devient le nôtre dans cette communauté charnelle, parce que c'est en elle qu'il s'accomplit, s'exerce et agit. Dès lors, devenir soi ce n'est plus chercher à se différencier des autres dans une différence excluante et c'est bien au contraire faire participer notre voix à la réponse chorale des hommes, dans l'ignorance de notre place et de notre importance. Seul celui qui parle pourra être entendu et cela vaut toutes les reconnaissances flattant notre vanité. La réponse du corps, quand elle est libre de toute recherche de gloire personnelle est ce qui unifie le monde. Elle se poursuit même dans le sommeil : « En s'endormant, il ne déserte ni le verbe ni l'esprit, il ne devient pas un corps inhabité. Il livre encore et toujours la confiance ou l'angoisse, le doute ou la paix »[1]. Ce corps endormi porte la lueur de son secret et c'est à lui que notre regard doit répondre. En décrivant la peinture comme un corps à corps avec le visible, Chrétien peut montrer que le corps demeure répondant même dans son sommeil ou sa nudité, mais que quand une peinture ne fait qu'exhiber un corps en toute transparence, ce dernier ne parle plus, car la lueur de son secret s'est éteinte. Le corps à corps de l'appel et de la réponse doit demeurer une proximité de l'insaisissable qui n'est jamais accès direct. Cette obliquité de la manifestation est ce qui fait que la rencontre vit de l'espace ouvert par cette double réserve : celle du voyant et celle du visible. Certes, ce n'est pas le corps qui cache l'âme, mais le corps et l'âme ensemble se réservent tout en se manifestant. Le corps répondant est alors celui qui fait preuve de pudeur, celui qui évite l'inconvenance d'une parole, d'un geste, d'une posture. La pudeur est ce qui permet le rassemblement, l'unité du corps à corps dans le respect du lointain, c'est-à-dire dans le savoir qu'autrui ne se donne jamais immédiatement.

Le secret est alors la condition de possibilité, mais également la modalité même de la rencontre, puisque toute vraie rencontre consiste à laisser être, dans notre propre parole, ce secret du monde et de l'autre homme. Le corps

1. J.-L. Chrétien, *Corps à corps, op. cit.*, p. 79.

répondant s'approche dans et par le secret, et c'est pourquoi il ne fixe pas à l'avance, comme dans toutes les éthiques formelles, ce qu'il convient de dire ou de faire, mais il cherche le convenable au cœur même de la rencontre, sans vouloir en être le maître. Si l'autre nous était transparent, s'il ne se donnait pas en se réservant, il n'y aurait plus rien à dévoiler et il n'y aurait plus rien de visible. Chrétien reprend de Heidegger la thèse que la réserve de l'être n'est pas simplement ce qui n'est pas encore dévoilé, un simple horizon de potentialités, mais est le cœur même de toute manifestation. Ainsi, le secret est l'histoire même de notre rencontre avec le visible et à cette histoire notre corps appartient de façon essentielle. C'est en tant que le corps de l'autre s'absente, se réserve, qu'il nous appelle et nous permet de nous manifester. Le corps répondant vit de cette proximité de l'insaisissable qui appelle notre parole et notre geste et c'est ainsi que la réponse du corps a lieu dans une nudité qui n'est pas le résultat d'un déshabillage et qui est au contraire une exposition, celle de « quelqu'un qui s'atteste dans sa présence exposée »[1]. L'homme nu est celui qui ne cesse d'advenir dans ce qu'il a d'inimaginable[2] et si la nudité est à la fois celle de l'âme et du corps, c'est qu'elle est cet être à découvert sous le regard de l'autre et dans la confiance de la rencontre. Elle appelle la parole, la réponse d'autrui, et c'est ce qui se montre également avec la soif, avec les larmes, qui sont aussi des dimensions essentielles de notre existence. La soif nous fait aller plus avant, « elle nous appelle à l'avenir, et à un avenir hors des mesures et des calculs humains »[3]. Encore une fois,

---

1. J.-L. Chrétien, *Corps à corps*, *op. cit.*, p. 90.
2. *Cf.* le chapitre « L'âme nue » dans *La voix nue*, *op. cit.*
3. J.-L. Chrétien, *Corps à corps*, *op. cit.*, p. 132.

cette nudité et cette soif ne sont pas des états d'un sujet déjà là, ce n'est pas quelque chose qui lui arrive, et ces dimensions de l'existence ne sont les nôtres que par notre participation à l'être. Le corps manifeste alors une veille antérieure à celle du « je » et qui la rend possible. Bien sûr la conscience est aussi le pouvoir de se cacher, de se masquer, mais les possibilités de la conscience supposent le corps qui n'a rien d'une chose dans le monde et qui est le mode même de notre présence au monde. Le corps est la façon dont je suis pris par le monde et dont je prends part à lui, et c'est pourquoi il ne se trouve pas dans une temporalité constituée faite d'instants successifs et il doit se comprendre comme ce moment du contact avec l'être, de l'événement de l'origine.

Chrétien est volontairement à contre-courant de la tendance actuelle à faire éclater toujours plus la philosophie en disciplines séparées de telle sorte qu'en mimant ainsi la science elle cesse d'être science. Il n'y a pas une philosophie de l'art à côté de la philosophie, mais seulement la philosophie déployant sa méditation unitaire sur le sens de l'être aussi à partir de l'art. Néanmoins, une philosophie « à l'écoute de l'œuvre d'art » ne vise pas non plus à proposer des études ponctuelles d'œuvres de manière à illustrer une thèse philosophique déjà là, ou encore à élucider une phénoménalité propre à l'œuvre d'art se distinguant de celle des choses sensibles et des objets d'entendement. Il s'agit plus essentiellement de proposer une nouvelle détermination de la phénoménalité, qui n'est ni celle de Husserl ni celle de Heidegger. L'expérience ne relève pas ici de la relation hylé-morphique donnant la parole à un monde d'abord muet, et elle consiste au contraire, dans l'écoute, à s'en faire le porte-parole. Il s'agit de prêter sa voix à ce qui se manifeste de soi-même afin que les autres hommes puissent entendre et puissent alors répondre à leur tour. Être à l'écoute de l'œuvre d'art n'est donc pas une modalité régionale de l'écoute, mais est ce qui nous apprend à être à l'écoute de toute chose. Il y a une obliquité de l'accès au phénomène qui pourtant se manifeste de lui-même, telle est la thèse phénoménologique générale de Chrétien. C'est aussi pour cela que nous n'écoutons et ne voyons jamais seul, mais dans une communauté de parole et d'écoute dans laquelle nous pouvons répondre « en personne ». On voit ici que Chrétien ne tombe pas du tout dans une philosophie du sentir pur dont s'est tant moqué Hegel et dont Husserl a montré l'impossibilité. Un pur apparaître délié de toute appréhension serait l'apparaître de rien. Néanmoins, Chrétien change le sens de l'appréhension à partir du découplage de l'appel et de la réponse et de l'impossibilité de droit de leur adéquation. La voix humaine répond à ce qui lui est donné d'entendre et elle ne l'entend qu'à y répondre. Le présent de notre réponse est toujours né de l'avenir de l'appel, avenir qui ne peut jamais être aboli en un pur présent. Sentir, c'est écouter au sens d'être requis par l'événement du monde et c'est à la condition d'être un corps répondant que la subjectivité peut être constituante. Elle est alors à la fois fragile et blessée et c'est ce corps répondant qui devient dans la philosophie de Chrétien la source ultime de la phénoménalité. Autrement dit, il n'y a pas de phénoménalité sans responsabilité, il n'y a pas de donnée sans le « oui » préalable de notre corps, sans le « me voici » charnel, toujours fragile, de notre présence tremblante, tâtonnante, au monde. Notre manière de sentir ne dépend donc pas de notre manière de penser et c'est ce qu'il n'est possible d'apprendre qu'en étant à l'écoute de l'œuvre d'art, qui vient défaire nos anticipations pour nous rendre au corps à corps de la présence. Le corps à corps est ici précisément cette écoute qui ne circonscrit pas la phénoménalité de ce qui se donne, mais se laisse enseigner par l'excès de ce qui se donne. Ainsi, celui qui pleure dit un excès de sens qui ne peut pas encore s'articuler en paroles, et c'est pourquoi il s'agit de l'écouter avant de le consoler et d'une écoute qui n'est pas un savoir-faire tout prêt, mais une attention, au sens que Simone Weil a pu donner à ce terme. Les larmes de l'autre ne relèvent ni d'une explication, ni d'une interprétation, ni d'une compréhension, et notre humanité consiste à accompagner l'autre vers l'horizon du sens de ses larmes. Dès lors, le corps à corps ne vise pas à sécher les larmes, mais à les écouter[1] et cette écoute n'est pas sans parole, car c'est en parlant que l'on écoute. Or, tout écoute en nous quand nous écoutons vraiment et donc cette écoute est également un acte du corps. C'est également par le corps que nous sommes un dialogue, selon cette phrase de Hölderlin, commentée par Heidegger, et que Chrétien reprend pour penser la corporéité de notre présence[2].

Chrétien peut alors décrire l'existence comme une vocation, mais en mettant en lumière que la première vocation est celle d'être. Être, c'est avoir toujours déjà répondu à un appel à être et à l'être dans un « me voici » suscité par l'appel[3]. L'ici primordial, celui de la spatialité originaire n'est pas celui du point zéro de la réflexion décrit par Husserl, mais est l'ici de ma réponse toujours hésitante

---

1. *Cf.* J.-L. Chrétien, *Promesses furtives, op. cit.*, p. 86.
2. *Cf.* J.-L. Chrétien, *L'appel et la réponse, op. cit.*, p. 12.
3. *Ibid.*, p. 26.

et balbutiante. Toutes mes décisions, tous mes engagements ne font que prolonger ce « oui » lié à l'être-là lui-même :

> Excès infini, tout d'abord, de l'appel sur la réponse, car il est appel de l'infini, et en m'appelant comme personne, ne m'appelle pas comme un être abstrait et isolé, mais avec moi la totalité du monde selon l'espace et le temps, où je ne suis dans le chœur inépuisable qu'une voix endurant sa perpétuelle inchoation[1].

Dès lors, cette voix charnelle altérée par l'appel est la seule voix dans laquelle parler soi-même, en personne, puisse être autre chose que parler de soi et Chrétien met ici en évidence la nécessité de se libérer de la philosophie du sujet dans toutes ses formes, puisque pour cette philosophie du sujet l'élucidation du sens du monde ne peut être qu'une auto-élucidation du « je ». Les analyses de Chrétien se situent en effet aux antipodes de l'élucidation de la vie par vocation absolue effectuée par Husserl dans la *Philosophie première*[2]. Dans la perspective égologique, qui est celle de Husserl, dans le cadre d'une philosophie de la volonté pure, la vocation, dans son sens ultime, est un appel du moi par lui-même, un « se vouloir soi-même absolument » comme moi éternel, et c'est pourquoi la réduction phénoménologique vise à mettre en lumière le vécu pur qui fonde toute vocation, à savoir l'auto-détermination. Pour Chrétien, c'est un tout autre vécu qui peut donner lieu à une authentique vocation et pour lui la ferme résolution décrite par Husserl relève plus de l'obstination que de la vraie patience. Il s'agit donc bien d'une nouvelle manière de penser l'ipséité au-delà de

---

1. J.-L. Chrétien, *L'appel et la réponse, op. cit.*, p. 31.
2. *Cf.* E. Husserl, *Erste Philosophie (1923/24). Zweiter Teil : Theorie der phänomenologischen Reduktion*, Husserliana VIII, *op. cit.*, 29ᵉ leçon.

l'idéalisme subjectif ou du réalisme empiriste et non simplement l'accès à un soi de plus :

> Il n'y a de voix intérieure que par une altération de l'intime, constitutive de l'intériorité véritable. Écouter, c'est être au plus intime de soi ouvert à l'autre et par lui transformé. L'intimité n'est pas, dans ces pensées, refuge ni abri, mais lieu d'une exposition plus grande[1].

L'écoute n'est donc pas simplement ce qui précède la parole, mais elle est ce qui ne cesse de l'accompagner ; elle est la patience même de la parole sans laquelle l'homme ne voit que lui-même dans le monde, sans laquelle la présence à soi demeure la condition *a priori* de toute autre présence. Tout le travail de Chrétien est de montrer pourquoi, par fidélité au phénomène, il s'agit de revenir à une expérience plus originaire que celle du « je » de la réflexion, et que celle du moi de la résolution, en brisant cet « encapsulement » du sujet, selon l'expression de Heidegger, ou sa dimension diabolique, comme disait Kierkegaard, qui me conduit à me prendre pour la lumière du monde. Même si délibérément il utilise peu un terme qu'il trouvait trop galvaudé, il y a tout un travail de déconstruction dans l'œuvre de Chrétien, en respectant vraiment chaque moment, sans lequel dans notre présent philosophique il nous est très difficile de revenir à cette parole « à l'impossible » engageant le corps que des pensées plus anciennes ont pu développer. La déconstruction, comme mise au jour des fils qui tissent une histoire, est toujours à double foyer : elle libère d'une certaine métaphysique de la subjectivité, mais elle met aussi au jour des filiations plus discrètes et plus durables. C'est ainsi, notamment, qu'il déconstruit

---

1. J.-L. Chrétien, *L'appel et la réponse, op. cit.*, p. 78.

l'analyse de la spatialité du corps dans la phénoménologie de Husserl de manière à montrer que l'autre homme, avant d'être un corps semblable au mien, avant toute saisie par analogie, est celui qui comme moi à une voix qui appelle et répond. Le corps est parole avant d'être corps-chose ou corps-vivant, quand il répond, quand l'autre voix est son avenir, dans la conscience que la parole est son être, mais qu'il n'est pas la parole, qu'il n'en sera jamais le propriétaire. Ainsi, Chrétien déploie une phénoménologie dans laquelle le corps ne se donne pas d'abord comme une chose dans le monde, mais comme un « porte-parole » et donc comme la plus haute manifestation de l'esprit[1]. C'est encore une abstraction que de dire que l'autre se manifeste d'abord dans mon champ perceptif comme une chose qui est là-bas par rapport à mon ici central, car il se donne d'abord en tant qu'il porte de part en part la parole et par là-même me donne un ici, celui de ma réponse.

Sans le dire aussi directement que d'autres, parce qu'il est un penseur de l'obliquité s'interdisant toute position de survol et ne se prenant pas pour le tribunal du monde, Chrétien est aussi le penseur de la fin de la métaphysique, au moins de celle faisant du « je » l'unique origine de toute connaissance et de toute action et qui depuis ce fondement ne peut accéder au cœur du monde. C'est pourquoi il ne cesse de montrer que le « se toucher » ne saurait être la vérité du toucher. Il effectue donc une lecture non métaphysique de l'histoire de la philosophie s'attachant, à la suite de Heidegger et de Derrida, à effectuer une déconstruction, mais sans quitter l'interrogation sur les choses mêmes. Ce que l'on peut nommer sa « méthode positive de déconstruction » montre la nécessité de ne plus

---

1. J.-L. Chrétien, *L'appel et la réponse, op. cit.*, p. 101.

comprendre métaphysiquement l'ipséité, c'est-à-dire comme une substance stable fondement des autres, pour voir en elle cette parole blessée de la réponse. Le « je » n'est pas la condition *a priori* de possibilité de tout ce qui est pensable ; il n'est pas un commencement et celui qui s'en tient à un tel « je » vide ne peut être que pris d'un « écœurement transcendantal » que Sartre nomme la nausée[1]. Telle est la réponse du corps à un tel enfermement en soi. Si Chrétien effectue une lecture non-métaphysique de l'histoire de la philosophie et s'il commente les Pères de l'Église, ainsi que la poésie, la littérature et la peinture, c'est afin de mettre en lumière dans cet ailleurs de la métaphysique que « la sensibilité n'est donnée à elle-même que dans la profusion du monde, elle ne se reçoit elle-même que de l'autre et par l'autre, et même la jouissance de soi, si elle a lieu n'est que la fleur d'une rencontre dont elle ne mesure jamais la plénitude »[2]. Or, seule cette pensée du corps répondant permet d'exposer cette idée si ancienne et si nouvelle que ce n'est pas à soi que l'on répond et que l'on n'est soi que dans cette réponse. Renoncer à la métaphysique, c'est renoncer à faire du « se sentir soi-même » le fil conducteur de la pensée du corps et c'est renoncer à voir dans la réflexivité le vécu fondateur de tout phénomène. Penser, ce n'est pas placer la chose en face de soi, la réduire au statut d'un objet constitué par un sujet, mais c'est une approche sans fin de la chose, qui vit de son lointain, de la lueur de son secret. La vraie métaphysique est celle qui est animée par cette lueur de l'être, au lieu de chercher de la reconduire à autre chose qu'elle, au risque de l'éteindre.

1. *Ibid.*, p. 145.
2. *Ibid.*, p. 145.

Cette phénoménologie du corps répondant, qui montre que le phénomène est ce qui apparaît dans ce dialogue originaire en tant que co-naissance de l'altérité et de mon ipséité se déploie en cinq thèses fondamentales.

Il est nécessaire de mettre entre parenthèses toute conception métaphysique de l'être et de l'être soi, car elle est liée au projet de maîtrise de soi et d'usurpation du monde. Cette nouvelle phénoménologie donne à voir un soi qui est verbe, parole, c'est-à-dire réponse à ce qui le blesse, réponse à un monde qui est lui-même parole. Cela n'est possible que par une question-en-retour sur les philosophies du passé et sur les formes de la pensée religieuse et mystique qui permet justement de suspendre toute conception métaphysique de la subjectivité afin d'accéder, par une réduction historique, au phénomène pur du soi appelé et répondant.

Ce dépassement suppose une pensée du corps-réponse développant l'idée qu'avant toute autre considération le corps est un « porte-parole ». Cette philosophie du corps dans toute sa facticité et sa finitude permet d'élucider les modes concrets de notre présence au monde (fatigue, pudeur, mortalité). Il s'agit de dégager des existentiaux issus de la condition incarnée de l'homme (fragilité, nudité, humilité). Tout écoute et tout se donne en nous. Parce que le corps écoute, il peut aussi se donner, jusqu'au sacrifice de sa vie.

L'ipséité n'est pas une place dans le monde, un rôle ; c'est une propriété traversée par l'autre, une propriété de transit et d'exode. On n'est insubstituable que dans sa réponse. L'existence est une vocation et on ne parle qu'appelé. L'intériorité est un lieu d'exposition à l'altérité et non l'espace clos d'un pur rapport à soi. De cette exposition vient toute beauté, toute bonté, toute vérité et toute force. Je n'ai rien que je n'ai reçu et l'amour peut tout.

L'appel n'est entendu que dans la réponse et cet appel est un appel de l'infini. Cela fait la continuelle inchoation de ma parole, qui renaît sans cesse dans cette réponse à ce qui l'excède. C'est un tel excès originaire qui fut manqué par la conception encore métaphysique du phénomène en tant que constitué par le sujet. La parole de vérité écoute plus qu'elle ne peut entendre et elle témoigne de la lueur du secret qu'elle n'éteint pas.

L'obliquité de la manifestation fait que nous n'écoutons jamais seul et que toute réponse est chorale. C'est dans une communauté de parole et d'écoute qu'il nous devient possible de répondre « en personne ». Du sentir à la connaissance et à l'action, l'unique épreuve de soi, de sa réflexion et de sa volonté pure, n'est pas la vérité de l'existence. C'est ensemble qu'on se laisse enseigner par l'excès de ce qui se donne, la parole d'un plus blessé que soi nous ouvrant le chemin. Notre propre voix suppose des voix plus anciennes et toute vraie voix ne vient rien conclure, mais invite à ce que les voix futures parlent en propre. Toute parole blessée n'enferme pas, mais envoie.

DE L'*EGO* CONSTITUANT
À L'ÂME RÉPONDANTE

De nombreux élèves de Husserl ont vu dans la méthode phénoménologique la porte qui permettait d'échapper à la fois au naturalisme et à l'intellectualisme en redécouvrant la vie du sens, qui n'est jamais ni une simple donnée brute, ni une simple construction de l'esprit humain, ni une intuition sans concept, ni un concept sans intuition. En effet, Husserl donne à comprendre que le sens est saisi, qu'il n'est pas une interprétation, et que la *Sinngebung*, la donation de sens, demeure un acte d'élucidation d'un sens qui se donne, y compris dans la vie passive, dans la synthèse passive. Cette donation de sens, c'est un sens qui se donne à la subjectivité et qui n'est donc pas le résultat d'un acte d'unification après coup d'un donné depuis un sens idéal toujours déjà dans l'entendement. L'effet de rupture de Husserl est de libérer en même temps d'un certain réalisme, selon lequel le sens serait toujours déjà disponible dans la chose en soi, et du platonisme. Il permet d'échapper à cette alternative dans laquelle la réflexion sur le sens se trouvait enfermée, et cela précisément en revenant à l'*Erlebnis*, à la dimension intuitive du sens, à la vie intentionnelle. D'un autre côté, ces mêmes héritiers sont également très nombreux à avoir refusé le tournant de 1907, qui modifie la signification des concepts d'immanence et de transcendance et élargit considérablement ce qu'il faut entendre par « signification » ; le refus est encore plus net en ce qui concerne le tournant transcendantal des *Ideen 1*, qui fait de la conscience la région originaire, et il devient quasi unanime pour le tournant égologique, voire monadologique, dont les *Méditations cartésiennes* sont l'expression la plus achevée. Ainsi, la réduction phénoménologique et l'*ego* transcendantal sont-ils alors perçus comme une dénaturation de l'expérience, comme une manière de perdre des pans entiers de l'expérience et d'enfermer la vie du sens dans l'unique vie du sujet. Ces mises en cause de la phénoménologie husserlienne peuvent tenir à une certaine lecture de Heidegger qui, en fonction de son propre projet de récuser l'idée de science, n'a eu de cesse de dénoncer l'*ego* transcendantal comme une abstraction faisant perdre le monde lui-même et comme un principe purement épistémologique incapable de prendre en compte une vie du sens qui le précède dans une obsession d'autofondation et de transparence. Elles tiennent également à la très grande difficulté pour les héritiers de Husserl de saisir l'extraordinaire nouveauté de la réduction phénoménologique comme condition d'accès au phénomène, réduction dont Husserl n'a jamais fait un dogme et qui est toujours demeurée pour lui une question. Ainsi, le retour à l'*Erlebnis* fut, hélas, trop souvent compris comme la mise en lumière d'une couche subjective du sens, qui maintient la distinction de la chose en soi et de la chose pour moi. Le fantôme de la chose en soi a continué à hanter bien des analyses phénoménologiques, rendant la question du sens incompréhensible dans cet écartèlement entre un sens subjectif et un sens objectif, par exemple entre la perception d'une œuvre d'art par un spectateur et l'œuvre d'art réelle avant qu'elle soit l'objet d'un savoir. Il est très étonnant de voir cette critique d'une psychologisation de l'expérience adressée à Husserl alors qu'il fait de la différenciation entre psychologie et phéno-ménologie le combat de toute sa vie et précisément un combat pour le sens de la vie, selon les ultimes expressions de la *Krisis*, puisque le psychologisme est fondamentalement pour lui un scepticisme. Afin de corriger la soi-disant abstraction que serait la réduction phénoménologique, on a alors repris des analyses historiques en déployant une historicisation du sens qui, en insistant sur la pluralité, court aussi le risque de faire perdre l'unité à tel point qu'on ne voit plus comment il serait possible de parler « d'une » histoire de « la » liberté, de « la » philosophie ou de « la » science. De cette façon, le sens « philosophie » se trouve déchiré entre une signification conceptuelle supposée générale ou purement idéelle et une multiplicité de signifi-cations historiques irréductibles. Il en va de même du sens « Europe », qui oscille entre un concept spirituel, qui peut sembler vide de contenu, et des concepts géographiques et historiques, voire pragmatiques, qui sont purement relatifs.

Le but de ce travail n'était pas d'explorer les multiples voies selon lesquelles la pensée contemporaine a cherché à faire face à la crise du sens, qui est nécessairement en même temps la crise du sens du sens, mais de montrer ce que la phénoménologie de Husserl a pu ouvrir sans devenir autre chose qu'une phénoménologie, par exemple une herméneutique. C'est pourquoi le projet n'était pas non plus de chercher à démêler ce qui, dans ces positions critiques par rapport à l'*ego* transcendantal, tient aux mauvaises lectures de Husserl, à l'incapacité de saisir l'originalité et la force de la réduction comme retour aux choses-mêmes telles qu'elles se donnent, et ce qui prend sa source dans l'évolution même de la pensée de Husserl et dans certaines apories réelles de sa philosophie en ce qui concerne la nature de l'objet intentionnel. En effet, au-delà du souci de défendre l'inouï de la réduction phénoménologique et la résistance d'une philosophie de l'*ego* transcendantal comme source du sens, comme ce qui est nécessairement antérieur à toute donation de sens, ce qui n'a jamais voulu dire producteur de sens, par rapport à toutes les critiques expéditives, il s'agissait surtout de mettre au jour la réflexion qui s'ouvre avec Husserl sur la fragilité du sens, sur sa possible disparition et sur la nécessité de répondre inlassablement et collectivement de lui. La force de Husserl, ce qui ouvre avec lui un horizon à la philosophie, c'est le souci de tenir ensemble toutes les dimensions du sens, en évitant que l'une écrase les autres : la paire de ciseaux est à la fois ce que je vois d'elle actuellement, la synthèse continue de l'expérience depuis la première fois où j'ai vu une paire de ciseaux, la signification idéale « ciseaux » qui s'éclaire de plus en plus et l'Idée kantienne de la donnée adéquate de la paire de ciseaux.

Pour évoquer à nouveau les analyses de Husserl sur le phénomène « Europe », l'Europe se donne à la fois comme ce que je perçois d'elle dans le maintenant historique qui est le mien (ou celui de Husserl en 1936), comme un sens qui s'est peu à peu constitué dans l'histoire et dont j'hérite, comme une signification idéale qui se précise par la réflexion et par l'histoire et qui est seulement anticipée, et enfin comme l'Idée d'une humanité accomplie sous l'égide de la raison. Comme on a pu le montrer, Husserl ne veut pas considérer l'Europe en tant que simple idée historique, ni en tant qu'une idée toujours déjà là dans la subjectivité, et tout son projet fut de décrire la genèse historique d'un sens téléologique, même si bien sûr cette perspective a pu minimiser l'irréductibilité des époques et la pluralité des histoires. En retour, sans un tel horizon de sens, comment pourraient se donner cette irréductibilité et cette pluralité ? Pour qu'il y ait « une » histoire, il faut bien qu'il y ait un sens qui s'annonce peu à peu et qui puisse continuer à être porté par les générations présentes et futures. Bien évidemment, toute la difficulté est de donner à voir une unité qui ne soit pas simplement relative et abusivement totalisante de manière à ce que l'Europe trans-nationale et trans-historique ne soit pas en réalité la domination d'une figure historique sur les autres. Contre le relativisme, Husserl maintient que l'Europe n'est pas qu'une production langagière et historique et qu'il y a bien un sens intuitif de l'Europe et que c'est la tâche propre de la philosophie que de tenter de le dégager le mieux possible du vêtement propre à chaque époque. L'analyse historico-intentionnelle, telle que Husserl tente de la développer dans la *Krisis*, est celle qui se préoccupe d'élucider ce sens intuitif, ce qui veut dire que l'Europe est déjà là avant l'Europe, avant qu'elle soit nommée comme telle, avant qu'elle prenne conscience d'elle-même. Pour une philosophie de l'*ego* transcendantal, le sens ne vient ni de Dieu, ni du monde, ni de la langue, ni même d'un je historique interprète, mais de la chose-même telle qu'elle s'annonce d'elle-même à la conscience, et, de ce point de vue, il n'y a pas de principe extérieur à sa connaissance. C'est en cela que l'intuition est le principe des principes, le principe qui abolit tous les principes pour revenir à l'origine et cette méthode est bien plus difficile que celle qui consiste à poser un principe pour en faire tout dériver.

La célèbre thèse du § 49 des *Ideen 1*, selon laquelle le monde, dans son sens, a un simple être intentionnel, qui, « par principe », est l'identité d'une multiplicité motivée d'apparitions et qui au-delà de cela est un « néant », est à prendre dans toute sa nouveauté et dans son effet de rasoir des présupposés métaphysiques : être, c'est être pour la conscience et c'est une absurdité de vouloir poser quelque chose avant le sens, comme s'il y avait un monde de réalités en arrière de sa donnée à une conscience. « Avant le sens », cela ne veut rien dire, tout comme en théologie « avant la création » est une pure absurdité, puisque le temps est créé. On a voulu mettre au jour la fécondité de cette thèse, qui pose qu'il ne peut pas y avoir d'au-delà de la conscience, et que tout retour au réalisme est la position injustifiable d'un arrière-monde, qui fige aussi la vie des choses. Bien évidemment, la fidélité à ce geste radical fondateur de la phénoménologie a conduit à sortir du cadre de l'intentionnalité husserlienne afin de penser une vie pathique pré-intentionnelle. Si le monde n'est pas qu'un ensemble de significations et qu'il n'y a pas de donnée brute dépourvue de sens, il est nécessaire de rééquilibrer la compréhension des rapports de la *hylé* et de la *morphé* : le sens ne peut pas être purement dans la matière ou purement dans la forme et il s'agissait de dépasser cette alternative pour penser une donnée qui est déjà un être-saisi, une réponse. Mais un bruissement du sens ou une effraction du sens, cela relève encore de la sphère du sens, d'un sens qui n'est pas encore déterminé en signification, et il s'agit de décrire la vie du sens du pathique au noétique et à l'éthique. Dès lors, la fragilité du sens n'est pas que notre fragilité, celle de notre activité constituante personnelle et interpersonnelle et elle est également celle du sens lui-même dans sa donation et donc celle même de l'être. Il y a une fragilité de la visée, mais aussi une fragilité de la donnée. Ainsi, le sens d'une vie n'est pas l'identique qui unifie les multiples intuitions de soi, mais est ce qui se saisit peu à peu au fil des expériences, sans jamais pouvoir être assuré de qui on est, et ce non-savoir est la marque même d'un sens toujours en genèse, toujours à naître.

On a ainsi cherché à souligner que la fragilité du sens était l'impossibilité de l'appréhender depuis autre chose que lui et qu'elle était donc le plus sûr fondement de sa vie. La tentation est toujours grande de vouloir enfermer le sens dans un unique paradigme, que ce soit la langue, l'histoire, les conditions matérielles d'existence, la logique formelle, etc., et de subordonner de cette façon le sens à un unique principe. La variation des philosophies ne serait-elle que celle de ce principe? De Husserl à Levinas, à Maldiney et à Chrétien, il s'agissait de montrer que le sens n'est pas réductible à l'activité catégoriale du sujet et qu'il est également ce qui s'annonce de manière pré-conceptuelle dans la vie sensible, dans la rencontre du prochain, dans le corps à corps de l'existence, et que c'est pour cela qu'il peut y avoir de la nouveauté dans l'expérience et qu'il est possible de voir le monde comme on ne l'avait encore jamais vu. Si le connu n'est que ce qui est reconnu depuis un concept déjà là, si la synthèse par laquelle il y a sens n'est qu'une reconnaissance, qu'une synthèse d'identification depuis une signification déjà là, alors il n'y a jamais rien de nouveau qui se donne sous le soleil, parce que la lumière des choses a été négligée. Le soleil, compris comme un principe gnoséologique unique, est ce qui éclaire, ce qui projette une lumière crue sur toute chose, mais également ce qui masque la luminosité propre de ce qui se donne. L'histoire de l'art peut rendre impossible d'être à l'écoute de l'œuvre d'art, tout comme la médecine peut effacer le malade derrière sa maladie. Or, la vie du sens est aussi la possibilité d'être surpris, saisi par ce que l'on n'attendait pas, par un donné hylétique qui n'entre pas dans nos anticipations, ne venant même pas simplement les corriger. Le monde n'est jamais que ma représentation, autrui non plus et moi-même je suis bien plus que mon propre récit. Voir, c'est toujours voir un sens constitué par la conscience, mais cette constitution présuppose l'expérience d'une nouveauté absolue, qui n'entre pas dans le champ *a priori* des possibles. Il y a d'un côté la répétition, l'analogie, la synthèse continue sans lesquelles il n'y a pas expérience, mais il y a, d'un autre côté, ce que nous n'avons vu qu'une fois et qui a fait époque en nous. Il y a la première fois que nous découvrons notre *ego* transcendantal et nous ne sommes philosophes qu'à tenter de retrouver et à maintenir vivante cette expérience aurorale. Elle est notre plus sûr point d'appui, celui depuis lequel nous sommes reconduits au monde, à autrui et à nous-mêmes. Comme le dit Bernanos, il faudrait parler le langage oublié de l'enfance[1], et l'on n'est philosophe qu'à retrouver cette enfance, cette naïveté première dans laquelle toute chose s'annonce comme une promesse de sens, comme un matin d'été, comme une respiration.

S'il s'agit de tenter de retrouver le langage de l'enfance, la subjectivité est bien toujours déjà là, même dans la

---

1. G. Bernanos, *Les grands cimetières sous la lune*, Paris, Seuil, 1995, p. 10.

passivité, mais la synthèse passive n'est pas le plus bas degré de l'activité et il y a bien une présence des choses antérieure à la corrélation noético-noématique, une première donnée des choses qui ne sont pas encore figées en significations et qui sont à dire. La compassion, à laquelle il est possible de donner une dimension très élargie, bien au-delà de toute psychologisme, peut désigner ce mode d'être au monde, cette ouverture à la première exposition d'un sens, avant toute activité conceptuelle, sans laquelle la pensée ne toucherait jamais à l'être, le monde se réduisant alors au reflet de sa propre activité. Il y a ainsi une compréhension du sentir libéré de son opposition au connaître et qui en devient la condition, puisque sans intuition sensible rien n'est donné et la pensée se contente de déterminer à l'avance les unités de sens en forçant le réel à y correspondre. Il s'agit bien avec la phénoménologie de revenir à l'expérience originaire, celle qui ne présuppose pas de conditions préalables. Bien évidemment, le mot « autrui » a une histoire et cette histoire n'est pas anodine, puisqu'on ne commence à parler d'autrui que dans une philosophie de l'*ego*, néanmoins cette histoire n'est pas la condition de possibilité de l'expérience d'autrui et il y a bien un sens « autrui » à l'état naissant, cette première intropathie que Husserl a tenté de décrire. Certes, on a pu après lui chercher à avoir accès à une naissance encore plus originaire à partir de laquelle l'activité constituante peut avoir lieu, il n'en demeure pas moins que la donation de sens ne consiste pas à faire tomber un individu sous la catégorie « *alter ego* » et qu'elle est d'abord une affection première qui motive la constitution d'autrui. Il y a donc bien un sens idéal « autrui », mais celui-ci n'est pas antérieur à l'affection et à la visée qu'elle suscite, et c'est pourquoi il est un horizon indéfini d'élucidation. Les mots eux-mêmes vivent de cette effraction des choses-mêmes, de cette parole d'avant la parole, de cet acte de parole qui rend notre parole toujours précautionneuse. Si la conscience est la tâche d'unification de l'objet à partir du « comment » de sa donnée, cela suppose que les choses soient bien l'unique règle de leur connaissance et que l'expérience pure demeure la source de toute élucidation du sens. Le jaillissement originaire, la blessure de la subjectivité, fonde la persévérance de la constitution et ainsi le sens tient à la fois de la patience comme endurance de l'être et de la persévérance comme maintien de l'attention.

Pour élucider cette fragilité du sens, il s'agissait de libérer l'*ego* transcendantal de ses caricatures, qui le réduisent à un universel abstrait, afin de montrer qu'il est une veille disponible à tous les réveils. Néanmoins, sur ce chemin vers un *ego* à la fois constituant et constitué on a pu retrouver l'idée que la garde du sens est aussi celle d'une âme, d'un soi toujours en genèse, qui est une histoire et qui s'aperçoit peu à peu, sans jamais pouvoir arriver à un point de vue absolu sur lui-même. Paradoxalement, la soi-disant vieille âme peut être rendue à sa jeunesse première en montrant qu'elle est à la fois l'impossibilité de se défaire de soi, de tout ce qui s'est sédimenté en soi comme souffrance ou comme joie, comme perception, imagination, connaissance, volonté, et cette capacité de rompre avec soi-même pour s'ouvrir à l'avenir d'une rencontre. L'âme peut prendre alors ici la signification d'un espace intérieur dans lequel elle se laisse atteindre par le monde, par une pluie d'automne, ou par le prochain, celui qui s'approche et que je n'attendais pas. Par rapport à l'*ego* qui est toujours un pôle d'unification des choses et de sa propre vie, l'âme serait par essence excentrique, parce que répondante[1]. Si le « je-pôle » des affections et des actions est le point-zéro de tout espace, l'âme se trouve là où elle est appelée, là où elle répond et là où elle appelle, telle est sa vocation. Cette nouvelle pensée de l'âme, inséparable ici des actes du corps, qui se déploie dans la phénoménologie contemporaine (et pas seulement avec Henry), vise à montrer que c'est ce qui se donne qui ouvre la possibilité de le viser et de le penser. En passant ainsi du « je » constituant à l'âme répondante en tant qu'elle lui prépare le champ depuis lequel il va pouvoir s'affirmer, la phénoménologie poursuit la thèse selon laquelle le phénomène est ce qui se manifeste de lui-même et qu'il n'y a de parole que depuis une écoute. La réponse, en effet, n'est plus une capacité *a priori* du « je » compris comme tâche infinie et devient la tâche finie d'une âme fragile, d'une âme nue. Cette fragilité constitutive du répondant est liée à sa finitude, à l'impossibilité de coïncider parfaitement avec lui-même, mais également à l'impossibilité d'embrasser ce qui l'affecte. L'âme répondante est celle qui se tourne vers ce qui l'excède et qui accepte humblement de s'y trouver. On retrouve bien évidemment ici l'idée classique que l'âme est principe de vie, mais avec la thèse que la vie originaire est dans ce qui se donne à moi pour que je puisse la reprendre dans un acte de réflexion. Il ne s'agit donc pas d'opposer le « je » constituant et l'âme répondante, mais de souligner que la vie du sens est nécessairement à double foyer et qu'il n'y a pas à choisir entre l'hylétique pure et la noétique pure, entre le réalisme du sens et l'idéalisme du sens.

---

1. Ce qui est tout de même sensiblement assez différent de la phénoménologie herméneutique de Ricœur telle qu'elle se trouve présentée par J. Greisch dans *Paul Ricœur, L'itinérance du sens*, Grenoble, Millon, 2001, p. 21.

Paradoxalement, l'obscurité de cette âme, l'impossibilité de la surplomber, est ce qui fait son ouverture même. Si le « je » est une pure veille vide de tout contenu, l'âme est notre réponse, notre reconnaissance au double sens du terme. On a voulu montrer la nécessité de ne pas penser un « je » sans âme, tout en respectant les exigences de la réduction, car si la vocation tient à la promesse que le « je » se fait à lui-même dans une pure réflexion comme a pu le montrer Husserl, elle tient également à la manière singulière dont nous sommes appelés et dont nous répondons. Nous répondons depuis notre place, mais depuis une place assignée par ce qui nous appelle, sans jamais en devenir le spectateur ou le propriétaire. Si l'*ego* cherche à se faire la lumière de l'être, ce qui ne veut pas du tout dire produire son sens, ni que le sens de l'être soit une simple interprétation, l'âme est notre façon unique d'être éclairé par l'être. Si l'obscurité du « je » est ce qui fait son errance, son incapacité à se porter vers le *telos*, l'obscurité de l'âme est ce qui fait son épaisseur, et si notre âme nous était transparente, elle nous deviendrait du même coup invisible comme principe de vie. Ce qui se réserve en moi accueille ce qui se réserve en tout être, et ainsi la réserve de l'être est le cœur de toute manifestation, de tout sens[1]. La vie du sens n'est pas seulement animée par une Idée au sens kantien d'une tâche infinie d'identification, mais

---

1. J.-L. Chrétien écrivait dans une analyse de Heidegger : « Mais l'absence de l'être ne peut pas être pensée sur le modèle de l'absence de l'étant. Qu'il soit absent ne signifie pas que banni de notre pensée, il soit relégué hors de tout rapport avec nous. Aux prédicats d'une chose peut s'ajouter le fait qu'elle soit absente de tel lieu et présente dans tel autre. Mais l'être n'est pas absent ici et présent ailleurs. Il est sa propre absence, ce que l'on ne saurait dire d'une chose », « La réserve de l'être », M. Haar (dir.), *Cahier de L'Herne : Martin Heidegger*, Paris, L'Herne, 1983, p. 267.

également par l'excès de ce qui se manifeste, que nous apprenons par l'épreuve et qui nous enseigne. Dès lors, le « je », avec la chair qui lui appartient, est ce qu'il peut *a priori*, alors que l'âme exposée dans un corps à corps est ce qui lui est donné d'être par ce qui la requiert, et c'est pourquoi elle a un avenir absolu. L'âme principe de vie n'est pas à elle-même son propre principe et elle ne fait que rendre une vie qui lui a été donnée.

Il a donc été possible de dépasser la question de la référence qui enferme le sens soit dans l'objet, soit dans le sujet et qui le limite au problème d'une correspondance entre la chose en soi et la chose pour moi. Cela revient également à aller au-delà de l'opposition de l'intuition et du concept en se dirigeant sur cette voie bien loin de Kant avec l'idée d'intuition catégoriale. Tout est déjà intentionnel, même la vie passive, et quand on envisage un pathique pur en deçà de la vie intentionnelle, il n'est pensable que sur l'horizon d'une vie intentionnelle qu'il vient troubler et motiver. Le sens remplissant décrit par Husserl vient confirmer, infirmer, etc., le sens visé par mon intention, même quand ma visée est en quelque sorte prise de court par la soudaineté ou l'excès de ce qui se donne. Mais l'obliquité de la manifestation fait que le sens remplissant ne peut jamais être transparent, qu'il n'est pas à lui seul une détermination de ce qui est à penser, mais qu'il appelle ma tâche de réflexion comme mon action. Le retrait du sens, plus que son obscurité, est notre avenir, notre avoir-à-être. Il s'agit alors de montrer que les formes ne peuvent pas être données purement et simplement dans la *hylé*, mais qu'elles ne sont pas non plus uniquement dans la visée du sujet et simplement plus ou moins confirmées par les données hylétiques. Le chemin ouvert par Husserl a consisté à mettre au jour que le sens n'est ni ce qui serait donné directement avec les choses selon un empirisme naïf, ni ce qui relèverait d'une opération extérieure de donation de sens de la part du psychisme à partir de significations conceptuelles déjà là. Le sens idéal (et non ici idéel) est ce qui s'annonce dès l'expérience anté-prédicative, même si c'est le travail d'élucidation qui permet de le saisir. La force d'ouverture de la phénoménologie de Husserl est de ne pas avoir enfermé le sens soit dans le *hylé*, soit dans la *morphé*, et Levinas, Maldiney et Chrétien ont déployé leurs analyses dans cet espace ainsi ouvert, même s'ils doivent aussi, bien évidemment, beaucoup à Heidegger. Le sens n'est pas sans le mot, sans sa force d'appréhension, mais le mot ne peut pas enfermer ce sens qui l'excède et le fait vivre. Comme l'écrit Chrétien à propos de Levinas : « La parole humaine (surgit) d'un silence bruissant de sens, qui seul nous donne charge de profération »[1]. Si le sens ne dépendait que de l'activité noétique d'une conscience, il n'y aurait jamais rien de nouveau et il n'y aurait jamais d'autres horizons que ceux que la conscience se donne à elle-même. Ce que Husserl décrit dans le vocabulaire de la motivation a été repris et transformé dans une pensée de l'effraction du sens, voire de son effroi, qui n'est pas en elle-même nouvelle, mais qui trouve dans la phénoménologie une expression philosophique. Il y a un verbe antérieur à toutes les langues et que nous avons à dire dans les langues et leur irréductible historicité. La radicale historicité du sens se pense ainsi de deux manières : elle tient à la facticité d'une langue dans laquelle il se dit, comme elle tient aussi à la possibilité

---

1. « La traduction irréversible », dans E. Levinas, *Positivité et transcendance*, *op. cit.*, 2000, p. 309.

d'un retour à la source, à la manifestation aurorale des choses qui nous laisse sans voix, parce qu'elle nous libère du bavardage comme du ressassement et nous donne la charge d'une vraie parole. Toute l'activité constituante n'est fidèle à elle-même que dans ce retour constant à ce qui est en amont d'elle, à cette expérience antéprédicative qui est la rationalité première, notre héritage le plus inamissible. Seule la constitution « motivée » par cette expérience, qui n'est pas encore constituée en expérience, peut se déployer selon sa tâche propre. La pensée, même prise dans l'historicité irréductible qui est la sienne, ne perd pas l'universel, parce qu'elle reçoit de cette expérience aurorale son *telos*. L'héritage de notre époque, de notre culture, de notre histoire, de notre langue, cesse d'être limitatif quand il est animé par cet autre héritage de l'esprit qui transforme le premier en force de parole, en capacité à dire, depuis sa finitude, la trace de l'infini. L'*ego* constituant n'est donc pleinement en acte que dans son retour, toujours à recommencer, vers l'âme nue exposée au sens à l'état naissant.

La vie du sens est sa fragilité même, fragilité qui tient à toute notre finitude dans l'élucidation du sens, à notre imperfection, notre lassitude dans le combat, notre oubli, notre manque de sérieux, au caractère éphémère des supports matériels du sens. Mais cette fragilité relève également de notre exposition à l'excès d'un sens qui d'abord nous dépossède, nous trouble[1]. Elle tient enfin au sens lui-même qui tout en se manifestant se retire et demeure ainsi un lointain qui échappe à nos pouvoirs. Le sens ne se laisse

---

1. Ce qui peut également donner à penser la fragilité de l'engagement politique, *cf.* C. Dodeman, *La philosophie militante de Merleau-Ponty*, Bruxelles, Ousia, 2022, notamment p. 195.

donc pas enfermer dans la seule réflexion, et c'est pourquoi il ne se réduit pas à la seule signification. Il est déjà là dans une vie plus originaire qui motive et attire la vie réflexive, qui lui donne son avenir, bien au-delà de ses propres projets. L'ultime leçon de Husserl est que la vie spirituelle est un combat et que le sens se trouve confié à notre garde personnelle et collective, mais on peut ajouter qu'elle est également la recherche d'une paix dans laquelle nous nous confions à la garde du sens, à la promesse qu'il est. Cette confiance n'est pas un refuge et s'il y a une couche originaire de sens et que tout le sens ne se trouve pas dans l'interprétation, c'est également parce que le sens ne se donne pas qu'à penser, ou alors parce que penser le sens, c'est répondre à ce don de l'être par le don de sa vie, c'est l'exister depuis le sol de la fragilité de toute existence.

BIBLIOGRAPHIE

ŒUVRES DE E. HUSSERL

Collection des Husserliana (Nijhoff, puis Kluwer, puis Springer).

Husserliana I, *Cartesianische Meditationen*, éd. S. Strasser, Den Haag, Nijhoff, 1950; trad. fr. M. B. de Launay, *Méditations cartésiennes*, Paris, Puf, 1994.

Husserliana II, *Die Idee der Phänomenologie*, éd. W. Biemel, Den Haag, Nijhoff, 1950; trad. fr. A. Lowit, *L'idée de la phénoménologie,* Paris, Puf, 1970.

Husserliana III/1, *Ideen zu einer reinen Phänomenologie und phänomenologischen Philosophie,* Erstes Buch, éd. W. Biemel, Den Haag, Nijhoff, 1950; trad. fr. J.-F. Lavigne, *Idées directrices pour une phénoménologie pure et une philosophie phénoménologique*, Paris, Gallimard, 2018.

Husserliana IV, *Ideen zu einer reinen Phänomenologie und phänomenologischen Philosophie*, Zweites Buch, éd. W. Biemel, Den Haag, Nijhoff, 1952; trad. fr. E. Escoubas, *Recherches phénoménologiques pour la constitution*, Paris, Puf, 1982.

Husserliana VI, *Die Krisis der europäischen Wissenschaften und die transzendentale Phänomenologie,* éd. W. Biemel, Den Haag, Nijhoff, 1954; trad. fr. G. Granel *La crise des sciences européennes et la phénoménologie transcendantale*, Paris, Gallimard, 1976.

Husserliana VII, *Erste Philosophie* (1923/1924), vol. 1
  Ideengeschichte, éd. R. Boehm, Den Haag, Nijhoff, 1956;
  trad. fr. A. L. Kelkel, *Philosophie première*, vol. 1 *Histoire
  critique des idées*, Paris, Puf, 1970.

Husserliana VIII, *Erste Philosophie*, vol. 2, *Theorie der phänomenologischen Reduktion*, éd. R. Boehm, Den Haag, Nijhoff,
  1959; trad. fr. A. L. Kelkel, *Philosophie première*, vol 2
  Théorie de la réduction phénoménologique, Paris, Puf, 1972.

Husserliana IX, *Phänomenologische Psychologie*, éd. W. Biemel,
  Den Haag, Nijhoff, 1962; trad. fr. P. Cabestan, N. Depraz,
  A. Mazu, *Psychologie phénoménologique*, Paris, Vrin, 2001.

Husserliana X, *Zur Phänomenologie des inneren Zeitbewusstseins
  (1893-1917)*, éd. R. Boehm, Den Haag, Nijhoff, 1966; trad. fr.
  H. Dussort *Phénoménologie de la conscience intime du temps*,
  Paris, Puf, 1964 et J.-F. Pestureau, *Sur la phénoménologie
  de la conscience intime du temps*, Grenoble, Millon, 2003.

Husserliana XI, *Analysen zur passiven Synthesis*, éd. M. Fleischer,
  Den Haag, Nijhoff, 1966; trad. fr. B. Begout, J. Kessler, *De
  la synthèse passive*, Grenoble, Millon, 1998.

Husserliana XIII, XIV et XV, *Zur Phänomenologie der
  Intersubjektivität*, éd. I. Kern, Den Haag, Nijhoff, 1973;
  trad. fr. partielle, N. Depraz, *Sur l'intersubjectivité*, 2 vol.,
  Paris, Puf, 2011.

Husserliana XVII, *Formale und transzendentale Logik. Versuch
  einer Kritik der logischen Vernunft*, Den Haag, Nijhoff, 1974;
  trad. fr. S. Bachelard, *Logique formelle et logique transcendantale*, Paris, Puf, 1957.

Husserliana XIX, 1, *Logische Untersuchungen* II, Erste bis fünfte
  Untersuchung, éd. U. Panzer, Den Haag, Nijhoff, 1984;
  trad. fr. H. Elie, A.L. Kelkel, R. Schérer, *Recherches logiques*
  tome 2, première partie (recherches 1 et 2) et deuxième partie
  (recherches 3, 4 et 5), Paris, Puf, 1969, 1972.

Husserliana XIX, 2, *Logische Untersuchungen* III, sechste
  Untersuchung, éd. U. Panzer, Den Haag, Nijhoff, 1984;
  trad. fr. H. Elie, A.L. Kelkel, R. Schérer, *Recherches logiques*,
  tome 3 (sixième recherche), Paris, Puf, 1974.

Husserliana XXV, *Aufsätze und Vorträge* (1911-1921), éd. T. Nenon, H. R. Sepp, dont *Philosophie als strenge Wissenschaft*, Dordrecht, Nijhoff, 1987; trad. fr. M. B. de Launay, *La philosophie comme science rigoureuse*, Paris, Puf, 1989; et *Fichtes Menschheitsideal*, trad. fr. H.-S. Afeissa, « L'idéal de l'humanité selon Fichte. Trois leçons (1917) », *Philosophie* 90, 2006, p. 3-32.

Husserliana XXVI, *Vorlesungen über Bedeutungslehre Sommer-semester 1908*, éd. U. Panzer, Dordrecht, Nijhoff, 1987; trad. fr. J. English, *Leçons sur la théorie de la signification*, Paris, Vrin, 1995.

Husserliana XXVII, *Aufsätze und Vorträge 1922-1937)* éd. T. Nenon et H. R. Sepp, Dordrecht, Kluwer, 1989; dont *Fünf Ausätze über Erneurung*, trad. fr. L. Joumier, *Sur le renouveau,* Paris, Vrin, 2005 et *Über die gegenwärtige Aufgabe der Philosophie* (1934), trad. fr. R.-M. Le Goff, F. Barriera, V. Hauptmann et M. B. de Launay, « La tâche actuelle de la philosophie (1934) », *Revue de métaphysique et de morale* 3, 1993.

Husserliana XXVIII, *Vorlesungen über Ethik und Wertlehre 1908-1914*, éd. U. Melle, Dordrecht, Kluwer, 1988, trad. fr. P. Ducat, P. lang, C. Lobo, *Leçons sur l'éthique et la théorie de la valeur*, Paris, Puf, 2009.

Husserliana XXIX, *Die Krisis der europäischen Wissenschaften und die transzendentale Phänomenologie. Ergänzungsband. Texte aus dem Nachlass 1934-1937*, éd. R. N. Smid, Dordrecht, Kluwer, 1993.

Husserliana XXXIII, *Die Bernauer Manuskripte über das Zeitbewusstsein (1917/1918)*, éd. R. Bernet et D. Lohmar, Dordrecht, Kluwer, 2001; trad. fr. J.-F. Pestureau et A. Mazzu, *Manuscrits de Bernau sur la conscience du temps (1917-1918)*, Grenoble, Millon, 2010.

Husserliana XXXIV, *Zur phänomenologischen Reduktion.* Texte aus dem Nachlass (1926-1935), éd. S. Luft, Dordrecht, Kluwer, 2002; trad. fr. J.-F. Pestureau, *De la réduction phénoménologique. Textes posthumes (1926-1935)*, Grenoble, Millon, 2007.

Husserliana XXXVII, *Einleitung in die Ethik. Vorlesungen Sommersemester 1920/1924*, éd. H. Peucker, Dordrecht, Kluwer, 2004.

Husserliana XLII, *Grenzprobleme der Phänomenologie : Analysen des Unbewusstseins und der Instinkte. Metaphysik, späte Ethik. Texte aus dem Nachlass* (1908-1937), éd. R. Sowa et T. Vongehr, Dordrecht, Springer, 2014.

Späte Texte über Zeitkonstitution (1929-1934) Die C-Manuskripte, Husserliana, Materialen vol. VIII, éd. D. Lohmar, Dordrecht, Springer, 2006.

Husserliana Dokumente III, *Briefwechsel*, éd. K. Schuhmann et E. Schuhmann, Dordrecht, Kluwer, 1994.

Texte de Husserl édité hors Husserliana :

Erfahrung und Urteil. Untersuchungen zur Genealogie der Logik, L. éd. Landgrebe, Hamburg, Meiner, 1985 ; trad. fr. D. Souche, *Expérience et jugement*, « Epiméthée », Paris, Puf, 1970.

ŒUVRES DE MARTIN HEIDEGGER

Gesamtausgabe, Klostermann, Frankfurt am Main :

GA 3, *Kant und das Problem der Metaphysik*, éd. F.-W. von Hermann, Frankfurt am Main, Klostermann, 1973, 4ᵉ éd. ; trad. fr. A. de Waehlens et W. Biemel, *Kant et le problème de la métaphysique*, Paris, Gallimard, 1953.

GA 5, *Holzwege*, éd. F.-W. von Hermann, Frankfurt am Main, Klostermann, 1950 ; trad. fr. W. Brokmeier, *Chemins qui ne mènent nulle part*, Paris, Gallimard, 1962.

GA 9, *Wegmarken*, éd. F.-W. von Hermann, Frankfurt am Main, Klostermann, 1976.

GA 17, *Einführung in die phänomenologische Forschung*, éd. F.-W. von Hermann, Frankfurt am Main, Klostermann, 2006 ; trad. fr. A. Boutot, *Introduction à la recherche phénoménologique*, Paris, Gallimard, 2013.

GA 29/30, *Die Grundbegriffe der Metaphysik. Welt -Endlichkeit-Einsamkeit*, éd. F. W. von Hermann, Frankfurt am Main,

Klostermann, 1983 ; trad. fr. D. Panis, *Les concepts fonda-mentaux de la métaphysique. Monde-Finitude-Solitude*, Paris, Gallimard, 1992.

GA 46, *Zur Auslegung von Nietzsches II. Unzeitgemäßer Betrachtung : « Vom Nutzen und Nachteil der Historie für das Leben »*, éd. B. Friedrich, Frankfurt am Main, Klostermann, 2003 ; trad. fr A. Boutot, *Interprétation de la « Deuxième Considération intempestive » de Nietzsche*, Paris, Gallimard, 2003.

GA 58, *Grundprobleme der Phänomenologie*, semestre d'été 1919-1920, éd. H. H. Gander, Frankfurt am Main, Klostermann, 1993.

GA 60, *Phänomenologie des religiösen Lebens*, éd. M. Jung, T. Regehly et C. Strube, Frankfurt am Main, Klostermann, 1995 ; trad. fr. J. Greisch, *Phénoménologie de la vie religieuse*, Paris, Gallimard, 2012.

GA 63, *Ontologie, Hermeneutik der Faktizität*, éd. K. Bröcker-Oltmanns, Frankfurt am Main, Klostermann, 1988 ; trad. fr. A. Boutot, *Ontologie. Herméneutique de la factivité*, Paris, Gallimard, 2012.

GA 65, *Beiträge zur Philosophie* (*Vom Ereignis*) (1936-1938), éd. F. W. von Hermann, Frankfurt am Main, Klostermann, 1989 ; trad. fr. F. Fédier, *Apports de la philosophie, De l'avenance*, Paris, Gallimard, 2013.

Autres éditions de textes de Heidegger :

Vorträge und Aufsätze, Neske, Stuttgart, 1954 ; trad. fr. A. Préau, *Essais et Conférences*, Paris, Gallimard, 1958.

Sein und Zeit, Tübingen, Niemeyer, 1986 ; trad. fr. E. Martineau, *Être et temps*, Paris, Authentica, 1985.

Traductions seules :

Approche de Hölderlin, trad. fr. H. Corbin, M. Deguy, F. Fédier, J. Launay, Paris, Gallimard, 1973.

Introduction à la métaphysique, trad. fr. G. Kahn, Paris, Gallimard, 1967.

ŒUVRES D'EMMANUEL LEVINAS

Œuvres complètes, Paris, Grasset-IMEC :

Œuvres 1, Carnets de captivité et autres inédits, éd. R. Calin et C. Chalier, Paris, Grasset-IMEC, 2009.

Œuvres 2, Parole et silence et autres conférences inédites au Collège philosophique, éd. R. Calin et C. Chalier, Paris, Grasset-IMEC, 2011.

Théorie de l'intuition dans la phénoménologie de Husserl, 4ᵉ éd., Paris, Vrin, 1978.

De l'évasion, Paris, Le livre de poche, 1998.

De l'existence à l'existant, Paris, Vrin, 1990.

Le temps et l'autre, « Quadrige », Paris, Puf, 1983.

En découvrant l'existence avec Husserl et Heidegger, Paris, Vrin, 1967.

Totalité et infini, Paris, Le livre de poche, 1990.

Humanisme de l'autre homme, Paris, Le livre de poche, 1987.

Autrement qu'être ou au-delà de l'essence, Paris, Le livre de poche, 2004.

Hors sujet, Paris, Fata Morgana, 1987.

Entre nous. Essais sur le penser-à-l'autre, Paris, Le livre de poche, 1991.

Dieu, la mort, le temps, Paris, Grasset, 1993.

Positivité et transcendance, dans J.-L. Marion (dir.) *Positivité et transcendance* suivi de *Levinas et la phénoménologie*, Paris, Puf, 2000, p. 1-42.

« L'intention, l'événement et l'Autre. Entretien avec C. von Wolzogen », revue *Philosophie* 93, printemps 2007, p. 12-32.

ŒUVRES DE HENRI MALDINEY

Regard Parole Espace, Paris, Cerf, 2012.

Aîtres de la langue et demeure de la pensée, Paris, Cerf, 2012.

Penser l'homme et la folie, Grenoble, Millon, 1991.

L'art, l'éclair de l'être, Paris, Cerf, 2012.

« Chair et verbe dans la philosophie de Merleau-Ponty », dans *Maurice Merleau-Ponty, Le psychique et le corporel*, éd. A.-T. Tymcieniecka, Paris, Aubier, 1988, p. 54-88.

« Rencontre et ouverture du réel », dans J.-P. Charcosset (dir.) *Henri Maldiney : penser plus avant*, Chatou, La Transparence, 2012.

« Erotisme et création artistique », dans *Lumière et vie* 97, tome XIX, mars-mai 1970, p. 57-71.

ŒUVRES DE JEAN-LOUIS CHRÉTIEN

« La réserve de l'être », *Cahier de L'Herne, Martin Heidegger*, Paris, L'Herne, 1983.

La lueur du secret, Paris, L'Herne, 1985.

L'effroi du beau, Paris, Cerf, 1987.

La voix nue. Phénoménologie de la promesse, Paris, Minuit, 1990.

« La dette et l'élection », *Cahier de L'Herne Emmanuel Levinas*, Paris, L'Herne, 1991.

L'inoubliable et l'inespéré, Paris, Desclée de Brouwer, 1991 ; éd. augmentée 2000.

L'appel et la réponse, Paris, Minuit, 1992.

De la fatigue, Paris, Minuit, 1996.

Corps à corps. A l'écoute de l'œuvre d'art, Paris, Minuit, 1997.

L'arche de la parole, Paris, Puf, 1998.

Le regard de l'amour, Paris, Desclée de Brouwer, 2000.

Saint Augustin et les actes de parole, Paris, Puf, 2002.

Promesses furtives, Paris, Minuit, 2004.

La symbolique du corps. La tradition chrétienne du Cantique des Cantiques, Paris, Puf, 2005.

La joie spacieuse. Essai sur la dilatation, Paris, Minuit, 2007.

Répondre. Figures de la réponse et de la responsabilité, Paris, Puf, 2007.

Conscience et roman I, *La conscience au grand jour*, Paris, Minuit, 2009.

Reconnaissances philosophiques, Paris, Cerf, 2010.

Conscience et roman II, *La conscience à mi-voix*, Paris, Minuit, 2011.

L'espace intérieur, Paris, Minuit, 2014.

Fragilité, Paris, Minuit, 2017.

AUTRES ŒUVRES CITÉES OU CONSULTÉES

ANDRÉAS-SALOMÉ L., *Reiner Maria Rilke*, Paris, Maren Sell, 1989.

AUGUSTIN SAINT, *Confessions,* Bibliothèque Augustinienne tomes 13 et 14, trad. fr. E. Tréhorel et G. Bouissou, Études augustiniennes, Paris, 1992.

– *La cité de Dieu*, Bibliothèque Augustinienne, t. 33-37, trad. fr. G. Combès, Desclée de Brouwer, 1959.

BALTHASAR H. URS VON, *La dramatique divine*, 5 vol., trad. fr. C. Dumont, Y.-C. Gélébart, R. Givord, A. Monchoux, et J. Servais, Namur, Culture et Vérité, 1984-1993.

BARASH J. A., *Heidegger et son siècle*, Paris, Puf, 1995.

– *Heidegger et le sens de l'histoire*, Paris, Galaade Éditions, 2006.

BERNANOS G., Dialogues *des Carmélites*, Paris, Seuil, 1954.

– *Les grands cimetières sous la lune*, Paris, Seuil, 1995.

BERNET R., *La vie du sujet*, « Épiméthée », Paris, Puf, 1994.

– « L'autre du temps », dans J.-L. Marion (dir.), Emmanuel Levinas, *Positivité et Transcendance* suivi de *Levinas et la phénoménologie*, Paris, Puf, 2000.

– *Conscience et existence*, « Épiméthée », Paris, Puf, 2004.

– *Force-Pulsion-Désir. Une autre philosophie de la psychanalyse*, Paris, Vrin, 2013.

BINSWANGER L., *Ausgewählte Werke*, Heidelberg, Asanger, 1993.

BLUMENBERG H., *Description de l'homme*, trad. fr. D. Trierweiller, Paris, Cerf, 2011.

BRAGUE R., Europe*, la voie romaine,* Paris, Critérion, 1992.

BRENTANO F., *Vom Dasein Gottes* [1929], Hamburg, Meiner, 1980.

CALIN R., *Levinas et l'exception du soi*, « Épiméthée », Paris, Puf, 2005.

CAPELLE-DUMONT P., « Le temps dramatique et son au-delà. Emmanuel Levinas et Léon Bloy », dans D. Cohen-Levinas (dir.), *Levinas et l'expérience de la captivité*, Collège des Bernardins, Lethielleux, 2011.

CLÉMENT A., *Levinas et la question de l'infini*, Bruxelles, Ousia, 2022.

CARRIQUE P., « La lutte et l'individuation », *Communio*, n°XXXIII, 4, juillet-août 2008, p. 49-62.

CHALIER C., « Singularité juive et philosophie », dans J. Rolland (dir.) *Les Cahiers de La nuit surveillée Emmanuel Levinas*, Lagrasse, Verdier, 1984.

– *Pour une morale au-delà du savoir. Kant et Levinas*, Paris, Albin Michel, 1998.

– *Les Matriarches, Sarah, Rebecca, Rachel et Léa*, Paris, Cerf, 2000.

COBB-STEVENS R., *Husserl et la philosophie analytique*, trad. fr. E. Paquette, Paris, Vrin, 1998.

COLLOT M., *Sujet, monde et langage dans la poésie moderne. De Baudelaire à Ponge*, Paris, Classique Garnier, 2018.

COULOMB M., *Phénoménologie du Nous et Psychopathologie de l'isolement. La nostrité selon Ludwig Binswanger*, Le Cercle herméneutique 11-12, « Phéno », 2009.

COURTINE J.-F., « L'ontologie fondamentale d'Emmanuel Levinas », dans D. Cohen-Levinas et B. Clément (dir.), *Emmanuel Levinas et les territoires de la pensée*, Paris, Puf, 2007, p. 96-119.

DERRIDA J., *L'écriture et la différence*, Paris, Point-Seuil, 1967.

– *Introduction* à sa traduction de E. Husserl, *L'origine de la géométrie*, « Épiméthée », Paris, Puf, 1974.

DODEMAN C., *La philosophie militante de Merleau-Ponty*, Bruxelles, Ousia, 2022.

FAGNIEZ G., *Comprendre l'historicité. Heidegger et Dilthey*, Paris, Hermann, 2019.

Farges J., « Husserl et la grande guerre : l'irruption critique de l'histoire dans la phénoménologie », *Transversalités* 132, 2015, p. 43-59.

– « Monde de la vie et philosophie de la vie. Husserl entre Eucken et Dilthey », *Études germaniques* 242, 2006, p. 191-217.

– « Monde de la vie et primordialité chez Husserl », *Philosophie* 108, 2011, p. 15-34.

– « Le rôle du concept d'âme dans la fondation des sciences de l'esprit », *Archives de philosophie* 77, 2014, p. 631-648.

— et D. Pradelle (dir.), *Husserl. Phénoménologie et fondements des sciences*, Paris, Hermann, 2019.

Franck D., *Dramatique des phénomènes*, « Épiméthée », Paris, Puf, 2001.

– *Heidegger et le christianisme. L'explication silencieuse*, « Épiméthée », Paris, Puf, 2004.

– *L'un-pour-l'autre. Levinas et la signification*, « Épiméthée », Paris, Puf, 2008.

– *Le nom et la chose. Langue et vérité chez Heidegger*, Paris, Vrin, 2017.

Gramont J. de, *Blanchot et la phénoménologie. L'effacement, l'événement*, Éditions de Corlevour, 2011.

– *Au commencement. Parole, Regard, Affect*, « La nuit surveillée », Paris, Cerf, 2013.

– *L'appel de la loi*, Louvain-La-Neuve-Paris, Peeters, 2014.

– « La fragilité comme existential », *Rue Descartes* 94, 2018, p. 45-59.

Grandjean A., « Je pur et rien de plus », dans A. Grandjean et L. Perreau (dir.), *Husserl. La science des phénomènes*, Paris, CNRS Éditions, 2012.

Greisch J., « Éthique et ontologie », dans J. Greisch et J. Rolland (dir.) *Emmanuel Levinas. L'éthique comme philosophie première*, Paris, Cerf, 1993.

– *Paul Ricœur, L'itinérance du sens*, Grenoble, Millon, 2001.

Guibal F., « La transcendance », dans J.-L. Marion (dir.), *Emmanuel Levinas, Positivité et transcendance* suivi de *Levinas et la phénoménologie*, Paris, Puf, 2000.

HEGEL G. W. F., *Phénoménologie de l'esprit*, trad. fr. J. Hyppolite, Paris, Aubier, 1941 et trad. fr. B. Bourgeois, Paris, Vrin, 2018.

HENRY M., *L'essence de la manifestation*, « Épiméthée », Paris, Puf, 1963.

– *Généalogie de la psychanalyse*, « Épiméthée », Paris, Puf, 1985.

HOUSSET E., « La tentation du meurtre et l'appel à la paix selon Emmanuel Levinas », *Communio*, n°XXI, 1, janvier-février 1996, p. 77-91.

– *Personne et sujet selon Husserl*, « Épiméthée », Paris, Puf, 1997.

– *Husserl et l'énigme du monde*, Paris, Points-Seuil, 2000.

– *L'intelligence de la pitié*, Paris, Cerf, 2003.

– *L'intériorité d'exil*, Paris, Cerf, 2008.

– *La différence personnelle. Essai sur l'identité dramatique de la personne humaine*, « De Visu », Paris, Hermann, 2019.

– « La phénoménologie et l'essence du suicide », dans F.-X. Putallaz et B. N. Schumacher (dir.), *Le suicide. Regards croisés*, Paris, Cerf, 2019.

JAEGERSCHMID A. SŒUR, *Conversations avec Edmund Husserl (1931-1936)*, trad. fr. J. Farges, *Alter* n°28, « La religion », 2020, p. 321-350.

JANKÉLÉVITCH V., *Philosophie première*, Paris, Puf, 2011 [1953].

KANT E., *Critique de la raison pure*, trad. fr. A. Delamarre et F. Marty, *Œuvres philosophiques I*, « Bibliothèque de la Pléiade », Paris, Gallimard, 1980 et trad. fr. A. Renaut, Paris, GF-Flammarion, 3ᵉ éd., 2006.

– *Prolégomènes à toute métaphysique future*, trad. fr. J. Rivelaygue, *Œuvres philosophiques II*, « Bibliothèque de la Pléiade », Paris, Gallimard, 1985.

– *Critique de la raison pratique*, trad. fr. J.-P. Fussler, Paris, GF-Flammarion, 2003.

KIERKEGAARD S., *La maladie à la mort, Œuvres complètes*, vol. 16, trad. fr. P.-H. Tisseau et E.-M. Jacquet-Tisseau, Paris, Éditions de L'Orante, 1971.

LACOSTE J.-Y., *Notes sur le temps*, Paris, Puf, 1990.

LAVIGNE J.-F., *Husserl et la naissance de la phénoménologie*, « Épiméthée », Paris, Puf, 2005.

– *Les* Méditations cartésiennes *de Husserl*, J.-F. Lavigne (dir.), Paris, Vrin, 2008.

– *Accéder au transcendantal. Réduction et Idéalisme transcendantal dans les* Idées I *de Husserl*, Paris, Vrin, 2009.

MALEBRANCHE N., *Traité de morale*, I, V, § IV, *Œuvres complètes*, t. 11, Paris, Vrin, 1975.

MARION J.-L., *Réduction et donation. Recherches sur Husserl, Heidegger et la phénoménologie*, « Épiméthée », Paris, Puf, 1989.

– *Étant donné. Essai d'une phénoménologie de la donation*, « Épiméthée », Paris, Puf, 1997.

– « D'autrui à l'individu », dans J.-L. Marion (dir.), Emmanuel Levinas *Positivité et transcendance* suivi de *Levinas et la phénoménologie*, Paris, Puf, 2000.

– *De surcroît*, « Perspectives critiques », Paris, Puf, 2001.

– *D'ailleurs, La révélation*, Paris, Grasset, 2020.

MERLEAU-PONTY M., *Sens et non-sens*, Paris, Nagel, 1966.

– *La prose du monde*, Paris, Gallimard, 1969.

MIETTINEN T., *Husserl and the Idea of Europe*, Northwestern University Press, 2020.

PERREAU L., *Le monde social selon Husserl*, « Phaenomenologica » n°209, Dordrecht, Springer, 2013.

– « Alfred Schütz et le problème du monde de la vie », *Philosophie* 108, 2011, p. 35-54.

PRADELLE D., *L'archéologie du monde*, « Phaenomenologica » n°57, Dordrecht, Kluwer, 2000.

– « Qu'est-ce qu'une intuition catégoriale de nombre ? », dans J.-L. Marion, J. Benoist, J.-F. Courtine (dir.), Husserl Edmund *La représentation vide*, Paris, Puf, 2003.

– « Y a-t-il une phénoménologie de la signifiance éthique ? » dans D. Cohen-Levinas et B. Clément (dir.), *Emmanuel Levinas et les territoires de la pensée*, Paris, Puf, 2007.

– *Préface* à E. Husserl, *Leçons sur l'éthique et la théorie des valeurs (1908-1914)*, trad. fr. P. Ducat, P. Lang et C. Lobo, Paris, Puf, 2009.

– *Par-delà la révolution copernicienne*, « Épiméthée », Paris, Puf, 2012.

– *Généalogie de la raison. Essai sur l'historicité du sujet transcendantal de Kant à Heidegger*, « Épiméthée », Paris, Puf, 2013.

– « On the Notion of Sense in Phenomenology : noematic Sense and Ideal Meaning », *Research in Phenomenology* 46, 2016, p. 184-204.

– *Husserl. Phénoménologie et fondements des sciences*, J. Farges et D. Pradelle (dir.), Paris, Hermann, 2019.

– *Intuition et idéalités. Phénoménologie des objets mathématiques*, « Épiméthée », Paris, Puf, 2020.

– « Sur le concept de sens en phénoménologie », dans D. Pradelle et P.-J. Renaudie (dir.), *Intentionnalité, sens, antipsychologisme. Hommage à Robert Brisart*, « Europaea memoria », Hidelsheim-Zürich-New York, Olms, 2022, p. 53-88.

– *Être et genèse des idéalités. Un ciel sans éternité*, « Épiméthée », Paris, Puf, 2023.

RENAUDIE P.-J., *Husserl et les catégories. Langage, pensée et perception*, Paris, Vrin, 2015.

RENAUT A., « Levinas et Kant » dans J.-L. Marion (dir.), Emmanuel Levinas, *Positivité et transcendance*, suivi de *Levinas et la phénoménologie,* Paris, Puf, 2000.

RILKE R. M., *Œuvres 2, Poésie*, trad. fr. L. Gaspar, A. Guerne, P. Jacottet et J. Legrand, Paris, Seuil, 1972.

ROY O. DU, *La règle d'or*, Paris, Cerf, 2009.

SCHELER M., *Der Formalismus in der Ethik und die materiale Wertethik*, Halle, Niemeyer, 1921, facsimilé Elibron Classics, 2007, trad. fr. M. de Gandillac, *Le formalisme en éthique et l'éthique matérielle des valeurs*, Paris, Gallimard, 1955.

SCHÜRMANN R., *Le principe d'anarchie*, Paris, Diaphanes, 2013.

– *Des hégémonies brisées*, Paris, Diaphanes, 2017.

SERBAN C., « Conscience impressionnelle et conscience réflexive : Husserl, Fink et les critiques phénoménologiques », *Revue philosophique de la France et de l'étranger* 137, 2012, p. 473-493.

– « La méthode phénoménologique, entre réduction et herméneutique », *Les Études philosophiques* 100, 2012, p. 81-100.

– « Capacités de l'animal, potentialité de l'ustensile et possibilités du *Dasein* », *Philosophie* 116, 2013, p. 32-47.

– « Heidegger lecteur de Kierkegaard. Remarques et perspectives », *Archives de philosophie* 78, 2015, p. 491-507.

– *Phénoménologie de la possibilité. Husserl et Heidegger*, « Épiméthée », Paris, Puf, 2016.

– « Du possible au transpossible », *Philosophie* 130, 2016, p. 56-69.

– « Présentation : l'approche husserlienne de Dieu, entre métaphysique phénoménologique et phénoménologie de la religion », *Alter* 28, « La religion », 2020, p. 279-296.

SERON D., *Objet et signification. Matériaux phénoménologiques pour la théorie du jugement*, Paris, Vrin, 2003.

STEIN É, *Correspondance* I et II, 1933-1942, trad. fr. C. Rastouin, Paris, Ad Solem-Cerf-Éditions du Carmel, 2012.

TELLENBACH H., *La mélancolie*, trad. fr. L. Claude, D. Macher, A. de Saint-sauveur, C. Rogowski, Paris, Puf, 1979.

TRAWNY P., « Avis aux barbares ! "Ces barbares qui tout calculent…" Heidegger – de l'Allemagne à l'Europe », trad. fr. G. Guest, dans *L'infini* 95, 2006, p. 66-93.

RICŒUR P., *A l'école de la phénoménologie*, Paris, Vrin, 1986.

SOUCHE-DAGUES D., *Le développement de l'intentionnalité dans la phénoménologie husserlienne,* « Phaenomenologica » n° 52, Den Haag, Nijhoff, 1972.

VALERY P., *Variétés 1 et 2*, Paris, Idées-Gallimard, 1978.

VLEESCHAUWER H. J. de, *La déduction transcendantale dans l'œuvre de Kant*, Anvers-Paris-La Haye, De Sikkel-Leroux-Nijhoff, 1934-1937.

TABLE DES MATIÈRES

Achevé d'imprimer en janvier 2024
sur les presses de
La Manufacture - Imprimeur – 52200 Langres
Tél. : (33) 325 845 892

N° imprimeur 230987 - Dépôt légal : janvier 2024

Imprimé en France